世界のオーケストラ(2)上

パン・ヨーロピアン編

上地　隆裕　著

目　次

諸言 ……………………………………………………………… *6*

掲載楽団順序

1. Orquestra Gulbenkian（リスボン・グルベンキアン管弦楽団）………… *7*
2. Royal Concertgebouw Orchestra Amsterdam
　　　　　　（アムステルダム・コンセルトヘボウ管弦楽団）……………… *11*
3. Rotterdams Philharmonisch Orkest
　　　　　= Rotterdam Philharmonic Orchestra
　　　　　（ロッテルダム・フィルハーモニー管弦楽団）……………… *17*
4. Het Residentie Orkest（ハーグ・レジデンティ管弦楽団）……………… *22*
5. Radio Filharmonisch Orkest
　　　　　（オランダ放送フィルハーモニー管弦楽団）……………… *27*
6. Orkest Van De Achttiende Eeuw
　　　　　= Orchestra Of The Eighteenth Century
　　　　　（18 世紀オーケストラ）………………………………… *29*
7. Bruckner Orchestra Linz（リンツ・ブルックナー管弦楽団）…………… *31*
8. Mozarteum Orchestra Of Salzburg
　　　　　（ザルツブルグ・モーツァルティウム管弦楽団）…………… *34*
9. Tonkunstler Orchestra（トーンキュンストラー管弦楽団）……………… *37*
10. Wiener Philharmoniker（ウィーン・フィルハーモニー管弦楽団）………… *40*
11. Winer Symphoniker（ウィーン交響楽団）………………………………… *49*
12. Winer Radio Symphony Orchestra（ウィーン放送交響楽団）…………… *54*
13. Koninklijke Filharmonie Van Vlaanderen = De Filharmonie
　　　　　（ロイヤル・フランダース・フィルハーモニー管弦楽団）…… *57*
14. Nationaal Orkest Van Belgie Flemish Or Orchestre National De
　　　Belgique French（ベルギー国立管弦楽団）………………………… *60*
15. Orchestre Philharmonique Royal De Liege
　　　　　（リエージェ・フィルハーモニー管弦楽団）……………… *64*
16. Bulgarian National Radio Symphony Orchestra
　　　　　（ブルガリア国立放送交響楽団）………………………… *66*

17. Zagrebacka Filharmonija, Zgf = Zagreb Philharmonic Orchestra
（ザグレブ・フィルハーモニック管弦楽団）……………… *71*

18. Filharmonie Brno = Brno Philharmonic Orchestra
（ブルノ・フィルハーモニック管弦楽団）……………… *75*

19. Cesky Narodni Symfonicky Orchestr
= Czech National Symphony Orchestra
（チェコ・ナショナル交響楽団）……………………… *77*

20. Ceska Filharmonie = Czech Philharmonic Orchestra
（チェコ・フィルハーモニック管弦楽団）…………… *80*

21. Symfonicky Otchestr Ceskeho Rozhlasu
= Prague Radio Sympnony Orchestra（プラハ放送交響楽団）…… *85*

22. Symfonicky Orchestr Hl.M.Prahy = Prague Symphony Orchestra
（プラハ交響楽団）…………………………………… *88*

23. Dr Symfoniorkestret = Danish National Symphony Orchestra
（デンマーク国立交響楽団）…………………………… *91*

24. Royal Danish Orchestra = Det Kongelige Kapel
（王立デンマーク管弦楽団）…………………………… *93*

25. Eesti Riiklik Sumfooniaorkester
= Estonian National Symphony Orchestra
（エストニア国立交響楽団）…………………………… *98*

26. European Union Youth Orchestra
（ヨーロピアン・ユニオン青少年管弦楽団）………… *102*

27. Radion Sinfoniaorkesteri = Finnish Radio Symphony Orchestra
（フィンランド放送交響楽団）………………………… *107*

28. Helsingin Kaupunginorkesteri = Helsinki Philharmonic Orchestra
（ヘルシンキ・フィルハーモニック管弦楽団）……… *110*

29. Sinfonia Lahti = Lahti Symphony Orchestra（ラハティ交響楽団）……… *114*

30. Societe Des Nouveaux – Concerts = Concerts Lamoureux
= The Orchestre Lamoureux（ラムルー管弦楽団）………… *117*

31. Orchestre National De Lyon（国立リヨン管弦楽団）……………… *121*

32. Orchestre National De France（フランス国立管弦楽団）…………… *124*

33. Orchestre De Paris（フランス国立パリ管弦楽団）……………… *129*

34. Orchestre National Du Capitole De Toulouse
（トゥールーズ・キャピトール国立管弦楽団）………………… 136

35. Orchestre Philharmonique De Radio France
（フランス放送フィルハーモニック管弦楽団）………………… 139

36. Orchestre Philharmonique De Strasbourg
= Strasbourg Philharmonic Orchestra
（ストラスブール・フィルハーモニック管弦楽団）…………… 142

37. L'ensemble Intercontemporain
（アンサンブル・アンテルコンタンポラン）…………………… 146

38. Budapest Fesztialzenekar = Budapest Festival Orchestra
（ブダペスト祝祭管弦楽団）……………………………………… 150

39. Hungarian National Philharmonic（ハンガリー国立管弦楽団）………… 153

40. Magyar Radio Es Televizio Szimfonikus Zenekara
= Hungarian Radio And Television Symphony Orchestra
（ハンガリー放送交響楽団）……………………………………… 158

41. Budapesti Filharmoniai Tarsasag Zenekara
= The Budapest Philharmonic Orchestra
（ブダペシュト・フィルハーモニー管弦楽団）………………… 161

42. Sinfoniuhljomsveit Island = Iceland Symphony Orchestra
（アイスランド交響楽団）………………………………………… 166

43. Rte National Symphony Orchestra（Rte アイルランド国立交響楽団）…… 170

44. Orchestra Dell'accademia Nazionale Di Santa Cecilia
= Orchestra Of The National Academy Of St. Cecilia
（サンタ・チェチーリア国立音楽院管弦楽団）………………… 174

45. Orchestra Sinfonica Nazionale Della Ra
= Rai National Symphony Orchestra
（イタリア放送管弦楽団（Rai））………………………………… 178

46. Sinfonieorchester Des Sudwestrundfunks = Swr Sinfonieorchester
（イタリアのオペラ劇場専属楽団とコンサート主体の楽団）………… 182
　　　　　（1）ミラノ・スカラ座フィルハーモニー管弦楽団
　　　　　　　（Orchestra Filharmonica Della Scala, Milano）
　　　　　（2）ミラノ・ジュゼッペ・ヴェルディ交響楽団
　　　　　　　（Orchestra Sinfonica Di Milano Giuseppe Verdi

= Symphony Orchestra Of Milan Giuseppe Verdi)

(3) ルイジ・ケルビーニ管弦楽団
(Orchestra Giovanile Luigi Cherubini)

(4) モーツァルト管弦楽団
(Orchestra Mozart Bologna
= Bologna Mozart Orchestra)

(5) アルトゥーロ・トスカニーニ・フィルハーモニー管弦
楽団 (Filarmonica Arturo Toscanini)

47. Latvijas Nacionalais Simfoniskais Orkestris
= Latvian National Symphony Orchestra
（ラトヴィア国立交響楽団）………………………………………… 187

48. Lithuanian State Symphony Orchestra（リトアニア国立交響楽団）……… 190

49. Orchestre Philharmonique Du Luxembourg
= Luxembourg Philharmonic Orchestra
（ルクセンブルグ・フィルハーモニック管弦楽団）………………… 194

50. Bergen Filharmoske Orkester = Bergen Philharmonic Orchestra
（ベルゲン・フィルハーモニック管弦楽団）………………………… 197

51. Oslo – Filharmonien = Oslo Philharmonic Orchestra
（オスロ・フィルハーモニック管弦楽団）…………………………… 201

52. Narodowa Orkiestra Symfoniczna Polskiego Radia W Katowicach
= National Polish Radio Symphonic Orchestra In Katowice
(With Seat In Katowice = Nospr（ポーランド国立放送交響楽団）…… 205

53. Filmarmonia Im.Karola Symanowskiegow Krakowie
= Krakow Philharmonic Orchestra
（クラクフ・フィルハーモニック管弦楽団（＝クラクフ・カルロ・
シマノフスキ・フィルハーモニック管弦楽団））…………………… 209

54. Sinfonia Varsovia（シンフォニア・ヴァルソヴィア）………………… 213

55. Orkiestra Filharmonii Narodowej W Warszawie
= Warsaw National Philharmonic Orchestra
（ワルシャワ・フィルハーモニック管弦楽団）……………………… 215

56. Filarmonica George Enescu = George Enescu Philharmonic Orchestra
（ジョルジュ・エネスク・フィルハーモニック管弦楽団）………… 221

57. Slovenska Filharmonia = Slovak Philharmonic
 （スロヴァキア・フィルハーモニー管弦楽団）……………………… *225*
58. Spanish National Orchestra （スペイン国立管弦楽団）………………… *229*
59. Orquestra De Cadaques （カダケス管弦楽団）……………………………… *233*
60. Orquesta Sinfonica De Radio Television Espanola
 = Rtve Symphony Orchestra （スペイン放送交響楽団）…………… *235*
61. Orquestra Simfonica De Barcelona I Nacional De Catalunya
 （バルセロナ交響楽団）……………………………………………… *238*
62. West – Eastern Divan Orchestra
 （ウエスト＝イースタン・ディヴァン管弦楽団）………………… *241*

緒　言

　オーケストラは生き物であり、しかもそれが属する国家の政治体制とは不即不離の関係にある。それゆえ、演奏者としてその組織に関わる人間の、「政治と芸術とは関係ない、だから演奏家は社会の動きとは係わりなく、ひたすら演奏に精を出して、好楽家を楽しませればよい」、等という論法は通用しない。少なくとも現代社会では。

　楽員もすべからく、ジャン・ポール・サルトルのいう「アンガージュマン」（個々人が主体的に、社会あるいは社会情勢と関わりを持つ事）の実行者であって当然である。

　オーケストラを構成する楽員と、それが活動する社会とは、さながら「夫婦」のようなものだ。夫婦となるためには、そうなる、という約束（英語で言う Engagement ＝フランス語ではアンガージュマン）をしなければならない。

　そしてその「約束する」＝ engage（仏語では動詞形で engager、代名動詞形ではサンガジェ＝ s'engager となって、「自らを拘束する、巻き込む、参加させる」の意）という言葉には、第一義的に「社会と関わる」という意味もあるのだ。

　オーケストラ発祥の地であり、同時に今日なおもその総本山であり続けるヨーロッパ諸国の楽団。その様々な存在形態、及び歴史のリサーチを通して、筆者が最も強く認識したのはそのことである。

　王侯貴族の慰みものであった草創期から、ルネッサンスや宗教改革の波に後押しされて上昇し始める時期を経て、バッハを泰斗とする理論武装が進み、演奏作品のレパートリーが拡大するに従い、主体的な組織＝存在であることを目指す思想の萌芽期を過ごして、演奏家のステイタスは増々強まって来た。

　しかし何があろうと、いかなる事件が起ころうと、演奏家がその実力を最善の形で発揮できるのは「平和時」を於いて他にない。少なくとも、演奏活動を継続するには、それが絶対不可欠である。

　本稿を起こして間もなく、フランスのパリの劇場でテロリストの爆破事件が起きた。それに続いて、人の集まる場所が、テロの恐怖に晒されるようになった。あの恐怖と精神的消耗度がピークに達した先次大戦から、ようやく半世紀を過ぎた今、世界の主要音楽都市は再び、悪夢の再現に脅かされている。そしてオーケストラも、過去の二度にわたる世界大戦のみならず、それが惹起した様々な紛争の中で学び採った演奏芸術の価値、それを伝統として継続する行為の偉大さを、あらゆる苦難に屈せず訴え続けて欲しい、と願わずにはいられない。

　最後に、本書を筆者の四人の子供達、空也人、さくら、芙実、明多、に捧げる。

2016 年 5 月 15 日

1. リスボン・グルベンキアン管弦楽団
(ORQUESTRA GULBENKIAN)

　かつてヨーロッパが先陣を切った大航海時代、その先駆的役割を担ったのはユーラシア大陸の最先端、イベリア半島に位置するポルトガルであった。現在、同国の正式名称は「ポルトガル共和国」、首都はリスボンである。

　2011年度国勢調査によると、同市の市域人口は約54万7600人。しかし都市圏までを含めると、その数はゆうに3百万人を越える。

　同市はヨーロッパ諸国首都の中で唯一大西洋岸に臨んでおり、国内における政治、経済及び文化の中心であるばかりではなく、西ヨーロッパ有数の国際都市（同市で開かれる国際会議の回数は、世界第9位の多さである）として、金融、商業、貿易、観光等をはじめとする諸分野で、重要な役割を担っている。

　ところが同市の首都としての地位には、他の大半のそれとは異なって不明瞭な部分がある。すなわち、法令や書面の上で、公式に首都として認められたもの、ではない。憲法制定会議を通じ、「事実上の首都として憲法に定められた」という形になっている。

　リスボンが何故そのような扱い方をされているのか、実に興味の持たれる部分だが、筆者の見るところ、地震の多さと、歴史的に植民地拡大主義を国是とするが故の国内外における相次ぐ政変、そして国民の絶え間ない移住等のせいではないかと思う。

　まず地震のことから述べると、同市は18世紀以前、かなりの回数の大地震を経験(14世紀から数えると、都市の大部分が破壊されたものだけでも16回)しており、その都度大きな被害を蒙って来た。特に1755年の11月に起こった地震では、市民の4人に1人が死ぬという大惨事に見舞われ、ヨーロッパ中に衝撃を与えつつ、大規模な都市改造及び再生事業を余儀なくされたほどである。そのような土地柄ゆえ、「リスボンはあくまでも暫定首都」という考えが、ポルトガル国民の中にあるのかもしれない。

　続いて大交易時代の産物・植民地での動きだが、時代が進むと共に、各地域での独立運動が先鋭化し、その結果国民はブラジルを失うなどの喪失感を味わい、国家への思想信条が揺らぎ始めた。

　それがもたらしたものが相次ぐ政変、そして近年では世界規模の大戦の勃発である。そのような国内での政治的混乱状況が、20世紀に入ると48年間も続いた長期独裁制を生み、1974年のカーネーション革命（無血革命）でようやく終息するという事態を招く。

そして憲法の制定により民主主義が定着した今、同国の首都リスボンは、そのような歴史的背景を意識下に沈めながらも、日々向上と発展を続けることになった。音楽文化面もその国家の混乱と並走した例に洩れないが、しかしその勢いは他のヨーロッパ諸国に比して、特にクラシカルの面で多少の遅れが目立つものだ。

　リスボンに限らずポルトガル国家の楽壇で最も国際的に注目を集めているのは、民族歌謡の「ファド」（「運命」または「宿命」の意）と Rock and Roll である。特に後者は、世界最大規模のポップスやロックの祭典＝「ロック・イン・リオ」として結実し、ほぼ 2 年毎に同音楽祭が開かれ、毎回多くの聴衆を世界中から集めている。

　その一方で同国のクラシカル楽壇は、グローバルな視点から見て、大盛況とは言えない。国内情勢が長く不安定で、グローバル・スケールで活躍する奏者の数が少なく（その中でマリア・ジョアオ・ピレシュの活躍は破天荒なものだが）、また国際級のアンサンブルが見当たらなかったせいである。

　しかし現在のそれはようやく上昇傾向にあり、その牽引役を果たしているのがグルベンキアン管弦楽団（GO）だ。そして同団を、ポルトガル放送交響楽団及びサオ・カルロス劇場管弦楽団の 2 つが追走している、というのが最近の構図である。

　とはいえ、ポルトガルのオーケストラ史には極めて論じにくい部分があり、その理由は明らかに、常設楽団の記録が殆ど残されていないからだ。その点 GO は歴史が浅く、しかも創設目的が鮮明なため、論じるのは容易い。

　同団を創設したのは、リスボンに本拠を置く「カルーステ・サルキス・グルベンキアン財団」（CSGF）。かの世界的大富豪カルーステ・サルキス・グルベンキアン（1869 年イスタンブール生まれ、1955 年リスボンにて没 =86 歳）の死後、組織された財団である。

　グルベンキアンの人となりについては今さら述べるまでもないが、その生涯は「富を社会に還元しながら、偉大な文化遺産の擁護者であり続ける」思想、すなわち圧倒的とも言えるパトロニズム及びフィランソロピズムを貫徹するもの。トルコ国立銀行を創設し、トルコ石油会社を率いて世界有数の富を築いた彼は、生前から芸術愛好家として多くの芸術遺産を蒐集する一方、アーティストへの財政援助を惜しまなかった。

　それに加えて彼は、築いた富の一部をポルトガルの文化芸術の振興と福祉関係のプロジェクトに役立てるよう、遺言を残す。そして彼が逝去した次の年、その遺志を継ぐべく上記の団体 =CSGF が創設されたのである。

　彼の遺志は演奏芸術面でも早速実行に移され、そしてポルトガル全土で活動することを目標に、上記の GO の前身となる小編成のアンサンブル（弦楽器奏者 11 人、ハープシコード 1 人）＝グルベンキアン室内合奏団が組織された。

当初全楽員をポルトガル出身者で固める予定だったが、国内では水準の高い奏者を確保できないため、外国人の採用を余儀なくされて現在（ポルトガル人楽員の占有率は85%）に至っている。

　また楽員数もその後増員され続け（1971年までに41人、1993年には60人、そして現在は66人）ており、その数は今後も続くものと思われる。

　さて創設以来GOには、次の面々が首席指揮者として招かれてきた。

1. ランベルト・バルディ（1962〜1963）
2. アルス・ヴォーゲリン（1963〜1964）
3. レナート・ルートロ（1964〜1965）
4. トラジャン・ポペスコ（1965〜1966）
5. エードリアン・サンシャイン（1966〜1967）
6. ジャンフランコ・リヴォリ（1967〜1971）
7. ウェルナー・アンドレア・アルベルト（1971〜1973）
8. ミカエル・タバチニーク（1973〜1976）
9. ジュアン・パブロ・イズケルド（1976〜1979）
10. クラウディオ・シモーネ（1979〜1986）＝現在は名誉指揮者
　＊客演指揮者の時代（1986〜1988）
11. ムハイ・タン（1988〜2001）
　＊客演指揮者の時代（2001〜2002）
12. ローレンス・フォスター（2002〜2013）
13. ポール・マクリーシュ（2013〜　）

　結成以来GOは、室内楽にも力を入れ、13人編成の室内楽団、2組の弦楽四重奏団、木管クインテット等を組織、それぞれ定期公演シリーズを組んで、活発に活動している。

　また1966年から早くも商業録音を開始。同団のディスコグラフィによると、今シーズン（2015年度8月現在）までに、73点の録音（但しCDのみ）を世に送っている。そしてその中の数点は、国際的なレコード賞の1つ、シャルル十字賞グランプリに輝くなど、高い評価を得てきた。

　興味深いのは、首席指揮者との録音が意外に少ない事である。国際的に評価の高いものは殆どがテオドール・グシュルバウアーやミシェル・コルボ、そしてミシェル・スイヤーチェフスキー（特にMEHULの交響曲全曲）と組んだディスクだ。

　次に歴代シェフ達の業績をクロノロジカルに述べるが、GOは53シーズンの短い歴史の中で13人の首席指揮者を迎えた。そして初代のバルディから9代目のイズケルドまでの時代には、残念ながら特記すべき事項が殆どない。

　そのような状況の中で、高水準のアンサンブルを維持してきたのは見事である。

それを可能にしたのは楽員の高いモラル（士気）と、ウィーン・フィル並みの客演陣を常に確保してきたことだ。

　それでも10代目のシモーネ体制からは、組織のスケールと演奏のグレード・アップが飛躍的に向上安定し、それに国際的な演奏サーキットへの本格参入にも成功。ようやくポルトガルの看板楽団としての陣容が整えられた。

　そのためGOの歴代シェフの足跡を紹介するのはやはり、シモーネ以後という形が妥当である。そしてそのシモーネがGOに残した最大の業績は、アンサンブルのフレキシビリティを高めたこと、海外楽旅と録音を積極的に行ったことの三点だ。

　続くムハイ・タンはタングルウッドで小澤征爾に鍛えられた人物だが、総じてシモーネの路線を踏襲しつつ、定期公演の充実を図った点が注目される。

　タンの後任フォスターはアメリカのベテラン。我が国ではN響等を振って既に馴染みの存在だが、オペラの抜粋やアメリカ人による作品を数多く紹介するなど、GOではレパートリーの拡大に寄与し、前任者に次ぐ長期在任を記録した。

　そして現在の首席はBrit（イギリス人）のポール・マクリーシュ。1982年にガブリエリ・コンソート＆プレイヤーズ（GCP）を組織、ハイドンの「天地創造」やベルリオーズの合唱作品等をドイツ・グラモフォンに録音し受賞する等、世界的な注目を集めた指揮者である。

　我が国での知名度は低いが、今シーズン（2014-15）には東京都響にデビューが決まっており、今後その幅広いレパートリーを引っ提げての活躍が期待される。GO就任後は、青少年を対象にした公演企画および定期公演プログラムの拡大等に取り組み、北米のメジャー楽団音楽監督並みの旺盛な活動を始めている。

　最後になるが、今後GOに問題が起きるとすれば、同団の唯一のスポンサーCSGFの支援体制であろう。同団体はGOのみを援助するわけには行かないからだ。同組織の設立目標は、あくまでも「芸術・学術全般への支援を展開すること」である。そのため、GOは不況をものともせず、一流指揮者やソロイストのみをゲストに招き、アンサンブルのグレード・アップを「いつまでも時間と金をかけて図り続ける」ことは出来ない。

　そんな民営団体の限界を、マクリーシュが今後どう乗り越えて行くか。その面で彼が示す手腕にも、期待がもたれるところだ。

＊推薦ディスク

1. レクイエム（スッペ）：ミシェル・コルボ指揮
2. レクイエム（モーツァルト）：ミシェル・コルボ指揮
3. ピアノ協奏曲第13,26番（モーツァルト）：マリア・ジョアン・ピレシュ（Pf.）、テオドール・グシュルバウアー指揮

4. 歌劇「アッシャー家」（ゲッティ）：ローレンス・フォスター指揮
5. 交響曲第9番「合唱付き」（ベートーヴェン）：フラーンス・ブリュッヘン指揮

2. アムステルダム・コンセルトヘボウ管弦楽団
(ROYAL CONCERTGEBOUW ORCHESTRA AMSTERDAM)

我が国と深い関わりを持つ国オランダ王国（正式名称は「ネーデルラント王国」=Kingdom of Netherlands）の歴史（紀元後～現代）を簡単に述べると、次のように略記出来る。

1. BC ～ AD：58BC ～ 476AD：ローマ帝国の時代
2. AD：476 ～ 481：民族大移動の時代
3. 〃 ：481 ～ 950：フランク王国の時代
4. 〃 ：962 ～ 1648：神聖ローマ帝国の時代
   （1384 ～ 1482：ブルゴーニュ侯爵ネーデルラントの時代
   1477 ～ 1556：ネーデルラント 17 州の時代
   1482 ～ 1581：ハプスブルグ領ネーデルラントの時代
   1581 ～ 1795：ネーデルラント共和国の時代）
5. 〃 ：1795 ～ 1806：バタヴィア共和国の時代
6. 〃 ：1806 ～ 1810：ホランド王国の時代
7. 〃 ：1810 ～ 1815：フランス第一帝政の時代
8. 〃 ：1815 ～ 1830：ネーデルラント連合王国の時代
9. 〃 ：1830 ～：ネーデルラント（オランダ）王国（正式独立は 1814 年のウィーン会議による）の時代

いわゆる古代（紀元前）のネーデルラント（低地地方の意）には、ローマ帝国領（ライン川下流以南）、フランク及びフリース人（同以北）＝いずれもゲルマン系諸族、そして森林の多い低地帯にバタヴィ及びフリース族＝の棲み分けが出来ていた。徐々にではあるが、それらの部族が統一されていくのは、BC58年ローマ帝国軍（司令官はジュリアス・シーザー）が本格侵攻をした時である。

以来、上記のような支配の変遷を経て独立国家となったわけだが、今日同国は、42,000 キロ平方メートル（内水面を含む）の国土に、1640 万人（＝ 2012 年度の調査による）の人口を擁する、「国際社会との協調を外交政策の基本路線」に据え、更なる発展を目指している。

11

そして首都アムステルダム（「アムステル川のダム＝堤防」の意）は紛れもなく同国最大の都市で、人口 820,654 人（2012 年度調査）を擁するが、かつて 17 世紀に東アジア地域に進出したオランダの中継貿易港（香料貿易を独占した）、及び金融市場の中心として繁栄（オランダ海上帝国と称される）、黄金時代を迎えることとなった。

　更に当時のオランダは「オランダ東インド会社」を作ったのみならず、アジア、南北アメリカにも植民地を建設、巨大な富を築いたため、アムステルダムの躍進はさらに加速する。

　そんな状況がようやく終息へ向かうのは、英仏などが海上の覇権を争い、対立を深めるようになった 17 世紀後半からであった。

　以後オランダは国際舞台で劣勢を余儀なくされ、国内でも混乱（ベルギーやルクセンブルグの離反独立及び植民地からの人口流入や独立等）が続き、特にアムステルダムの人口動態には、大きな影響を及ぼすことになった。

　ちなみに同市の人種構成（人口と、市の人口に占める割合）を纏めると、次のようになる。(2010 年度「Amsterdam in cijfters」参照)

1. オランダ人（人口＝ 385,009 人＝ 50.1%）
2. ヨーロッパ人（同＝ 114,553 人＝ 14.9%）
3. 非ヨーロッパ人（同＝ 268,211 人＝ 34.9%）
　（内訳）
　＊スリナム人（同＝ 68,881 人＝ 9.0%）
　＊モロッコ人（同＝ 69,439 人＝ 9.0%）
　＊トルコ人（同＝ 40,370 人＝ 5.3%）
　＊オランダ領アンティルおよびアルバ（同＝ 11,689 人＝ 1.5%）
　＊その他（同＝ 77,832 人＝ 10.1%）

　見て分かる通り、人口の半分が純然たるオランダ人、残りの半分のうち 14.9% が他のヨーロッパ人、そしてあとの 34.9% がヨーロッパ以外の移民で占められているというわけだ。

　英国の世界的な音楽月刊誌「GRAMOPHONE」(2008 年度 12 月号) は、「世界で最も偉大（The World's Best ではなく、あくまでも The World's Greatest である。念のため。）なオーケストラ」に、同市を本拠とする「アムステルダム・コンセルトヘボウ管弦楽団」（RCO）を選出した。そして今日まで同団を支え続けているのは、これらの人種構成によって支えられている。

　そしてその事実は、これからの RCO の存続発展への方向性を模索する上で、極めて重要な役割を果たすものと見られる。すなわち RCO は、「常任指揮者の芸術性のみでなく、社会情勢をも映し出す鏡の役目をも担うオーケストラ」の最高級

見本として、常に他の目標となるからだ。

　北米の諸楽団のように、最初から人種の坩堝の中で揉まれ成長を遂げて来たのではなく、まずオーケストラありき、の状態からスタートしたRCO。同団の土台は圧倒的なヨーロッパ文化の精華の結晶体で出来ており、アムステルダム市民は、それを守ることに誇りと義務を抱いているのだ。

　コンセルトヘボウとは、オランダ語で「演奏会場」を意味する。1883年、当時低調だったアムステルダム楽壇にカツを入れる目的で、ワーグナー協会等の音楽団体が中心となり、市のはずれにある干拓地に、演奏会専用のホール建設が着手された。

　そしてそのホールが完成する1888年には、専属楽団とその運営機関の設立も決められ、初代シェフとして当時31歳のウィレム・ケスが選ばれる。自信満々のケスは着任早々から、楽員のトレーニングのみならず、マナーの悪い聴衆の教育をも始めたため、最初の頃は苦い思いをした。

　しかし優れた演奏を生み出すには、楽員のレヴェル・アップ同様、聴衆の質も良くならなければならない、というケスの信念は少しも揺るがず、逆に演奏中の私語や飲み食いはおろか、客の途中入場さえも厳禁とした。

　そしてそのようなケスの努力は終に実を結び、RCOは短期間の内に、格段の進歩を遂げたのであった。

　ケスは楽員に対しても厳しい要求をした。彼のバトンでRCOが演奏したオープニング・プログラムは、献堂式序曲（ベートーヴェン）、ハイドンの主題による変奏曲（ブラームス）、Phaeton序曲（サンサーンス）、マイスタージンガー序曲（ワーグナー）、そしてチャールス・スタンフォードの交響曲第3番であった。（早くも新作を取り上げているところに、注目しなければならない）

　ケスはプロフェッショナリズムの考えを、楽員に徹底的に植え付けてあと、1895年スコットランド管弦楽団（現スコテイッシュ・ナショナル管弦楽団）からの招請を容れ、RCOを離れて行った。

　そのケスを含め、RCOのポディアムを守ったのは、以下の歴代シェフたちである。

1. ウィレム・ケス（1888〜1895）
2. ウィレム・メンゲルベルク（1895〜1945）
3. エドゥアルド・ヴァン・ベイヌム（1945〜1959）
   ＊客演指揮者の時代（1959〜1961）
4. ベルナルド・ハイティンク、オイゲン・ヨーフム（1961〜1964）
5. ベルナルド・ハイティンク（1964〜1979）
6. ベルナルド・ハイティンク、キリル・コンドラシン（1979〜1981）
7. ベルナルド・ハイティンク（1984〜1988）

8. リカルド・シャイー（1988 ～ 2004）

9. マリス・ヤンソンス（2004 ～ 2018）

10. ダニエレ・ガッティ（2018 ～　）

　RCO の歴史は、常に若手と組み、若手を育てて来たそれである。しかもレヴェル・ダウンを防ぐための措置が、実にうまく取られてきた。

　大器晩成型のハイティンクを支え、いわば後見役を任せる形のヨーフムやコンドラシンの起用などがそれだ。百戦錬磨の大ヴェテランを補佐役につけることで、あくまでも自国産のハイティンクを育てようという意気込み、が感じられる。

　今や大物となったハイティンクにしてみれば、RCO は国際的なキャリア・メイキングに繋がるただの跳躍台だった、と考えるだろう。しかし今までハイティンクが収めて来た成功を見ると、RCO 抜きでは考えられないものである。

　さてそれではこれから、そのハイティンクを含め、歴代シェフ（ケス以外の）達が刻んだ足跡について述べることにしよう。

　ケスの後任は、オランダ人の両親を持ち、ドイツで生まれたメンゲルベルク。コロンヌ音楽院で学んだ彼は、RCO 就任当時 24 歳という若さであった。最初は指揮者よりピアニストとして将来を嘱望されたが、RCO を引き受けて数シーズンもすると、同団とのコンビネーションはヨーロッパ中で評価を高め、その勢いは増々強まって行く。そんな手腕を発揮する彼に、R・シュトラウスは感激し、傑作「英雄の生涯」を献呈するほどであった。

　メンゲルベルクは結局、50 年の長きに亘って RCO に君臨、同団は彼の下で大々的に発展する。換言すれば、彼と RCO は互いに、成長を促進し合った、ということが言えると思う。

　周知の通り、彼の音楽の特徴は、その自由奔放な音作りにあった。古典に偏向せず、新作に対してもスンナリ取り組んで行けた。そのことも、彼独特のそんな柔軟な姿勢によるものであった。

　彼はそのような調子で当時の新作を積極的に紹介し、同時代の作曲家達（特に R・シュトラウスや G・マーラー）とも、親交を深めていた。後にシェフとなるシャイーと同様のやり方を、メンゲルベルクは既に始めていたのだった。

　更に、NY フィルをはじめ、世界各地の主要楽団にも積極的に客演している。その間、彼に代わって RCO を振ったのは、カール・ムック、ピエール・モントゥ、ブルーノ・ワルターらであった。

　ところが、RCO 史上最長の在任を誇り、かつ破天荒とも言える成功を収めたメンゲルベルクも、第二次世界大戦後はナチスとの親密な関係を糾弾され、最後は追放されてしまう。（だがハッキリ言って、マーラーとの親交からも判断できるように、彼をガリガリの親ナチだと一方的に決めつけるのは、不当なことではない

だろうか。)

オランダ政府はメンゲルベルクに対し、戦時中のナチスとの関係を理由に、1945年から6年間、同国における指揮活動を禁止した。しかし彼は、その禁止が解除になる年の1951年に他界する。

後任に選ばれたのは、ヴァン・ベイヌム。彼はオーソドックスな音作りを身上とし、RCOとはメンゲルベルクの時代から既に、親密な関係を築いていた。

とはいえ、前任者とはまるで異質のテンペラメント、及び音楽観の持ち主である。着任早々彼が取り掛かったのは、戦争の混乱が生み出した各セクションの合奏力の低下に歯止めをかけ、かつそれを向上に転じさせることだった。

彼はパート毎に綿密なトレーニングを繰り返し、最後は全体的なグレード・アップに結び付けて行った。

加えてレパートリーを拡大することをも忘れず、特にブルックナーやフランス物の紹介に力を入れた。現役オランダ人作曲家の新作を積極的に取り上げたのも、彼の業績の一つとして記しておかねばならない。

だがそのベイヌム、1959年に急逝してしまう。リハーサル中の出来事だった。

後任リクルートが即刻開始され、彼が振る予定だったプログラムは、E・ヨーフムと、若きハイティンクに割り当てられた。評価の定着したベテラン、ヨーフムは問題ないとしても、30歳のハイティンクには不安が残った。

しかし同国人シェフの確保に拘るRCOは、是が非でもハイティンクの成長を見守る覚悟であった。そして彼は見事に重責を果たし、RCOの将来を担うキーマンと目されるようになって行く。

ハイティンクが首席指揮者に任命されたのは、1964年のことである。この年RCOは、次代を任せられる人物との関係を、本格的にスタートさせたのだった。

キャリア不足のハイティンクとの関係を、RCOはまず録音の面から強化して行く。それと並行して、名流ソロイストを次々に定期公演その他に招き、加えて声楽曲等の大作を頻繁に取り上げたり、また各地の音楽祭に参加する等、ハイティンク共々楽員の士気をも高めるようなプロジェクトを連発した。

更に合唱曲等の大作と対応するため、1980年にはRCO専属合唱団（合唱指揮者アルトゥール・オールドハム）を創設している。更にキリル・コンドラシンをソヴィエトから招き、ハイティンク同様、終身指揮者として役割を分担させたりした。

さてハイティンク時代に築かれた大きな業績の一つは、数多くの客演指揮者との交流の結果生み出された、広範囲なグレード・アップである。特に1975年以来、ニコラス・アーノンクールと組んだ復活祭コンサートは出色のもので、バッハのヨハネ受難曲、マタイ受難曲等は常に高い評価を勝ち取っている。

ヴェテラン、コンドラシンは 1981 年に他界したが、その頃になると、ハイティンクの実力は既に、補佐役を必要としない程の高い水準に達していた

　それどころか、録音や客演活動面でも充分過ぎる程の実績を上げ、更にそのキャリアを、より国際的な演奏サーキットに乗せつつあった

　そしてその実力が、もはやカラヤンの後継者になれる程のレヴェルに達した 1988 年、ハイティンクは約 35 シーズンに亘る RCO とのコンビネーションに別れを告げる。（と言うより、ハイティンクが Van Royen 記者に語ったところによると、彼は当時コヴェントガーデン王立歌劇場から、シェフ受諾の意向を打診されており、本心としては RCO との掛け持ちを考えていた、との話だ。従ってもし、礼儀上からのこととはいえ、RCO 側にそのシェフを辞任すると伝えたら、必ず慰留されるとハイティンクは踏んでいた。しかし辞任がアッサリ受け入れられたので、ハイティンクはかなり驚いた、と伝えられている）

　ハイティンクの後任には、RCO の伝統からして、エド・デ・ワールトらのオランダ人指揮者が決まりそうに思えたが、ふたを開けてみると、選ばれたのは外国人のシャイーであった。

　何に対しても率直なシャイーは、RCO 着任に際してハイティンクに手紙を送り、シェフ業の「Know How」を尋ねた。が、返事はもらえなかったという。

　それはともかくとして、RCO は創立百年目にしてついに、外国からシェフを迎える決断を下したことになる。シェフに選ばれた当事者のシャイーも期待に応え、並々ならぬ決意と計画を引っ提げて、6 シーズン在任。楽旅に録音にと、大きな業績を残す。

　特に両者のコンビネーションの確かさを披露する目的で実施された世界楽旅は、NY のカーネギー・ホールをはじめとする各都市で絶賛され、録音でもブラームスの交響曲等が高く評価された。

　その勢いはシャイーに続くヤンソンスの時代に入っても衰えず、それどころか更に調子を上げて行く。その成果が世界中に示されたのが、既に述べたグラモフォン・マガジン誌によるランキングであった。

　ここにきて RCO は、単なる「オランダの主要 15 楽団中最高位に位置するアンサンブルから、世界の最高位」に躍り出たのだった。

　それを実現した立役者は、当然 M・ヤンソンスになるわけだが、そこへ至るまでの道筋を付けた歴代シェフ達の、貢献を忘れてはならない。そしてヤンソンスは、もう一つの手兵バイエルン放送響に専心することを理由に、潔くシェフの座を降りる。

　彼の後任は、次代のエース候補の一人、ダニエーレ・ガッティだ。衛星放送等で、フランス国立管を振る彼の指揮姿を頻繁に見ることが出来るが、非常に柔軟性の

あるアプローチが魅力となっている。

　RCO のシェフ人事は、ベルリンやウィーンの両フィルハーモニカーのそれに比べ、派手さは殆どないが、選ばれた人物は徐々に時間をかけて、グローバル・スケールの結果を披露するのが慣わしだ。

　ガッテイの場合、既に RCO とのシェフ業務を始めており、特に定期公演プログラムのライン・アップに工夫の跡が窺え、その強い意欲が伝わってくる。あと数シーズンもすれば、新しく盤石な RCO のアンサンブルが、再び世界の首位に選ばれるかもしれない。

　＊推薦ディスク
1. 交響詩「英雄の生涯」（R・シュトラウス）：M・ヤンソンス指揮
2. 「マタイ受難曲」（J・S・バッハ）：W・メンゲルベルク指揮
3. 交響曲第 2 番（ブラームス）、「夏風の中で」（ウエーベルン）：R・シャイー指揮
4. 交響曲第 5 番「運命」、交響曲第 6 番「田園」（ベートーヴェン）：E・クライバー指揮
5. 交響組曲「シェエラザード」（リムスキー＝コルサコフ）：K・コンドラシン指揮

3. ロッテルダム・フィルハーモニー管弦楽団
（ROTTERDAMS PHILHARMONISCH ORKEST
= ROTTERDAM PHILHARMONIC ORCHESTRA）

　オランダ第 2 の人口（約 62 万、但し市域のそれは約 103 万）を擁する世界屈指の港湾都市ロッテルダム。同市の起源は、13 世紀に出来た集落である。その後発展を遂げた同集落は、1328 年に都市の権利を得て、ロッテルダム港を整備、大西洋貿易をバネに、第 2 次世界大戦前まで世界都市としての諸相を次々と確保し、成長に次ぐ成長を続けて行った。

　しかし同大戦では、市街地と港湾が猛烈な爆撃に晒される。その結果それまでの栄華が跡形もなく破壊され、荒廃の極に見舞われてしまった。

　ところが市民はそれに屈せず、戦後は見事な計画都市の構想の下で立ち直る。そして今では、かつての惨状が嘘のような近代都市へと変貌を遂げた。

　そして同市は現在、60 キロ北にある大都市アムステルダムに続くオランダの看板都市、へと発展している。

17

EU（欧州連合）の海の玄関口ロッテルダム港を中心に、ロッテルダム空港（オランダ第一の「スキポール空港」へは、市内から鉄道で45分の距離である）、そして市内を縦横に走るメトロやトラムが整備され、国内外の交通及び貿易上の輸送手段の便利さは群を抜く。

　おかげで1965年同市は、ニューヨークを抜いて世界一の貿易量を達成するまでになった。言うまでもなく、市の発展もそれに沿う形のものである。そしてその勢いは当然のように、音楽文化の隆盛にも繋がって行く。

　同市初となるオーケストラが結成されたのは、1918年6月10日である。市内で評判の音楽一家、ザグヴィージン家の息子ジュールスの呼びかけに応じ、クールジンゲルにあるティボリ劇場に演奏家達が集い、アムステルダムのコンセルトヘボウ管弦楽団（以下RCO）を目標に、新しいオーケストラ(ロッテルダム・フィルハーモニック管弦楽団＝以下RPO)結成へ向けての計画を話し合ったのだ。

　参集した楽員の大半が、市内の劇場や酒場、あるいはレストラン等のバンドで演奏し、生計を立てるという、いわば不安定な状況下での暮らしを余儀なくされている人々であった。そのため彼らにとって、ロッテルダム市に常設楽団を作ることは、一つの夢の実現を意味したのである。

　希望に燃えて集まった演奏者たちは、楽団結成へ向けての第一段階として、「演奏芸術のための職業演奏家互助協会」（Society of professional musicians for the mutual performing arts)を結成、早速その専属指揮者にウィレム・フェルツァーを選出した。

　しかし創設当初からその協会に、本格的楽団として体裁を整えるのに十分な数の楽員が参集したわけでは勿論ない。整備されていたのは弦楽部門だけで、その他のパートは、オーディションを繰り返しながら補強し続けて行かねばならなかった。

　おかげで初期の公演は、メンバー不足からくる弦部のみの演奏だけであった。しかし楽員が増えて行くに従い、プログラムの内容は次第にスケール・アップを続け、1921年にはついに、市議会から助成金が下りるまでに躍進を遂げる。

　ポピュラー小品で構成した日曜午後のコンサートや、労働者向けの公演に、ロッテルダム市がスポンサー役を引き受けたのだ。これでRPOは市民権を得た形となり、将来への展望が一気に開けて行く。

　そしてその後も低料金でポピュラー作品を提供しつつ、徐々に大曲を加えながら、音楽ファンの支持を拡大した。

　当時一番の悩みは、定期演奏会を提供するための会場がないことだった。グルーテ・ドール・ホール、サーカス用の建物、あるいはまた小編成のアンサンブルで演奏する時は、市内各所に小さなスペースを見つけて利用する、という具合にジ

18　3. ロッテルダム・フィルハーモニー管弦楽団

プシーのような活動を繰り返していた。

しかし音楽監督のフェルツァーは、主として交響曲作品の演奏を望んでいたため、RPO はポピュラー作品を振る指揮者を、その都度探さねばならなかった。そしてフェルツァーらの努力が実り、野外コンサートも定着すると、RPO は組織を整備する傍ら、定期公演やその他の公演プロジェクトを多彩なものにするなど、次第に堂々たる大型楽団へと成長を遂げて行く。

10 シーズンに亘って RPO の草創期を盛り立てたフェルツァーを含め、同団の歴代シェフに招かれた面々は以下の通り。

1. ウィレム・フェルツァー（1918 ～ 1928）
2. アレクサンダー・シュムラー（1928 ～ 1930）
3. エドアルド・フリィプス（1930 ～ 1962）
4. フランツ・ポール＝デッカー（1962 ～ 1968）
5. ジャン・フルネ（1968 ～ 1973）
6. エド・デ・ワールト（1973 ～ 1979）
7. デヴィッド・ジンマン（1979 ～ 1982）
　＊客演指揮者の時代（1982 ～ 1983）
8. ジェームス・コンロン（1983 ～ 1991）
9. ジェフリー・テイト（1991 ～ 1995）
10. ヴァレリー・ゲルギエフ（1995 ～ 2008）
11. ヤニック・ネゼイ＝セイガン（2008 ～ ）

草創期のシェフ 3 人は、残念ながら国際的な知名度は低い。

しかし実績の点では、地味ながら、大いに注目されてよいものを残している。フェルツァーとフリィプスの場合がそうだ。

初代のフェルツァーは、発足したての頃から大曲の演奏を目指し、楽員にそのような意識を抱かせ続けており、その点は高く評価されてよいと思う。

しかし彼の後任人事には少しトラブルが起きた。後任にはシュムラーが招かれたが、実のところ理事会はその前に、当時 30 歳のフリィプスと将来のシェフ候補として契約し、準指揮者としてのタイトルを与えていたのである。

従って順当にいけば、フェルツァーの後任はフリィプスになっていたはずだった。ところが 1928 年フェルツァーは辞任し、フリィプスのブリッジ・プログラム（引き継ぎ）が終わらぬうちに、楽団理事会は高名なヴァイオリニスト、シュムラーを後任に招いてしまう。

幸いこの人事は長くは続かず、シュムラーは 1930 年の 5 月 31 日を以て解約された。そしてその後任に招かれたのは勿論、フリィプスである。フリィプスの働きは見事で、着任早々から独自のカラーを打ち出し、特に新作の紹介に積極的な

取り組みを見せた。

　アムステルダム、ハーグ、ユトレヒトの各都市のオーケストラが、オーソドックスなプログラム作りに終始するのを横目に、フリィプスのRPOだけは数多くのコンテンポラリーを紹介、市民に強烈な印象を与え続けた。

　シェフのフリィプスに至っては、自分の振る全プログラムに必ず新作を配し、更に作曲家本人を招いて指揮させ（例えば、バルトークはRPOに招かれ、自作のピアノ協奏曲2曲を紹介している）るなど、聴衆とのコミュニケーションを図りつつ、特に若手の意欲的なオランダ人作曲家に、発表の場を与えた。

　創立間もないオーケストラは大抵の場合、ファンを確保するためにスタンダード・ナンバーを配するものだが、RPOはそのような安全策は取らず、ひっきりなしに新作の紹介を続け、しかも成功を収めたのである。

　彼が君臨した35シーズン、ロッテルダムの街は、世界一の「新作演奏センター」と化したのだった。

　それに加え、ファン層の拡大を狙って、「青少年のためのコンサート」を創設したのも彼の功績である。

　彼を襲った危機と言えば、1940年5月に始まるナチス・ドイツのオランダ侵攻であった。オランダが中立を保つことは不可能だったせいで、ロッテルダムは否応なく戦火に巻き込まれ、街の大部分が炎上消失した。

　しかしRPOは八方手を尽くして戦後復興に努め、加えてオランダ各地からも楽譜や楽器の寄贈などが相次ぎ、おかげで演奏を継続する事が出来た。コンサートは、焼け残ったケーニンゲネカーク教会で行われた。

　他の楽団同様、RPOも大戦直後が最も困難な時期であったと言える。またナチの魔手から逃れることの出来なかった楽員の数も多い。戦時中も楽団を存続させるため、フリィプスは多少の危険を承知で演奏会を行っている。

　しかし勿論それは残念ながら、戦火の中を逃げ惑う市民を勇気づけるもの、とは成りえなかった。それでも彼は戦中ギリギリのところまで、タクトを振り続けた。

　とはいえ、戦後本格的に復帰したのは、1947年になってからである。そしてその頃彼が振ったプログラムで注目されるのは、マーラーの「千人の交響曲」（会場はアホイ・ホール）であった。平和の尊さと音楽する喜びを全身で表現し、彼はRPOの新たな時代への道を切り拓いたのである。

　フリィプスは69歳でF・P・デッカーにバトンを譲り、RPOのポディアムを降りた。その3シーズン前から既に補助指揮者を務めていたドイツ人のデッカーは、前任者とは反対に新作の紹介を控え目にして、古典派やロマン派のプログラミングで勝負した。

　それが結果的に、RPOの聴衆の年齢構成をバランスの良いものにする。更にレ

パートリーの厚みをも増した。意欲的なデッカーは、それと併行して定期演奏会場の建設計画を進め、1966 年 5 月 18 日待望の本拠地＝「デ・ドーレン」が開場。（しかし同ホールの開場記念公演のタクトを、デッカーは前任者フリップスに譲っている。）

　同ホールの完成により RPO は、名実共にアムステルダムのコンセルトヘボウと並ぶ、オランダの看板楽団の仲間入りを果たす。そして定期公演の予約者数も、それまでの 4 千人から 1 万 5 千人へと急増した。

　だが何よりの収穫は、新ホールの建設資金援助をはじめとして、市当局が支援態勢を整えたことである。そのため RPO は財政基盤が強化され、演奏水準を急速に高めることができた。

　カナダからの招請を受け入れたデッカーがポディアムから降りると、楽団を待っていたのは、昔のシュムラー＝フリップス交代劇の失敗の再現だった。即ち前年契約していた当時 27 歳の新進デ・ワールトを、デッカーの後任には若過ぎるという理由で中止、代わりにベテランのフルネを招いたのである。

　結局フルネはその要請を容れ、5 シーズン後にデ・ワールトへバトンを譲るという形になった。

　しかしそのデ・ワールトは、期待を大きく上回る活躍を見せる。就任早々から意欲的なプログラムを組み、特に商業録音と国外楽旅を頻繁に行ない、RPO の評価を世界的なものに押し上げたのだ。

　加えて自らもグローバル・スケールでキャリアを追求し、各国のメジャー楽団から客演の依頼が殺到。それをこなして行くうちに、終に北米サンフランシスコ響からリクルートされる。

　デ・ワールトの成功は同時に、RPO にも成功を齎す呼び水の役割を果たした。そしてその勢いは、デ・ワールト後も続くかと思われた。が、後任のジンマン、更にコンロンと続く 2 人のアメリカ人シェフの治世は、平たく言って平凡な形で推移する。

　ただコンロンの場合、エラート・レーベルにかなりの点数の録音を残しおり、それが唯一眼を引く程度だ。

　コンロンの後任テイトは、肉体的なハンディがどうしても活動を制限した。オペラにシンフォニー、そして宗教曲と、そのレパートリーには圧倒的なものがあったが、在任期間僅か 4 シーズンでゲルギエフにバトンを譲る。

　そしてそのゲルギエフはまさしく、"RPO 中興の祖 "、であった。エネルギーの塊のような彼は、在任 13 シーズンに亘って、RPO のフレキシビリティを極限にまで高めた。

　それは彼が、同団を通じて、自らの理想とする "多色系オーケストラ・サウン

21

ドの創造"を追求したからである。すなわち「パン・ヨーロピアンのメンタリティ」
で固めた RPO というカンバスに、自らの内なるパン・ロシアンのメンタリティを
フル稼働させ、その2つが融合したものを作品として描いたのだ。

　そしてそれらの作品を、彼は「ゲルギエフ・フェスティバル」と名付けた展示会で、
披露したのである。

　ゲルギエフのバトンで練磨されたアンサンブルは、続いてネゼイ＝セイガンの
下で更に飛躍を遂げる。彼の時代は、レパートリー拡充のそれである。言葉を替
えると、未知の可能性への挑戦だ。

　今の RPO はまるで、「オーケストラに出せない音はあるのか？　ひけないレパー
トリーは存在可能なのか？」を問いかけながら、自由かつダイナミズムに溢れた感
性で生きる楽員の集まり、のように思える。

　＊推薦ディスク

1.「ファンタジー～オペラ座の夜」：(Flute Solo) E・パユ、Y・ネゼ＝セガン
　　指揮
2.「管弦楽ライブ録音集」（オムニバス）：V・ゲルギエフ指揮
3.「ラ・ヴァルス」「ダフニスとクロエ」組曲第2番、高雅にして感傷的なワル
　　ツ、組曲「マ・メール・ロワ」（ラヴェル）：Y・ネゼイ＝セイガン指揮
4. ダンテ交響曲（リスト）：J・コンロン指揮
5. 歌劇「ばらの騎士」（全曲）：(Sp.) F・V・シュターデほか、E・デ・ワール
　　ト指揮

4. ハーグ・レジデンティ管弦楽団
(HET RESIDENTIE ORKEST)

　オランダ南ホラント州のヘメーンテ（基礎自治体）州都で、北海沿岸の街デン・
ハーグは、オランダ語では Den Haag（デン・ハーハ）、's-Gravenhage(スフラー
フェンハーヘ) という2つの名称を持ち、「伯爵の領地（生垣）」という意味の後
者を正式名としている。

　しかし通常は、前者を略した Den Haag(英語読みで「デン・ハーグ」。以下本
稿では、「ハーグ」と記す。) が用いられ、同市は現在、市域人口約50万（近郊ま
で含めると70万余）を抱え、アムステルダム、ロッテルダムに次いで同国第3の
大都市、となっている。

　同市の礎が築かれたのは1230年、ホラント伯フロリス四世が狩猟の場とする目

的で、ホフフェイオファの沼沿いの土地を購入、居館を建てたことに始まる。そしてその後は、スペイン軍に占領されたり、フランス軍の侵攻を受けたりの国難が続くが、同地がルイ・ボナパルトによって市に昇格したのは、1806年のことだった。

さらにその後のネーデルラント連合王国時代には、首都はブリュッセルとハーグ間で2年毎の持ち回りとなり、1830年ベルギー独立後はアムステルダムに固定されたが、政府機能は一貫してハーグに置かれている。

従って同市を、実質的に首都機能を備えたオランダの中心都市、と見ることが出来る。

更に重要な国際機関（旧ユーゴスラヴィア国際戦犯法廷、常設国際司法裁判所、国際刑事裁判所等々）を備え、数多くの国際条約の締結（例えば、ハーグ陸戦条約、ハーグ阿片条約、ハイジャック防止条約等々）されているところから、「NYに次ぐ国連都市」、「法律の世界首都」あるいは「平和と司法の国際都市」、等と呼ばれることもある。

そんな国際都市ハーグだが、アンサンブルの歴史はそう古くはない。ただ同市楽壇は、1904年になるまで、アムステルダムのコンセルトヘボウ管（RCO）の来演を中心として動き、市独自のプロ楽団によるコンサートの記録はなかった。

しかしハーグ在住の音楽家および音楽ファンは、そのRCOによる公演が毎シーズン継続されることに対し、次第に不満を募らせていく。そしてその終着点が、市独自のアンサンブル創設運動の始まりであった。

アクションを起こしたのは市内の演奏家達だが、実質的には同市の王立音楽院で院長を務めていたアンリ・ヴィオッタ。日頃から教え子たちにオーケストラ活動をするよう望んでいた彼は、地元での新楽団創設に協力するよう頼まれ、1904年ついにそれを実現させる。

当時名指揮者と謳われていたヴィオッタは、1891年以来RCOにリードされてきたハーグ楽界のイニシアティブを、新楽団にとらせようと構想した。その結果、自らその新楽団（名称は「Het Residentie Orkest」＝以下HRO＝英語に直すと、「The Hague Philharmonic」）の首席指揮者の任に就くと、「Gebouw voor Kunsten en Wetenschappen」（ヘボウ＝ホールの意味、フォア・クンステン・エン・ヴェーテンシャッペン）を中心的な公演会場にして、最初からフル回転の本格的公演活動を展開する。（なおHROは長い間フランチャイズを持つ事が出来なかった。理由は、行政やスポンサーからの協力が得られなかったこと、である。そのため同団は独自でそれを作ることになり、1987年それはようやく実現する。建設費用2500万ギルダーをかけて完成した演奏会場は、「ドクター・アントン・フィリップザール」（略称＝DAPZ）と名付けられ、HROは以後同ホールを中心に、定期公

演、録音等を行ってきた。）

　ところで HRO の中核体を成したのは、なんと RCO を退団した人々であった。彼らは当時同団のシェフを務めていた、ウィレム・メンゲルベルグの身勝手なやり方に見切りをつけ、RCO を辞めて HRO へ移籍したのである。

　アムステルダム市民は落胆したが、逆に喜んだのはハーグの人々であった。発足当時の HRO 楽員構成は、アンサンブルの中心となるポジションを元 RCO の人々が占め、残りをハーグ王立音楽院の教授、同教授、それに同学生、更に市内在住の腕利き奏者達が加わったもの。

　しかし何より市民を熱狂させたのは、その演奏レヴェルの水準であった。同団のそれは当初から、群を抜く高みに達していたのである。

　その一方で、RHO の財政基盤は弱く、楽員が演奏契約のみで生活するのは困難であった。そこで彼らは冬のシーズンだけを HRO の公演に集中し、後は市内および市外のカフェや劇場でのアルバイトに充てる、という生き方を強いられてしまう。

　そんな形が長く続くと、緊密なアンサンブルを保持するのが次第に困難なものとなって行くが、その否定的状況を救ってくれたのが、スケヴェニンゲン市で行われる音楽祭からの招待であった。

　同祭は 1914 年に発足し、世界各国から招待されたオーケストラによる音楽祭（会期は 5 〜 9 月）で、戦争の激化と共に出場楽団数が減り続けていた。そんな状況を補ったのが HRO で、同団は地の利を生かして精勤を続け、ついに同祭から専属楽団に指名される。（そのことを契機に、HRO の財政基盤は盤石なモノとは言えないまでも、次第に好調に転じ、そして同音楽祭への出場は 1968 年度シーズンまで継続された。）

　ヴィオッタはそのように、楽員の生活を安定させるための努力を続ける一方で、発足当初から抜群の人脈を生かし、当時の名流を次々とポディアムに招いてきた。その中には、R・シュトラウス、I・ストラヴィンスキー、M・レハール、M・ラヴェル、P・ヒンデミット、V・ダンディらの作曲家をはじめ、トスカニーニ、B・ワルター、クナッパーツブッシュらの大家達も名を連ねている。（特に 1911 年の「R・シュトラウス音楽祭」は大成功を収め、ヨーロッパ中で HRO の認知度を高めさせた。）

　そして以後、今日までの約 110 年間、同団のポディアムには音楽監督として、以下の面々が君臨することになる。

　1. ヘンリ・ヴィオッタ（1904 〜 1917）
　2. ピーテル・ヴァン・アンルーイ（1917 〜 1935）
　　＊客演指揮者の時代（1935 〜 1938）
　3. フリーツ・シュールマン（1938 〜 1949）

4. ウイレム・ヴァン・オッテルロー（1949 ～ 1973）

　＊客演指揮者の時代（1973 ～ 1975）

5. ジャン・マルティノン（1975 ～ 1976）

6. フェルディナント・ライトナー（1976 ～ 1980）

7. ハンス・フォンク（1980 ～ 1991）

　＊客演指揮者の時代（1991 ～ 1992）

8. エフゲニー・スヴェトラーノフ（1992 ～ 2000）

9. ヤープ・ヴァン・ズヴェーデン（2000 ～ 2005）

10. ネーメ・ヤルヴィ（2005 ～　）

　これからは、ヴィオッタ以降の歴代 MD の足跡を見て行くことにする。

　2 代目の V・アンルーイは、作曲家兼指揮者であった。在任期間が 18 シーズンと長かったのは、第 1 次大戦の混乱など、楽員や指揮者の確保が難しい時期だったからである。地元出身者との関係維持が、楽団の存続に極めて有利な時代であった。

　戦時下でアンサンブルのレヴェルを維持するには困難が伴ったが、それでもコンサートの種類を増やしたり、多彩な企画を繰りだしたりして、ひたすらスケール・アップに努め、ファン層を拡大した。残念ながら彼は国際的な知名度を獲得できぬまま退任するが、その後任を探すのに HRO は 3 シーズンもかかっている。

　そしてその後任シュールマンは、戦中戦後の困難な時期、11 シーズンに亘って懸命の努力を重ねながらアンサンブルを守る。そして完全とは言えないまでも、組織を存続させ、最低限度の演奏水準を維持しながら、四人目のオッテルローにバトンを繋ぐ。

　お蔭でオッテルローは、就任当初からアンサンブルの練磨に集中することが可能となり、在任 24 シーズンを空前の成功に導くことが出来たのだった。

　更に彼の時代、HRO は国際的演奏サーキットへも本格参入し、活躍の実績が増加するに従い、行政からの援助が増え、一流指揮者および独奏者の招聘、腕利き楽員の採用が進み、録音、楽旅、定期公演の内容が拡大増加する等、楽団経営に関する全ての面が好調に転じ、黄金時代を実現して行く。

　2 シーズンの間客演指揮者で対応した後、オッテルローの後任として決まったのはマルティノン。シカゴ交響楽団で思うような実績を上げられなかった彼は、その後母国フランスへ戻り、まさに新規まき直しを図ろうとしている時期だった。HRO からの招聘は、その矢先のことである。

　チャンス到来とばかりそのオファーに応じた彼は、意気揚々と乗りこんで来たが、その在任期間は僅か 2 シーズン。彼の死によって幕を閉じた。

　そして後任に招かれたのは地味な堅実派のベテラン＝ライトナー。得意の独墺

25

作品をプログラムの中心に据え、コンセルトヘボウ管の牙城に肉薄する勢いの創出を期待されたが、これまた短期の在任で終わることになった。

ライトナーの後を継いだのは、良い意味での国際派フォンク。当時オランダ期待の若手として同国楽壇の Big Push を受けていた彼は、既にベルリン・フィルをはじめ、欧米のメジャー楽団に軒並み客演し、成功を収めていた。

HRO 就任後はライトナーの路線を踏襲、独墺作品を中心に、フランスものを加味し、それに同団が力を入れていたコンテンポラリー・シリーズ（1965 年度シーズンから始まり、1973 年からは地元オランダ出身作曲家の作品を時代別に網羅し、「オランダ音楽の 5 百年」という名称の下、中身がスケール・アップされた。更に 1979 年には「オランダ音楽の 4 百年」とのタイトルに変えられて 6 枚組のアルバムに録音され、一気に 26,000 枚を売り上げるという大評判をとった。なお 2 シーズン後には、そのパート 2 も録音され、これまた大評判となっている。）を更に充実させるなど、新機軸を打ち出した。

フォンク辞任のあと、1 シーズンの客演指揮者の時代を経て新 MD に決まったのは、スヴェトラーノフ。ソ連の崩壊で、ロシア人指揮者が続々国外での活動に力を入れ始めた時期であり、彼の招聘もその延長線上にもの。そして音楽ファンは、彼との録音プロジェクトが充実することを期待したが、実現しなかった。

スヴェトラーノフの後任はオランダ出身のズヴェーデン。ヴァイオリニストとしてキャリアを始め、NY のジュリアード音楽院で学び、弱冠 19 歳でコンセルトヘボウ管のコンサートマスターに就任（史上最年少）。指揮に転向したのは 1995 年 35 歳の時である。HRO に来る前はネザーランド響首席指揮者を務め、その将来を益々期待される存在となっていた。

そのため伸び盛りの彼は、HRO での在任が約 5 シーズンと短く、従って彼のキャリアからすれば同団は、彼の跳躍台の役目を果たしたようなものと言える。

しかしその後任 N・ヤルヴィは、流石に超の付くヴェテラン。定期シリーズのテコ入れはもとより、録音をも充実させ、総じてアンサンブルの向上を各段に高めた。

そのヤルヴィが、スイス・ロマンド管 MD へ転出すると、HRO 事務局は後任探しに数シーズンを費やすことになった。そして決まったのはディ・フリーエント。しかも彼に与えられたのは、「終身指揮者」というタイトルなのだ。

ディ・フィリーエントは 2015 年から着任する。

＊推薦ディスク

1. 交響曲第 7 番「夜の歌」（マーラー）：指揮・ネーメ・ヤルヴィ
2. 交響曲第 5 番（ブルックナー）：指揮・ネーメ・ヤルヴィ
3. アルプス交響曲（R・シュトラウス）：指揮・ネーメ・ヤルヴィ

4. 管弦楽作品集ほか（デイーベンブロック）他：指揮：ハンス・フォンク
5. 作品集・第2感 (ディーベンブロック)：指揮：ハンス・フォンク

5. オランダ放送フィルハーモニー管弦楽団
(RADIO FILHARMONISCH ORKEST)

　第2次世界大戦後のヨーロッパ（特にドイツ）で、放送局が戦後処理に果たした役割には、計り知れぬほど大きなものがある。戦争で荒廃したのは国土のみならず人心も同様であり、戦後はその両方を復興させることが何よりの課題であった。そしてその復興実現のため、時の為政者が最大限に利用した手段、それが放送システムだったのである。

　前者の復興に寄与したのが、主として科学および土木技術であったとするならば、後者のそれにはまず音楽等、文化芸術の力が最も大きかったと思う。

　戦後各国が競って放送局専属オーケストラを創設したのは、戦争で疲弊した神経を慰撫するためであり、演奏芸術にはそれを実現出来る力があることを、人々が経験上知っていたからに他ならない。

　オランダにおいても状況は同様で、戦後（1945年）はいち早くオランダ放送協会（NOS）が管理運営する「放送局専属のオーケストラ」が作られた。

　その創設者は指揮者のアルベルト・ファン・ラールテ。楽団の名称は「オランダ放送フィルハーモニー管弦楽団」（以下 RFO）。定期演奏会を楽団が本拠を置くヒルフェルスム市（＝アムステルダムの南東約30キロ、ユトレヒトの北方20キロの位置にある都市で、オランダ中部北ホラント州の基礎自治体＝ヘメーンテ。同市は「メディアの街」と呼ばれ、1920年代に創設された「ラジオ・ネーデルランド」＝短波放送＝をはじめ、オランダの主要ラジオ・テレビ局の拠点もこの街に置かれている。）で行い、年に数回の出張公演をアムステルダムとユトレヒトで実施する、という活動方針の下で発足した。

　以後、同団は今日まで活動を継続、そのポデイアムに君臨した歴代の首席指揮者は以下の面々である。

　1. アルベルト・ファン・ラールテ（1945 ～ 1949）
　2. パウル・ファン・ケンペン（1949 ～ 1955）
　　＊客演指揮者の時代（1955 ～ 1957）
　3. ベルナルド・ハイティンク（1957 ～ 1961）
　4. ジャン・フルネ（1961 ～ 1978）

＊客演指揮者の時代（1978 〜 1982）

5. セルジュ・コミッショーナ（1982 〜 1989）

6. エド・デ・ワールト（1989 〜 2004）

＊客演指揮者の時代（2004 〜 2005）

7. ヤープ・ヴァン・ズヴェーデン（2005 〜 2012）

8. マルクス・シュテンツ（2012 〜 ）

そして次にそれらの指揮者が RFO に刻印した主な実績だが、彼は主として客演陣（ストコフスキー、ドラティ、コンドラシン等）の整備、充実、そして関係を深化継続させることに活動の主眼を置いた。

自らの飛躍同様、楽団の躍進の基礎固めが完了したのは、ケンペン、ハイティンク、そしてフルネの時代である。特に若きハイティンクの客演初登場（1954 年 7 月 19 日）はオランダ全土の注目を集め、その 3 シーズン後には首席指揮者に抜擢されるという程だった。（なお彼はそれから 60 年後の 2014 年に同団からゲストに招かれ、デビュー時のプログラムを振って絆を深めている。）

フルネに続くコミッショーナ、そしてデ・ワールトの 2 人は、RFO との関係を深化させるというより、海外（特に北米、ワールトはそれに加え、オセアニアと極東でのポジションをも引き受けた）への進出に積極的だった。従ってそれぞれの在任期間も、10 シーズンにも満たない短期のもの、となっている。

（ただ彼の場合、放送オーケストラの特性を生かして、マーラーとラフマニノフの交響曲サイクルを短期間のうちに録音し、同団のディスコグラフィを膨らませたことだけは、注目すべきである。）

そしてその傾向は、彼らに続くズヴェーデン（オランダの次代のホープと目されている）にも受け継がれ、彼も僅か 7 シーズン限りで辞任した。そのため彼の主たる実績と言えるものは、「ブルックナー交響曲サイクルの録音」（エクストン・レーベル）ぐらいである。

さて RFO の公演（土曜日マチネー、日曜日モーニング、金曜日フレデンブルグ・シリーズ）は全て、Dutch National Station, Radio 4,EB・Union（ヨーロッパ・放送ユニオン系列局）等の各局を通じて放送される。そのため、指揮台に上がるだけでも、人々の知名度は上昇するというメリットがあり、在任が長期化すればそれだけキャリアの点でもグレード・アップは間違いない。

ところが現状は、これまで見てきた通り、在任 10 シーズン未満のマエストロばかりである。その原因はやはり、小さな国土の中で、アムステルダム・コンセルトヘボウ管、ロッテルダム・フィル、18 世紀オーケストラ、ハーグ・レジデンティと、超の付く高性能バンドが犇めいており、しかもそれらは例外なく国内外で「高評価」を定着させているからだ。

従って今後 RFO が上述の各団の一角に食い込むためには、「長期在任」の「一流マエストロ」と組む以外にない、ということになる。その意味で、2012 年のシーズンに就任したばかりのシュテンツにかかる期待は大きい。

シュテンツは本稿が書かれている現在（2015 年 9 月）、RFO の他に北米のボルティモア響で首席客演指揮者を務めており、キャリア拡大の最中にある。またこれまでのキャリアを見ると、ケルン市の音楽総監督（2014 年まで）、メルボルン響 MD（音楽監督＝ 1998 ～ 2004））、ロンドン・シンフォニエッタ（MD ＝ 1994 ～ 1998）等を歴任してきた。

極東では特に中国との絆が深く、2010 年には手兵のケルン・オペラを率い上海で「リング全曲」（ワーグナー）、北京で「ドン・ジョヴァンニ」（モーツァルト）を上演するという快挙を成し遂げ、更に 2014 年にもギルツニヒ管を率い、同国各地で巡演を成功させている。

オペラ、交響管弦楽と、オールラウンドなレパートリーの広さを誇る彼は、南北アメリカ、ヨーロッパ、そしてオセアニアから極東にかけ、各地の主要楽団での客演を次々と成功させてきた。

その中で得たものを、今後 RFO に注入するのか、それともその他の世界の名流との付き合いの中で小出しにしていくのか、今後の動向が注目される。

そしてオランダ全土はもとより、各国の RFO のサウンドに関心を音楽ファンが彼に望むのは、同団で可能な限り留まって自らの成長を刻印する一方、その結晶体をディスクとして残すことである。

　＊推薦ディスク
1. 管弦楽曲集 I ～ III（R・ワーグナー）：エド・デ・ワールト指揮
2. 交響曲第 8 番（ブルックナー）：ヤープ・ヴァン・ズヴェーデン指揮
3. 交響曲第 13 番「バビ・ヤール」（ショスタコーヴィチ）：マーク・ウイッグルワース指揮
4. 魔法使いの弟子、ラ・ペリ他（デュカス）：ジャン・フルネ指揮
5. 戦争レクイエム（ブリテン）：ヤープ・ヴァン・ズヴェーデン指揮

6.18 世紀オーケストラ
(ORKEST VAN DE ACHTTIENDE EEUW
= ORCHESTRA OF THE EIGHTEENTH CENTURY)

1934 年 10 月 30 日、オランダ・アムステルダムに生まれ、同地の音楽院、そ

れから同じくアムステルダム大学を出たあと、1950 年代よりリコーダー奏者としての活動を始めたのは、後に「リコーダーのパガニーニ」と呼ばれ、現代屈指のリコーダー奏者、指揮者として世界を席巻したフランス・ブリュッヘンである。

当初彼はモダン・リコーダーから奏者としてのキャリアを始め、その後次第に古楽器へと傾斜を深めて行く。そしてそれと併行しながら古楽器の収集にも乗り出し、その研究家としてもグレードを高めて行った。

その演奏芸術がグローバル・スケールに達し、世界各国で傑出したプレイヤーとの人脈を築いた後、彼は「"傑作"しか演奏しないオーケストラの創設」を決意、1981 年それを実現する。

彼が私財を投じて世界 15 か国から練達の古楽奏者を集め、シーヴェルト・ヴェルスターの協力を得て創設。そして自らその指揮者となったオーケストラの名称は、「18 世紀オーケストラ」、オリジナルのオランダ語では、「Orkest van de Achttiende Eeuw」そして英語での呼び名は「Orchestra of the Eighteenth Century」(以下 OAE で統一)。

新楽団は彼の宣言通り、「傑作」しか演奏しないアンサンブルとして、世界の演奏サーキットに登場した。

OAE、すなわち今や指揮者に転向し、同団の常任としてバトンを振るブリュッヘンが目指したのは、「現代オーケストラに共通する均整のとれた演奏」すなわちアンサンブルの「均質的な美学の追求」を否定することである。

そして OAE はあくまでも「モダン楽器で固めたアンサンブル」との違いを意識下におき、古楽器の持つ合奏の特色・魅力をアピールしたのだった。

更にブリュッヘンは、手兵を「自らの感性でがんじがらめにする」ことを恐れ、つねに外部から新鮮な感性を取り込むことで、アンサンブルの質を常時「瑞々しい状態におく」ことを「是」とした。

そのため、客演指揮者にロジャー・ノリントンらをはじめ、多くの Big Names を招くなど、またコンセルトヘボウ管との共演を実現する等、新しい空気を吹き込む努力を続けて行く。

OAE のユニークなところは楽員構成と、コンサート・プロジェクトの立案実践である。2015 年 10 月 3 日現在、楽員数は 55 人(うち邦人奏者は 4 人)となっているが、その大半がオランダ以外の国籍を持つ人達だ。

しかも楽員募集は「オーディション」制ではなく、口頭で参加を求められるもの。勿論参加の条件は、古楽器奏者であることだ。オーケストラは一つの集団と見なされ、指揮者と楽員個々のギャランティは全て同額。すなわち入場収入は指揮者をはじめ全楽員および事務方まで含めた総人数で割り、受取る金額を明らかにしていく、というシステムだ。

創設以来本拠をアムステルダムに定め、2014年ブリュッヘンが他界（8月13日アムステルダムにて死去）した後も、OAEはヴェルスターの采配の下で活動の継続を決めた。

　各公演の指揮を執るのはその都度客演指揮者と契約し、基本的には年間五回の世界楽旅（2016年10月で、その総数は133回目に達する）を核に、それぞれコンサート・シリーズを企画し実施する一方、精力的な録音を継続（初録音は1985年。以来30年間で、カタログは既に45点以上に達した。）している。

　従って現在は定位置の音楽監督や首席指揮者制を設けず、企画したコンサートごとに異なる指揮者と契約を交わし、逐次それらをこなし行くといった方式を取っている。

　従って同団がいつまで継続して行くのかは不明だが、楽員が飛び切りの名手揃いであるだけに、永久的に存続するよう求めるファンは多い。

　＊推薦ディスク
　1. 交響曲全集（ベートーヴェン）：F・ブリュッヘン指揮
　2. ピアノ協奏曲第1、第2番（ショパン）：F・ブリュッヘン指揮（Pf独奏＝ダン・タイ・ソン）
　3. ミサ曲ロ短調（バッハ）：F・ブリュッヘン指揮
　4. 「優雅なインドの国々」（ラモー）：F・ブリュッヘン指揮
　5. 「真夏の夜の夢」（全曲）（メンデルスゾーン）：F・ブリュッヘン指揮

7. リンツ・ブルックナー管弦楽団
(BRUCKNER ORCHESTRA LINZ)

　ウィーン、グラーツに次ぐオーストリア第3の規模を持ち（人口約19万人）、ドナウ川沿いに広がる商工業都市リンツは、オーバーエスターライヒ州の州都でもある。

　アドルフ・ヒトラーの故郷ブラウナウ・アム・インがその近郊にあること、欧州文化首都に選出されたこと（2009年）、更にリンツァートルテ（世界最古のケーキと言われる）等でもよく知られた街だ。

　リンツの起源は古代ローマ帝国によって建設された砦だと言われ、以後今次大戦まで国家の政争の舞台の役目（例えば、15世紀には神聖ローマ皇帝フリードリヒ三世の居城が建設され、18世紀後半には司教座が設営され、1882年にはドイツ系民族主義運動綱領の発表、1926年リンツ綱領＝オーストリア社会民主党大会

開催地、更にヒトラー政権下では、ナチによる巨大な美術館計画、ヒトラー自身によるリンツ都市改造計画＝ヒトラポリス＝など）を背負い、世界史に黒い影を投げて来た場所でもある。

しかしその一方、文化芸術面で同市が果たしてきた役割は、これまた重量級の高い価値のあるものだった。

同市郊外にある聖フローリアン修道院はその一例で、教会のパイプオルガンの下には大作曲家ブルックナーが埋葬されており、生前の彼は同市の楽団（すなわち現在のリンツ・ブルックナー管＝BOL＝の前身）と、最も密に関わった人物（同団に客演し、自作の「ミサ曲」を振って大成功を収める等）であった。

更に同市にはその他にも多数の芸術文化施設（例えばモーツァルトが一時期居住した家（モーツァルトハウス）や、アルス・エレクトロニカ・センター、レントス現代美術館、ブルックナーハウス（コンサート・ホール）演劇・音楽・舞踏のためのアントン・ブルックナー私立大学）等が残されている。

ベートーヴェンが頻繁に訪れたり、また交響曲第8番を完成した街、としても知られるリンツ。同市の演奏芸術面を領導するアンサンブルの活動が始まったのは、約200年前である。その中心的役割を担ったのは、現在のリンツ・ブルックナー管弦楽団の全身「リンツ州立歌劇場管弦楽団」で、1803年に創設された。

現在の名称に変えられ、組織的にも改編されたのは、不幸なことにナチスの権力発動によるものである。

オーストリアに侵攻したナチスは、戦争で解体寸前に陥っていたBOLを母体として、第一級アンサンブルの創設を目論み、リンツの放送局を拠点に、オーストリア全土から104人の腕利き楽員を集め、ゲオルク・ルートヴィヒ・ヨーフム＝オイゲン・ヨーフムの弟＝を音楽監督にして、アンサンブル作りを命じたのであった。

一流奏者を集めたとはいえ、その実体はナチスの御用楽団だったBOL。時の権力者の庇護下にあるうちはいいかもしれないが、その権威が失墜すると楽団の末路は悲惨極まるものとなる。

終戦後BOLの楽員達は、後難を恐れてか、楽団に留まったのは104人中僅か39人であった。そのため楽団再建には常に、困難が付き纏うことになる。だがそんな状況を見過ごさなかったのが市民である。

彼らの文化水準の高さは流石と言うほかはない。じっくりと時間をかけ、1961年に名伯楽ヴェスを音楽監督に招き、「おらが街のオーケストラ＝BOL」の再生作業の総仕上げを任せたのだった。

そして1968年のシーズンを迎える頃、同団の実力はついに昔日の勢いを取り戻す水準に達し、楽団の名称を「リンツ・ブルックナー管弦楽団」と、正式にブルッ

クナーの名を冠したものに決定、本格的な再浮上を果たしたのである。

これまで俯瞰してきた通り、BOL の歴史はあらゆる意味で、「芸術が政治に蹂躙された悲劇の歴史」だが、それは同時に、「最後に勝利するのは芸術である」ことをも明白にしたのだった。

しかしいずれにせよ、もし第2次大戦が起こらなかったら、BOL はウィーナー・フィルハーモニカー（VPO）以上の古い伝統を誇るオーストリアの楽団として、世界の演奏サーキットを席巻していたかもしれない。

従って本稿では、BOL の沿革史を、組織改編前よりそれ以後の部分へ、特に言及して行きたい。その前に、以下は BOL の歴代シェフ達である。

* 客演指揮者の時代（1803 ～ 1940）
* ナチスによる組織改編後の音楽監督：ゲオルグ・フリードリッヒ・ヨーフム（1940 ～ 1945）
* 戦後の客演指揮者の時代（1945 ～ 1961）
* 戦後の名称変更後の時代からの歴代シェフ

1. クルト・ヴェス（1961 ～ 1976）
2. テオドール・グシュルバウアー（1976 ～ 1983）
3. ローマン・ゼリンガー（1983 ～ 1985）
4. マンフレート・マイヤーホーファー（1985 ～ 1992）
5. マルティン・ジークハルト（1992 ～ 2000）
6. デニス・ラッセル・デーヴィース（2002 ～ ）

歴代シェフの中で最大の功労者は、言うまでもなくヴェスである。彼は 16 シーズンの長きに亘ってアンサンブルを練磨し、本拠地での定期公演はもとより周辺諸国への楽旅を頻繁に行って、BOL の活動範囲を広げた。

その後任グシュルバウアーはその勢いを加速、特にフレキシビリティを磨き、またグローバル・スケールの演奏サーキットに乗せて、BOL のモラルを向上させた。彼の治世下で特に活躍の目立つ客演指揮者に、クルト・アイヒホルンがいる。アイヒホルンは同団と組んでブルックナーの交響曲を録音。側面的に盛り上げる役目を果たした。

続くゼリンガーとマイヤーホーファーの二人には、特別眼を引く業績は見当たらないが、五代目のジークハルトはモーツァルトのオペラ「後宮からの逃走」（全曲）やブルックナーの交響曲録音などで、注目を集めた。

そして最後に現在のシェフ＝ DR・デーヴィースだが、彼の治世こそまさに BOL 史上最高の黄金時代を現出中、だといえる。

数多くの録音（その点数は既に 35 点以上を越える）に加え、国内外への楽旅、そして新旧作品のバランスのとれたプログラムと、どの面をとっても高水準を維

33

持しており、さらに自らも芸術的熟成度を高めながら驀進中だ。

　BOL は現在、楽員数 110 人、アッパー・オーストリア楽壇の盟主として、数多くの定期公演を提供する一方、ランデステアターの専属（オペラ伴奏）、ブルックナー音楽祭（リンツ）、アルス・エレクトロニカ芸術祭、リンツ・クラングヴェルク音楽祭の常連でもある。

　戦後の危機を見事に乗り越えた今、かつてクナッパーツブッシュやチェリビダッケら多数の世界的超ド級マエストロ達の薫陶を受けた、という比類のない財産を生かしながら、BOL は地味ではあるが着実に前進を続けているのだ。

　＊推薦ディスク

　1. 交響曲全集（ブルックナー）：D・R＝デーヴィース指揮

　2. 交響曲選集（ブルックナー、ノヴァーク版含む）：K・アイヒホルン指揮

　3. 歌劇「ケプラー」全曲（P・グラス）：D・R＝デーヴィース指揮

　4. 交響曲第 9 番（P・グラス）：D・R＝デーヴィース指揮

　5. 歌劇「後宮からの逃走」全曲（モーツァルト）：M・ジークハルト指揮

8. ザルツブルグ・モーツァルティウム管弦楽団
(MOZARTEUM ORCHESTRA OF SALZBURG)

　ドイツ語で「塩」を意味する「ザルツ」と「砦あるいは城」を意味する「ブルク」を合わせた名前を持つザルツブルク市は、ヴォルフガング・アマデウス・モーツァルトが 1756 年に生まれてから 25 歳になるまで住んでいたことで知られ、世界中の音楽ファンにはいわば巡礼地とも言える人口 15 万程のオーストリアの街である。

　その歴史は古く、BC1800 年以前の新石器時代には既に人類の足跡が見られ、青銅器時代に入ると鉱石の採掘が行なわれ、鉄器時代には市名の源となった岩塩の採掘が始められている。

　次いで BC14 年にはローマ軍が侵入、AD7 世紀にはキリスト教の司教管轄区として公認され、現在の歴史地区内だけでも 16 の教会を建て、大司教が政治と宗教の実権を掌握するという、いわば領主大司教が支配する特殊な「教会国家」となった。そして何と、ナポレオンが侵攻するまでの 1000 年以上もの間、独立を守り通す。

　同国が上部をバイエルン公国、両サイドをハプスブルグ領に挟まれ、頑強にそれだけの長期間を延命できたのは、周知のように全て豊富な岩塩が齎す富のお陰であった。その富の力で難攻不落の城（ホーエンザルツブルク城）を築き、屈強

34　　8. ザルツブルグ・モーツァルティウム管弦楽団

な兵士を確保できたからである。

　しかしそれも 19 世紀初頭までのことで、その後はオーストリア帝国の支配下に入り、次いでバイエルン王国に編入されるなど、激動の歴史の渦中に呑みこまれたあと、1816 年にはついに、オーストリアに併合されてしまう。

　国家が勢いを失っていくのと併行して、国民が再浮上を頼んだのが芸術、特に「後世に繋がる音楽」である。そしてその牽引役を託されたのがモーツァルトだった。

　彼は 1791 年既に他界していたが、それでも生まれてから 25 歳になるまでの間に、全生涯で残した約 800 の作品中の半分をザルツブルクで書いた人物。同地の人間は、衰退への加速度を増す「おらが街」を見かね、ついに街の英雄であり、紛れもなく破天荒な天才モーツァルトの遺産である作品群を、いわば「町興し」の起爆剤として活用する方向へと動き出す。

　当初はザルツブルク宮廷管弦楽団を再編し、同地楽壇の中核体とすることが構想された。しかし財政問題に阻まれ計画は頓挫する。

　そしてそのように否定的な状況下で再浮上への契機となったのが、1841 年の「W・A・モーツァルト没後 50 年」を記念して設立された「ドーム（大聖堂）音楽協会とモーツァルテウム音楽院＝ Salzburger Dommusikvereines und Mozarteum」（SDM）である。それと同時に、専属アンサンブル（当時の名称は上記の名称の最後に、Orchester を付けたもの＝略して SDMO）も組織された。

　設立の牽引役を果たしたのが枢機卿の F・フルストで、それにモーツァルトの未亡人で当時は再婚後の姓を名乗っていたコンスタンツェ・フォン・ニッセンが加わった。

　（なお彼女は、モーツァルトの遺児フランツ・グザヴィエを、モーツァルテウムの学院長に推挙したが拒否され、アロイス・タウクスが任命された。更にモーツァルトのもう一人の遺児カール・トーマスは、父の遺産の多くをモーツァルテウムに寄付し、同院の発展に寄与した。

　またそのモーツァルテウムという名称についてだが、それはモーツァルトに因んで作られた言葉であり、「モーツァルトを顕彰した建物」とか「モーツァルト的な人々の集う場所」の意味を持ち、同院出身者の中にはヘルベルト・フォン・カラヤンもいる。

　大聖堂専属のアンサンブルに参加する楽員を育成する機関として出発し、その後「モーツァルト音楽院＝ Konservatorium Mozarteum」（1914 年）、「モーツァルト帝国音楽大学＝ Reichshochschule Mozarteum」（1931 年）、「モーツァルト音楽単科大学＝ Musikhochschule Mozarteum」（1945 年）、「音楽と舞台芸術のためのアカデミー＝ Akademie fur Musik und darstellende Kunst "Mozarteum" in Salzburg 」（1953 年）、「音楽と舞台芸術のための単科大学＝ Hochshule fur

Musik und darstellende Kunst "Mozarteum" in Salzburg」（1970 年）、そして 1998 年からは、正式名称を「ザルツブルク・モーツァルテウム大学＝ Universitat Mozarteum」へと変更し、現在に至っている。）

　SDM 設立後の最初の仕事は、1842 年 9 月 4 日に行われた「モーツァルト音楽祭（Mozart Fest）」であった。そこで演奏を任されたのが同会専属のアンサンブルで、モーツァルトの「レクイエム K626」「ミサ曲ハ短調 K417.d」さらにピアノ協奏曲第 20 番二短調（独奏者を務めたのは、遺児のグザヴィエ・モーツァルト）等を取り上げている。（会場は「カラビニエーリ・ホール」）

　上記のように 1914 年モーツァルテウムが音楽院となり、現在まで続く音楽芸術の専門教育機関としての体裁を整えて行くに従い、1939 年 SDMO は一旦大学へ吸収された。そして 1958 年、ザルツブルク州とザルツブルク市の二者によって再興され、以後プロ団体として活動を開始する。

　現在のモーツァルテウム管（MO）の創立年を 1841 年とすれば、同団の歴代シェフ達は次の通りである。

　1. アロイス・タウクス（1841 ～ 1861）
　2. ハンス・シュラーガー（1861 ～ 1868）
　3. オットー・バッハ（1868 ～ 1880）
　4. ヨーゼフ・フリードリッヒ・フンメル（1880 ～ 1908）
　5. ヨーゼフ・ライター（1908 ～ 1911）
　6. パウル・グレナー（1911 ～ 1913）
　7. ロベルト・ヒルシュフレート（1913 ～ 1914）
　8. オイゲン・シュミッツ（1914 ～ 1915）
　9. フランツ・レドヴィンカ（1915 ～ 1917）
　10. ベルンハルト・パウムガルトナー（1917 ～ 1938）
　11. ウイレム・フォン・ホーフステラーテン（1939 ～ 1945）
　12. ロベルト・ワーグナー（1945 ～ 1947）
　13. エルンスト・マルツェンドルファー（1953 ～ 1958）
　14. マインラート・フォン・ツァリンガー（1958 ～ 1959）
　15. ムラデン・バシチ（1959 ～ 1969）
　16. レオポルド・ハーガー（1969 ～ 1981）
　17. ラルフ・ヴァイケルト（1981 ～ 1984）
　18. ハンス・グラーフ（1984 ～ 1994）
　19. ユベール・スダーン（1994 ～ 2004）
　20. アイヴァー・ボルトン（2004 ～ 2016 まで：後任未定）

　MO は 91 人の常勤楽員(2015 年 11 月現在)を抱え、ザルツブルク音楽祭で「モー

ツァルト・マチネー」公演、同モーツァルト週間と同文化協会で数回の公演等の他、国内外へ積極的な楽旅を敢行、さらにその間隙を縫って商業録音をもこなしている。

また2010〜11年度のシーズンからは、学校コンサートを定例化し、次代の聴衆層の開拓、育成事業にも進出。特に「2 ORCHESTRAS」と銘打った青少年向けのプロジェクトを開始、MOとユース・オーケストラの混成公演など、新機軸を打ち出し、市民から絶大な支持を得ている。

国際的な評価を一気に高めるようになったのは、ハーガーの時代からで、彼に続くグラーフ、スダーンそして現常任ボルトンが、10シーズン以上の在任でアンサンブルを徹底的に鍛え上げたことによる。

特にボルトンは、日本、中国への極東楽旅を積極化し、併せてSONYクラシカル等メジャー・レーベルへの録音に進出。空前の黄金時代を現出したが、2015〜16年度のシーズンを以て惜しまれつつ退任する。

＊推薦ディスク

1. ピアノ協奏曲第23番、他（モーツァルト）：MJ・ピリス（Pf）、F・ブリュッヘン指揮
2. 交響曲第39番（モーツァルト）：R・パウムガルトナー指揮
3. ピアノ協奏曲全集（モーツァルト）：K・エンゲル（Pf）、L・ハーガー指揮
4. オラトリオ「四季」（ハイドン）：I・ボルトン指揮、（合唱）ザルツブルク・バッハ合唱団
5. ピアノ協奏曲第6、第17、第21番（モーツァルト）：G・アンダ（Pfと指揮）

9. トーンキュンストラー管弦楽団
(TONKUNSTLER ORCHESTRA)

ウィーンの（Tonkunstler –Societat= 音楽家協会）は、ハイドンやモーツァルトの時代からコンサートの企画実行を開始、20世紀の初めに83人の楽員を結集して創設されたウィーン音楽家管弦楽団協会（Verein des Tonkunstler-Orchesters = VTO）により、その業務は受け継がれることになった。

VTOの創立第1回目の公演が実施されたのは、1907年10月10日、会場となったのはウィーンのムジークフェライン・ザール（楽友協会会館＝指揮者は、オスカー・ネドバル、ハンス・プフィッツナー、ベルナルド・スタヴェンハーゲン）である。

その後 VTO は活動の幅を広げ、1913 年にはシェーンベルクの「グレの歌」の初演（指揮はフランツ・シュレーカー）を行うなど、欧州楽壇に注目すべき重要な活動の足跡を刻み続けて行く。

しかし第 1 次世界大戦中は財政難に陥り、組織自体が Wiener Konzertverein（ウィーン演奏協会）との合併を余儀なくされ、更に 1933 年～ 1944 年までは Wiener NS. Tonkunstler –Orchester 及び Gau-Sinfonieorchester Niederdonau（GSN）として演奏会を継続。

そして 1946 年同団が本拠を置いていたニーダースターライヒ州が、GSN を主体に州立楽団を設立すると、GSN は名称を「Niederosterreichisches Landesymphonie-orchester 」(=State Symphony Orchestra of Lower Lower Austria) に変更。以後 2002 年の組織再編により，現在の名称「Niederosterreichische Tonkunstler 」に落ち着いている。

フランチャイズはウィーン州ウィーン（楽友協会大ホール）とニーダーエステルライヒ州（州都＝ザンクト・ペルテン）の「フェストシュピールハウス」2 か所。加えて 2007 年夏からは、「グラフェネック音楽祭」の常設専属楽団（レジデント・オーケストラ）をも勤める。

我が国へはこれまで、1985，1992、そして 1996 年の 3 度楽旅を行っており、今後その回数を増やすものと思われるが、今日までの紆余曲折を経て同団のポディアムに君臨した歴代の首席指揮者達は、以下の通りである。（但し、本稿では同団＝以下 TO と記す＝の事務局が公表した 1907 年を創設年と考え、歴代首席指揮者のリストはその年からのものとする。）

1. オスカー・ネドバル（1907 ～ 1919）
2. ウィルヘルム・フルトヴェングラー（1919 ～ 1923）
  ＊（レオポルト・ライヒヴァイン＝ 1933 ～ 1939、ベルト・コスタ＝ 1939 ～ 1943、フリードリヒ・ユング＝ 1944 ～ 1945 ＝を中心とした客演指揮者の時代）
3. クルト・ヴェス（1946 ～ 1951）
4. グスタフ・コスリク（1951 ～ 1964）
5. ハインツ・ワルベルク（1964 ～ 1975）
6. ワルター・ウエラー（1975 ～ 1978）
7. ミルティアデス・カリーディス（1978 ～ 1988）
8. イサーク・カラブチェフスキー（1988 ～ 1994）
9. ファビオ・ルイージ（1994 ～ 2000）
10. カルロス・カルマー（2000 ～ 2003）
  ＊客演指揮者の時代（2003 ～ 2004）

11. クリスチャン・ヤルヴィ（2004 ～ 2009）
12. アンドレ・オロスコ＝エストラーダ（2009 ～ 2014）
　＊客演指揮者の時代（2014 ～ 2015）
13. 佐渡　裕（2015 ～ ）

　次に各指揮者達の業績を見てみよう。まず創設者のネドバル。彼はチェコ出身のヴァイオリニスト兼作曲家及び指揮者として楽団の草創期を支えたが、1919 年には帰国している。当時のヨーロッパを覆う不況と、戦争の絡む社会的危機の中で、落ち着いてアンサンブル作りに励むことは困難であった。

　そして彼が去った後、楽団は思った通り財政難に陥り、楽員の一部は 1900 年に創設されていたウィーン響に吸収合併されたり、解散寸前に陥るなど、早くも危機的状況を迎える。

　そんな状況を救ったのが、フルトヴェングラーを中心に、クラウス、クナッパーツブッシュ、B・ワルターらで固めた客演指揮者陣。

　しかし第 2 次大戦に突入すると、楽団組織は終始ナチスの動向に左右され、戦時下では「アーリア法」等の人種差別政策によって主力楽員の大半を失い、何度も活動停止状態になってしまう。

　そのため TO の本格的活動は、3 代目の常任として登場したヴェスの時代から、ということにある。そしてそのヴェスこそまさに、TO の基盤を作った人物と考えてよい。短期間の在任ではあったが、それこそ集中的に TO のアンサンブルに練磨を掛け、ウィーン楽壇に安定した地位を築いたのである。

　しかし彼に続くカルマーまでの 5 人（カラブチェフスキーを除く）は、在任期間こそ短すぎるとは言えないものの、他との掛け持ちや、客演活動に力注する者が多く、落ち着いて TO の水準維持そして向上に尽力できなかった。

　そう言う意味で就任時 38 歳だったルイージに期待が集まったが、その彼も既にスイス・ロマンド管のシェフをオファーされるなど引く手数多。結局カルマーにお鉢が回ることとなるが、彼も僅か 3 シーズン在任したのみで退陣し、困惑した TO は若手中の若手でヤルヴィ家の次男、クリスチャンを抜擢する。

　だがその若武者クリスチャンも 5 シーズン後は退任し、TO は南米出身のオロスコ・エストラーダに白羽の矢を立てる。O・エストラーダは、特に録音を熱心に行い、国際的スケールでアンサンブルを牽引するが、今や伝統となったかのような五シーズンの在任だけに留まった。

　そしてそれから 1 シーズンの客演指揮者による繋ぎの時期を終え、いよいよ我が日本人マエストロ＝佐渡裕の登場となる。彼の華々しい TO とのステージは就任前から既に、B 衛星放送などを通じて認知度は格段に高まったが、全てはこれからである。

39

TO の広報担当者はこれまで、実に多彩な PR を展開。新コンビネーションの売り込みに余念がない。

2015 年 10 月末日現在で 10 人近い邦人指揮者が、欧米の主要楽団でシェフを務めている。その中で佐渡の存在は、これまでの実績から見て当然の如く、Front Runner 的な存在である。彼はこれから TO を足掛かりに、邦人マエストロ達をどう牽引していくのか。

そのことも含め、音楽ファンにはまた一つ、大きな楽しみが増えたと思う。

＊推薦ディスク

1. 交響曲全集（ブラームス）：A・オロスコ＝エストラーダ指揮
2. 幻想交響曲（ベルリオーズ）：A・オロスコ＝エストラーダ指揮
3. 交響曲第 1 番、第 3 番（メンデルスゾーン）：A・オロスコ＝エストラーダ指揮
4. 「真夏の夜の夢」（メンデルスゾーン）：K・ヤルヴィ指揮
5. 「オラトリオ "七つの封印の書"」（シュミット）：K・ヤルヴィ指揮

10. ウィーン・フィルハーモニー管弦楽団
(WIENER PHILHARMONIKER)

今日最も高い精度で "伝統の音" を守り抜いている楽団といえば、ウィーン・フィルハーモニー管弦楽団（Wiener Philharmoniker＝WP）をおいて他にない。

現代ハイ・テクの限りを尽くして作られた楽器。それを駆使する腕利き奏者を世界中からリクルート、人種も教育的背景も国際色豊かなアンサンブルが一般化して行く中にあって、WP のみはひたすら、徹底したローカリズムを基にした音作りを目指す。

人はそれを、"アナクロニズム" と呼ぶかもしれないし、また人間にしかできない "匠の技" を、後世に伝える唯一の手段を選択し実行している集団、と考えるかもしれない。

いずれにしても、WP の音とは、世界の音楽ファンにとって魅力的なものであり、演奏芸術界にエヴェレストのごとく聳えたっている、存在であるのは間違いのないところだ。

そして聴き手の側にとって大事なのは、どれが正しいやり方なのかを決めることではなく、どちらにも価値があるのを認め、それぞれの行き方で作られた音を楽しむことである。

ハイ・テクが生み出した楽器で作られる音も、伝統の楽器と奏法で作られる音も、音楽を作るということに変わりはない。作られた音、すなわち演奏の中身が違うだけ、である。そして結局そこから後は、受け取る側の問題になって行く。

　そのように強固な組織的基盤を持ち、かつ社会的、及び芸術的価値も群を抜いて高い WP だが、その将来は決して盤石なものとは言えない。何故なら同団は、今後の組織維持の安定を揺るがす恐れのある二つの問題、を抱えているからだ。

　1 つは、演奏活動の幅を広げ過ぎたため、アンサンブルの精度が落ちるのを如何に防ぐか、ということ。そしてもう 1 つは、変質途上にあるスタッグ・パーティ (男性だけの集団。WP は 1997 年度に、女権拡張論又は男女雇用機会均等論の支持者たちの圧力により採用されたハーピスト＝ A・レルケス＝を除き、全パートを男性だけの楽員で占めていた。しかし 2016 ～ 17 年度シーズンの今では、コンサート・ミストレスをはじめ、女性楽員が徐々に採用されるようになっている) の影響を、いかに食い止めるか、という問題である。(同様に楽員の出身性別も、1990 年代までは、独墺又は旧ハプスブルク帝国領内の男に限定されていた)

　演奏芸術界でハイ・テクと楽員の国際化、そして音楽の無国籍化が進めばそれだけ、WP の価値、そしてユニークさは、増々得難いものとなって行きそうだ。

　しかしそれはあくまでも、現在の形を守り、またこれからも守って行くために、次代の変化、そして其の要請の受け入れを、頑なに拒否し続けることが前提なのである。

　世界の音楽首都、と目され、数多の大作曲家達にとって、最重要拠点となってきたオーストリア最大都市のウィーン。なのに、同地で本格的なシンフォニー・オーケストラが常設され、定期公演のシリーズが始められたのは、意外にも 19 世紀の中盤に入ってから、の事である。

　そのオーケストラとは WP であり、創設者はドイツ人作曲家のオットー・ニコライ、創設年は 1842 年、すなわち新世界でニューヨーク・フィルハーモニック (NYPO) が創立されたのと同じ年であった。

　更に 19 世紀半ばのウィーンは依然として、クラシカル音楽の作曲家、および演奏家達の目指す街であり、彼らにとっては、自らの芸術にグローバルな評価を得られる場所、と考えられていた。

　従ってそこには、数多くの作曲家達が集まり、演奏家又は演奏団体と彼らとの密な交流があり、他ではあまり見られない音楽作品の作り手自らが指示した演奏法の確立、楽器の指定 (例えばウィーン独特のオーボエや、ホルン等を使うこと) 等が為されていた。

　1 人の指揮者が 1 つの楽団に長期的にシェフとして君臨し、独自のサウンドを形成して行くのが現代の風潮と言えるが、WP にはそのスタイルが当て嵌まらない。

41

WP のサウンドは、指揮者によって作られるのではなく、WP 楽員 (現在は約 120 人)によって既に作られた音に指揮者が合わせる、という形になるのだ。

1932 年までの WP も例外ではなかった。歴代のシェフ達は、ウィーン音楽院、そして其の後身ウィーン音楽大学出身者に学んだ楽員、及びその教え子たちで固めたメンバーの奏法を、WP の揺るがぬ伝統として受け入れ、それを継承することを第一義としたのである。

当初ウィーンに於けるオペラ以外の演奏団体の水準は、他に比べてかなり低く、特にシンフォニー・コンサートの分野が低調だった。にもかかわらず、市民の音楽熱は高まる一方であったため、それに真摯に応えようと考える人物も出て来る。

それが当時、宮廷歌劇場音楽監督を務めていた、前述の O・ニコライであった。彼はオペラ以外の分野でオーケストラを組織、当初から高水準の演奏を提供する構想を立てた。

しかし当時のウィーンで水準の高い演奏者といえば、大半がニコライの監督する宮廷歌劇場専属楽団の楽員だけである。結局彼は、自らの手兵を宮廷歌劇場以外での活動に連れ出し、オペラ以外の演奏を提供することで、ウィーン楽壇における演奏水準の底上げを図った。

端的に言えば、WP を創設しようとニコライの発想は、ウィーンの街に日々はびこる、低級な演奏で助長されたディレッタンティズムを打ち砕く、誇り高きプロフェッショナリズムの発露だった、と考えてよい。

つまり、モーツァルトやベートーヴェンのオーケストラ作品が、低いレヴェルで演奏され市民がその内容に満足するといった状況に、彼は我慢できなかったのだ。手書きで創設第一回目用のコンサート・ポスターを仕上げたニコライは、1シーズン各 2 回の公演を提供、それからウィーン宮廷歌劇場の音楽監督を辞任する 1847 年までの 6 シーズンに 12 回のコンサートを行い、その全てを成功させた。

その後 WP は、1860 年 (なおこの年に WP は、初の予約制による定期公演＝1860 年 1 月 15 日、をカール・エッケルトの指揮で行っている) に公演数を 1 シーズン 4 回、そしてそれから間もなく 8 回へと増やした。

現在その定期演奏会は、ウィーン楽友協会大ホール (ムジークフェラインザール)で 9 月〜翌年 6 月にかけて、毎月 1 回程度 (日曜日午前 11 時開始、1 プログラム 1 回・年に 10 回。また公開総練習＝ゲネラルプローベ＝と称し、もう 1 回の公演も行われる＝定期演奏会の前日午後 3 時 30 分から) 行われている。

その他にも、1939 年からニュー・イヤー・コンサート、ジルベスター・コンサート (大晦日の公演)、2014 年からシェーンブルン宮殿を会場にした「夏の夜のコンサート」、特別演奏会 (会場はムジークフェラインザール、ウィーン・コンツェルトハウス等)、ザルツブルク音楽祭やウィーン芸術週間コンサート、そして

42　　10. ウィーン・フィルハーモニー管弦楽団

「ウィーン・フィル・ウィーク」（公演地は、NY，東京およびケルン）、また「ユーロ・チクルス」（ロンドンとパリで公演＝2〜3公演）等が行われるようになった。

1932年以来 WP は、シーズンの全プログラムをゲスト指揮者により提供してきたが、そのライン・アップはコンサートの数に比してあまりにも豪華なもの。換言すれば、いくら人気実力があっても、WP のポディアムに上れるとは限らない程その格式は高く、逆に招待される回数の多さでその指揮者の優秀さが確認できるという、いわば最終品評会のようなステイタスを持っている。(そう言う意味で、同団からの招聘を何度も断ったり、キャンセルしたりしたカルロス・クライバーは、指揮者中の指揮者と呼ばねばならない)

さて順調な滑り出しを見せた WP の活動は、シーズンごとに演奏水準を上昇させ、その時代々々の名流音楽家達を次々とポディアムに招く。更に組織面から言うと WP は、当初から総支配人、アーキビスト(文書・資料担当)、営業担当（ビジネス・マネジャー）等が配置された)、経理担当等、全ての面で民主的な管理運営(楽員の自主管理という形態をとっており、楽団長の要職は、楽員の中から投票で選出する)を実施、今でもそれは変わらない。

そして今世紀前半まで続いた常任音楽監督のポストには、当然のことながら、演奏芸術史上に巨大な足跡を刻む次のような面々が君臨することになった。

1. オットー・ニコライ （1842〜1848）
2. ゲオルグ・ヘルメスベルガー （1848〜1850）
   ＊客演指揮者の時代 （1850〜1854）
3. カール・エッケルト （1854〜1860）
4. オットー・デソフ （1860〜1875）
5. ハンス・リヒター （1875〜1898）
6. グスタフ・マーラー （1898〜1901）
7. ジョーゼフ・ヘルメスベルガー （1901〜1903）
   ＊客演指揮者の時代 （1903〜1908）
8. フェリックッス・ワインガルトナー （1908〜1927）
9. ウィルヘルム・フルトヴェングラー （1928〜1930）
10. クレメンス・クラウス （1930〜1932）
    ＊客演指揮者の時代 （1932〜 現在）

名実共に、世界の演奏芸術界をリードする楽団の1つ WP も、2度の世界大戦を潜り抜けねばならなかった。そして被った被害も、他と同様、甚大である。

またシェフを常時任命するといった形をとらず、基本はあくまでも、楽員の衆議一決というやり方を順守するため、1932年以降は客演指揮者制を貫徹している。

そのようなシステムを守ってきたにもかかわらず、伝統のウィーン・トーンを

瑞々しく保ち続けているのは、まさしく奇跡的と言わねばならない。

WP が常に高水準のアンサンブルを維持している秘訣は、楽員の持つ抜群とも言える凝集力の強さであり、それは楽員間の師弟関係や、楽員個々が組む多数の室内楽チームにより支えられている。

ヴェテラン楽員 (特に首席奏者) が若い楽員を指導する光景は常に見られ、互いに伝統の音を守るための真剣な努力を怠らない。

更に彼らはそれぞれのチームで国内外への楽旅を積極的に行い、録音にも熱心に取り組んでいる。また本拠地ウィーンでは、定期シリーズを維持するという充実した演奏活動を展開中だ。

勿論、WP 楽員の身分は今も、ウィーン国立歌劇場管弦楽団の団員（もっと詳しく述べると、6 管編成の同団の楽員数＝約 150 人＝のうち、入団を認められた者が、自主運営団体の WP ＝ 5 管編成で楽員数約 120 人＝ 2016 〜 2017 年度シーズン現在＝を構成する）であり、オーケストラ・コンサートは、オペラ公演の合間を縫って行われるのである。

また WP に不可欠なものとして、世界有数の上質なアクースティックを誇る同団の本拠地、ウィーン楽友協会ホール（ウィーン・ムジークフェラインザール）の存在を忘れてはならない。(世界中に Real time で衛星 TV 中継される新年演奏会＝ NEW YEAR CONCERT ＝をはじめ、WP が提供する公演の約 6 割が、同ホール＝ 1870 年開場＝で行われる。)

さてここから WP の沿革史を紐解くことにするが、まず初代シェフの O・ニコライは、WP の定期公演を結局、在任中僅か 12 回指揮しただけに留まったものの、同団のレヴェルは既に述べた様に、ヨーロッパ有数のものであり、そのためウィーンっ子達は同団の前途に大きな期待を抱いた。

ところが 2 代目のヘルメスベルガー及びそれに続くゲスト指揮者達の代になると、WP のアンサンブルは一気に停滞の時期を迎えてしまう。そしてその窮地を救ったのが、3 代目のエッケルトであった。

彼は定期公演の本格的な整備を行い、4 代目のデソフに後を託す。彼は地元出身の指揮者として初めて選出された人物であり、開明的なプロジェクトを次々に打ち出した。特に 1862 年からウィーンに移住したブラームス、及びブルックナーとの関係を深め、WP の人気を一気に高めている。

2 人の作曲家は、デソフの後押しもあって、積極的に WP のポディアムへ登場、自作の演奏で独奏者（ブラームスはピアノ協奏曲やセレナード第 2 番等）及び指揮者（ブルックナーは交響曲第 2 番、ブラームスは「ハイドンの主題による変奏曲」）を務めた。

世界に冠たるムジークフェライン・ザールが完成したのもデソフの時代であり、

以後同ホールは、コンサート・ホールの規範として、WP の練り挙げる銘楽器となって行く。

　進取的かつ精力的なデソフの企画は人気を呼び、WP の予約定期公演契約者の数は、増加の一途を辿った。

　その結果 WP は、市民の要求に応える為、予約定期公演以外のコンサート・プログラムを次々と企画、実現して行く。またデソフは年 7 月 17 日、WP を初めてザルツブルグ音楽祭へ連れ出し、歴史的な公演をも行なった。WP はその後、同地との関係を深め、今日のザルツブルグ音楽祭発展への原動力となる。

　デソフの後任リヒターは、もと WP 楽員として活躍した人物。彼はまた、バイロイト音楽祭でワーグナーの " 指輪 " 全曲世界初演を指揮したことでも知られる。楽団史上最長の 22 シーズン、リヒターは在任し、その治世は「黄金時代」と呼ばれるほど、充実した内容を誇っている。

　更にリヒターは、プログラム編成面に於ける創意工夫、名流ゲスト・アーティストの選定、アンサンブルの水準向上と、WP の全体的な底上げにも成功した。加えて、1886 ～ 87 年度シーズンから、引退楽員のための「年金基金造成コンサート」および「ニコライ記念コンサート」を始動させたのも、リヒターであった。

　WP はリヒター体制の下、コンサート・オーケストラとしての側面をスケール・アップし、次のグスタフ・マーラーへと期待を繋ぐ。

　しかしマーラーは WP と緊密な関係を結べず、更に自作の頻繁な演奏を実現しないまま、僅か 3 シーズンで辞任する。彼はその後も 1907 年まで同団と関わりを持つが、それはオペラを振る時のみ（すなわち、WP としてではなく、ウィーン国立歌劇場管弦楽団としてピット・オーケストラを務める場合だけ）に限られていた。

　マーラー時代で特筆すべき事といえば、彼が辞任直後に行った WP の国外楽旅（パリ万博で 5 公演に出演）であろう。指揮活動を制限するよう医者に助言されていたとはいえ、マーラー時代の長期化を望んでいた人々は多かったに違いない。

　マーラーの後を継ぐヘルメスベルガーは、ウィーン出身のヴァイオリスト兼作曲家である。1862 年以来、「各楽器セクションの代表者 (合計 11 人) が運営委員会を組織し、楽団の活動全般を取り仕切る」、というニコライの考えを貫徹する WP。

　そこに集う人々の頭に浮かぶのはまず、「組織防衛のため、常に、一流の才能に恵まれたシェフを確保しなければならない」ということである。そういった点で、ヘルメスベルガーは力不足と言えた。

　そのため WP は、彼の補佐役を、その就任 2 年目から、フォン・シューヒ、サフォノフ、R・シュトラウス、ムック、モットルらに要請する。またニキシュやブルーノ・

45

ワルターらの大物指揮者達が、WP との関係を深めていくのも、ヘルメスベルガーの時代からであった。

続くワインガルトナーの時代は、リヒターのそれに次ぐ長期のものとなり、WP は彼の下で、レパートリーと活動の域を大幅に広げていく。特に、WP のアキレス腱とされるフランスものに力を注いだり、オペラ伴奏の激務の傍ら、国外楽旅（1917 年＝スイス、1918 年＝ドイツ、1922 年＝南米など）を積極的に実施したことは、ワインガルトナーの功績である。

更に彼は、1925 年ザルツブルグ音楽祭を創設、また第 2 定期公演のドレス・リハーサルをも始めた。

加えてこの時期に注目されるのは、WP を計 85 回も指揮した R・シュトラウスの存在である。彼は 1919 年から 1924 年にかけて、ウィーン国立歌劇場の音楽監督の座をフランツ・シャルクと分け合ったが、ワインガルトナー時代にも協力関係は続き、1906 年にはザルツブルグ音楽祭に初登場し（12 月 16 日）、また 1924 年には WP2 度目の南米楽旅に帯同した。

このようにワインガルトナーの尽力でスケール・アップを実現した WP は、いよいよフルトヴェングラーの時代に突入、本格的なグレード・アップを期すことになる。フルトヴェングラーの WP との関わりは 1922 年、彼がブラームス記念コンサートを指揮した時から始まった。

彼は就任当初、F・シャルクとシェフの座を分け合ったが、その後は単独でシェフを務め、シーズン毎に WP との関係を深化させていく。

しかしフルトヴェングラーは同時に、ベルリン・フィルハーモニー管弦楽団（BPO）との関係にも力点を置くようになり、そのため WP の面倒を常時見てくれるシェフの座は、彼から C・クラウスに引き継がれることとなった。

クラウスはニュー・イヤー・コンサートを創始する等、ウィーンっ子が喜ぶような企画を連発、WP の新たな可能性を見出している。だがそれでも彼は、僅か 3 シーズン、シェフの座に留まっただけで、アッサリ WP を去り、その後は客演指揮者として、特に戦後の混乱期に重要な役割を果たす。

WP が特定のシェフ（＝音楽監督＝ MD）を置かず、徹底した客演指揮者体制へ移行したのは、そのクラウス辞任後（したがってクラウスが、同団最後の MD となる）の事である。

全てのプログラムをゲスト指揮者に委ねることになったとはいえ、WP にとってフルトヴェングラーとの関係は、最も重要なものであった。シェフの座を去って後も彼は、1944 〜 45 年度シーズンまで、常に定期公演への最多登場数を記録した。

特に 1936 〜 39 年度から 1944 〜 45 年度シーズンには、定期公演の半数以上を指揮するといった厚遇ぶりである。戦前もそうであるが、終戦直後すなわ

46　　10. ウィーン・フィルハーモニー管弦楽団

ち 1940 年代前半にも、フルトヴェングラーなしでは存在し得ない、というほど、WP は彼の力を必要としていた。

戦時中ドイツに併合されたオーストリア。その主要演奏芸術団体が、ナチスの同調者達に牛耳られるのは仕方のない事だ。何故なら、もし正義を振りかざして、WP という類い稀な組織を守るためには、軍事的衝突は不可避であり、そうなれば楽員といえども一人の兵士として銃を持たざるを得ないから、である。しかし WP の楽員達は、銃を選ばず楽器を持って、大戦中も演奏活動を継続した。

定期公演に限って言うと、1938 ～ 39 年度シーズンから 1944 ～ 45 年度シーズンにかけて、WP のポディアムに登場した指揮者は、次の通りである。(カッコ内数字は指揮回数。但し WP の定期では、同一プログラムを 2 回提供するので、実際の指揮回数は、カッコ内数字の倍となる)

　＊ 1938 ～ 1939 年度シーズン

フルトヴェングラー（5）、メンゲルベルク（2）、サバータ（1）、クナッパーツブッシュ（1）

　＊ 1939 ～ 1940 年度シーズン

フルトヴェングラー（3）、クナッパーツブッシュ（2）、メンゲルベルク（2）、ベーム（1）

　＊ 1940 ～ 1941 年度シーズン

フルトヴェングラー（5）、クナッパーツブッシュ（2）、メンゲルベルク（1）、ベーム（1）

　＊ 1941 ～ 1942 年度シーズン

フルトヴェングラー（5）、クナッパーツブッシュ（3）、ベーム（1）

　＊ 1942 ～ 1943 年度シーズン

フルトヴェングラー（5）、クナッパーツブッシュ（2）、ベーム（2）

　＊ 1943 ～ 1944 年度シーズン

フルトヴェングラー（5）、クナッパーツブッシュ（2）、ベーム（2）

　＊ 1944 ～ 1945 年度シーズン

フルトヴェングラー（5）、クラウス（3）、ベーム（2）

以上の定期シリーズに楽旅、そしてザルツブルグ音楽祭への出演が加わるのだから、悲惨を極めた戦時によくもこれまで活動を続けられたものだ、と言わざるを得ない。

WP の客演リストを見るだけで、戦争当時のヨーロッパ楽壇の動静、および同団の失ったものが如何に巨大であったか、が想像できると思う。

それといつの時代でも、WP と現役作曲家との関係は重要である。今世紀に入ってから、自作を指揮するよう WP から求められた人々には、マーラー以外にシェー

ンベルク（グレの歌）、ラヴェル（ピアノ協奏曲）、そしてプフィッツナー（歌劇「パレストリーナ」）や、オーストリア出身のF・シュミット（交響曲第1番）らがいる。

　さてフルトヴェングラー以外に、1930年代初頭からWPのポディアムへ頻繁に招かれた指揮者として、是非とも言及しておかねばならないのは、まずA・トスカニーニ、B・ワルター、そしてH・クナッパーツブッシュの3人である。

　1933年、ブダペストでWPデビューを飾ったトスカニーニは、1934年から1937年にかけての4シーズンで、なんと46回ものWP公演を振った。

　オーストリア出身の巨匠2人、ブルックナーとマーラーの作品演奏を拒否したとはいえ、トスカニーニは戦前のWP定期シリーズにおける最重要指揮者の一人、である。

　続くワルターとWPとの関係は、1934年3月4日に始まる。後にナチスの毒牙を逃れてアメリカを目指すことになる彼は、年々厳しくなる状況の中で、WPと数多くの名演を刻んで行く。

　またワルターは、1930年代の前半から中盤にかけて、WPの楽旅に最も多く参加した指揮者である。特に1934年（10回）、1935年（9回）、1937年（8回）の3シーズンは、定期公演以外の公演の半分以上を指揮しており、WPのこの時期はワルターでもっていた、と言っても過言ではない。

　3人目のクナッパーツブッシュも、ハチスのユダヤ人虐殺という危機的状況が迫りくる前から、WPを支援し続けた人物。自らもナチスに追放され、ウィーンを活動の拠点にしたという経歴の持ち主なだけに、多くのユダヤ人楽員達が逮捕され収容所に送られたため、演奏水準の低下を余儀なくされたWPの苦しみを看過できなかったのである。

　さてWPの戦後は、クレメンス・クラウス指揮のコンサートで始まった。以来同団は今日まで、コンセルトヘボウ管、ベルリン・フィル、そしてシカゴ響と並び、世界最高クラスのオーケストラの一つとして、楽界に君臨し続けている。

　大戦後はまるで、既に完成されているにも拘らず、更にその再オーディションを行うかのように、世界の主要指揮者を厳選し、その一人一人をスケール・アップした定期公演シリーズ、楽旅シリーズ、録音、録画、そして1925年の創設以来関わって来た、ザルツブルグ音楽祭等の各プログラムへと配置する。

　戦後もカラヤン、ベーム、バーンスタイン、アバド、レヴァイン、プレヴィン、小澤、ラトル、メータ等、特定の指揮者と緊密な関係を維持した時期もあるが、全てのプログラムを客演指揮者に任せる方式は不変だ。

　Tradition of Greatness（偉大な伝統）を信じて21世紀へ進むWP。その水も漏らさぬ徹底した自主管理、そしてそれを支える民主主義的思想、が維持される限り、WPはいつの時代でも、"守る価値のある音"を最も強く認識させてくれる

48　　10. ウィーン・フィルハーモニー管弦楽団

オーケストラである。

＊推薦ディスク

1. 交響曲全集（ベートーヴェン）：W・フルトヴェングラー指揮
2. 交響曲第7番（ベートーヴェン）：C・クライバー指揮
3. 交響曲全集（ベートーヴェン）：L・バーンスタイン指揮
4. 交響曲第9番「新世界より」（ドヴォルザーク）：小澤征爾指揮
5. 交響曲全集（ベートーヴェン）：C・アバド指揮

11. ウィーン交響楽団
(WINER SYMPHONIKER)

人間そして人間が作る組織の成長を促すのに最高の手段、あるいは特効薬とでも呼べるものは、ライバルリー（好敵手・競争相手）の存在、またはそれを作り出すことだ。

両者の間に生じる不断の切磋琢磨により、各人あるいは各組織共に、普段は気付かない欠落部分を発見し、そしてそれを解決することで、期待以上の成長を継続できる。

たとえ両者の間に実力差があっても、劣っている方が向上心を捨てない限り、双方にとって好結果を生み続ける。そしてそれが演奏界におけるものである場合、その恩恵を受けるのはいつも、演奏の当事者より先に聴衆だと思う。

東京で8つのプロ・オーケストラが存在し、年に50又はそれ以上の外来楽団と聴衆の奪い合いを展開するようになってから久しい。その間、楽団の中には、吸収合併をはじめ様々な延命策が講じられ、普段の企業努力が行われてきた。にもかかわらず、5つ以上の楽団（それに室内楽団も加わるのだから、都内の演奏マーケットおよびサーキットは更に激烈なものとなる！）が、堂々定期公演を構え、全国に演奏サーキットを拡大している。

この状況を「クラシカルの盛況」と見るか、「生き残りを賭けた苦肉の策」あるいは「破産前の最後の抵抗」と捉えるか、その判断を下すには時期尚早だろうか？

ただ筆者の住む「クラシカル音楽の後進地域・沖縄」から見て一つ言えることは、「在京の各楽団は、演奏の"世界水準"についての意識が低いか、あるいは敢えて言えば無頓着で、それに近づく、あるいは乗り越えるための具体的な手段を講じていない」という点だ。

オーケストラの歴史が新しいのだから仕方がない、と言えばそれまでの話にな

49

るが、我が国の楽団関係者はこの 10 年内外に於いて、アメリカの例（旧アメリカ交響楽団連盟＝現在は「League of American Orchestras」）に倣い、「オーケストラの互助組織」＝「日本オーケストラ連盟」を組織したり、上述団体が全米持ち回りで行う年次総会や定例講習会等へも参加し始めており、組織改革・向上への意欲は強いと思う。

　それゆえ、今後は例えば、（余計なことかもしれないが）楽団の過密都市（例えば UK のロンドン、仏のパリ、そして勿論 NY 等）での現状を研究し、打開策を見つけるための工夫・努力が一層求められる。

　そしていきなりだが、世界の音楽首都「ウィーン」でも、人口に比して楽団の数は多い。フル編成の楽団では、同市の看板である「Winer Philharmoniker」(WP) を筆頭に、「ウィーン放送響」、「Winer Symphoniker」(WS) の 3 団体、それに同市のムジークフェライン（楽友協会）ホールで定期公演を持つトーンキュンストラー管弦楽団（WTO）が加わり、そして更に大小 3 〜 5 の室内楽チームが存在するのだ。

　グローバルな視点で同市の演奏サーキットを見れば、WP が頭抜けており、名実共に世界水準の要であるように思える。だが実際にはそうではない。演奏水準という秤にかけると、WP も世界に数多ある「LOCAL ENSEMBLE」の一つに過ぎないのだ。

　さて本題へ戻って、WP はレッキとしたオペラ専門の楽団（同団の管弦楽コンサート回数は、楽旅を入れても 1 シーズンに 50 〜 60 回に過ぎない）だが、一方の WP はコンサート専門のアンサンブルである。

　創設されたのは 1900 年、と案外若い部類に属する。北米で言えば、フィラデルフィア管弦楽団の創立年と同じだ。そして発足した理由は、当時の宮廷主導の演奏芸術活動に、多くの若者達が不満を抱いていたことである。

　彼らは、G・クリムト、J・ホフマン、O・ワグナーらを中心に、新しい芸術運動を展開し始めていた。当時はウィーン国立歌劇場のシェフとして G・マーラーがおり、ブラームス、ブルックナー、ワグナー、R・シュトラウス等の新しい作品が、続々発表されていた時代である。

　そのためウィーン・コンサート協会とその専属楽団（コンツエルトフェライン管弦楽団＝ KO と呼ばれ、後の WS となる楽団。初代のシェフは、ブルックナーの弟子フェルディナント・レーヴェであった。）は、そのような民衆の要求に応える形で生まれた組織（1900 年創設）であり、運営費用を援助したのは、ホーエンシュタイン、ロスチャイルド、ルートヴィヒ・ヴィトゲンシュタイン、リヒテンシュタインらの各名家であった。

　KO は創設後最初のシーズンに、2 回の予約公演（それぞれ 6 作品でプログラム

を構成）を提供、オープニング公演の指揮を執ったのは、シェフのレーヴェである。いずれの公演も聴衆及び批評家の双方から絶賛を浴び、特に師ブルックナーの作品の演奏は評判で、以後同団の十八番となった。

　レーヴェはブルックナー以外にも、ベートーヴェン、ブラームス等の作品を頻繁に取り上げ、好評を博した。

　上々の滑り出しを見せた WS は、以後名流演奏家、指揮者と協力し合いながら、WP に対抗するウィーン屈指のアンサンブルとして、以下の歴代シェフ達と時代を切り開いていく。（但し、在任期間については諸説あり、本稿では＊印＝「Wiener Symphoniker1980 〜 1980 の年鑑」と、同団からの Newsletter 及び同団広報部からの発表＝を元に作成した。）

1. フェルディナント・レーヴェ（＊ 1900 〜 1925）
　　＊客演指揮者の時代（1925 〜 1927）
2. ヴィルヘルム・フルトヴェングラー（＊ 1919 〜不明＝＊ウィーン演奏家協会音楽監督）
　　＊客演指揮者の時代（1930 〜 1933）
3. オズヴァルト・カバスタ（＊ 1931 〜 1944）首席指揮者
　　＊客演指揮者の時代（1935 〜 1946）
4. ハンス・スワロフスキー（＊ 1946 〜 1948）
5. ヘルベルト・フォン・カラヤン（＊ 1950 〜 1960）
6. ウォルフガング・サヴァリッシュ（＊ 1960 〜 1969）
7. 969 〜 1973：ヨーゼフ・クリップス（1969 〜 1973 ＊芸術顧問）
8. カルロ・マリア・ジュリーニ（＊ 1973 〜 1976）
　　＊客演指揮者の時代（1976 〜 1982）
9. ゲンナジ・ロジェストヴェンスキー（1982 〜 1983）
10. クリストフ・エッシェンバッハ（1983 〜 1986）
11. ジョルジュ・プレートル（1986 〜 1991）
12. ラファエル・フィリューベック・デ・ブルゴス（1991 〜 1996）
　　＊客演指揮者の時代（1996 〜 1997）
13. ヴラディーニル・フェドセイエフ（1997 〜 2005）
14. ファビオ・ルイジ（2005 〜 2013）
　　＊客演指揮者の時代（2013 〜 2014）
15. フィリップ・ジョルダン（2014 〜 ）

　2014 〜 15 年度のシーズンで、楽員数 125 人内外にまでスケール・アップを遂げた WS。今ではムジークフェライン、コンツエルトハウス、その他を定期公演会場に、1 シーズン 120 回ほどのコンサートを提供する。

51

また世界各地への楽旅、夏季のブレゲンツ音楽祭等へもレギュラーとして参加するなど、ウィーン楽壇の演奏サーキットで中核を担う存在だ。

　しかし同団のこれまでは全てが順調だった、というわけではなかった。KO の名称で活動していた時代の 1914 〜 15 年度シーズン、トーンキュンストラー管（WTO）との合併を余儀なくされたのである。理由は第一次大戦による国家財政の逼迫で、KO への資金援助が困難となったからであった。

　この合併劇はいわば、オーケストラの相互扶助的な側面を持つ、生き残り策とでも呼べるもので、その戦後にはフルトヴェングラーが終身指揮者として招かれている。

　またその合併から約 8 シーズン後の 1933 年、楽団は「ウィーナー・シンフォニカー」（WS）と名称を変更した。

　WS はフルトヴェングラーのバトンで、急激な成長を遂げる。フルトヴェングラーをはじめ、クナッパーツブッシュ、クレンペラー、C・クラウスら、指揮界のスターたちが次々と WS のポデイアムに登場したからである。

　しかしその快進撃に水を差したのは、またしても世界大戦であった。ナチスの台頭、オーストリアのドイツ併合等、WS は次々と危機に遭遇するが、シェフのカバスタは怯むことなくそれらを乗り越え、楽団初の国外楽旅（イタリア、イギリス等）を成功させて、上昇への努力をアピール。

　その甲斐あって WS は 1938 年、公式に市営楽団となった。そのため同団の財政基盤はたちまち安定し、客演陣の顔触れは一層豪華なものへと変わって行く。

　カバスタの後任スワロフスキーは、ズバリ言って名流シェフの繋ぎ役、であった。すなわち世界のコンサート・ホールで名を馳せるというより、アバドやメータらの逸材を育てた名伯楽、という評価が高い。

　しかしそれでも WS は彼の尽力で、かなりの高水準を維持出来た、と言われている。彼の功績は、単にアンサンブルの整備のみに留まらず、オペラ、シンフォニー、管弦楽曲全般の膨大なレパートリーを、短期間のうちに仕込んだことである。活動内容は地味だが、戦後の再スタート時にスワロフスキーと組めたのは、WS にとって幸せだったと言える。

　そしてそのスワロフスキーの後任は、フォン・カラヤンだ。彼との 10 シーズンに亘る時代は、同団にとってまさしく「黄金期」。「カラヤン・チクルス」と称して、圧倒的な大作を並べた定期シリーズをはじめ、名流ゲスト・アーティストを根こそぎ引っ張ってきたような出演者リスト。豪華極まる客演指揮者の面々など、いずれもウィーンっ子を熱狂させる Line Up であった。

　カラヤンがベルリン・フィルへ転出すると、後任にはサヴァリッシュが招かれる。彼は当時「第 2 のカラヤン」と騒がれ、WS の再び黄金時代を齎す、と期待を集めた。

52　　11. ウィーン交響楽団

1950年代 WS のポディアムには、マゼール、ジュリーニそしてサヴァリッシュ等、次代を担う指揮者達が続々登場しており、カラヤンの後任探しには大して問題はなかった。サヴァリッシュは、その学者然としたアプローチに面白みがない、と言われていたにもかかわらず、それを逆に魅力として実績を上げて行く。

　カラヤンを凌ぐほどの成果を挙げたとは言えないが、WS とは国連コンサートやワールドツアーを頻繁に行い、そのコンビネーションをグローバルな形でアピールし続けた。かくて彼の在任中にも WS は、確実に前進を遂げたのである。

　7代目のシェフとなるジュリーニは、当時アメリカを中心にシカゴ響との関係を密にして、評価を高めていた。そのため WS でも成功が期待されたが、その在任は僅か3シーズンだけである。

　ジュリーニとの関係深化が不発に終わった WS は、その後6シーズン、シェフ不在のシーズンを余儀なくされてしまう。更にその後、デ・ブルゴス、そしてフェドセーエフが招かれるまでの歴代シェフ達は、全てが短期の在任に終わり、爆発的な飛翔の時期を経験することはなかった。

　そのデ・ブルゴス、フェドセーエフの2人でさえ、黄金時代を再現する所までは行かず、極めて無難なプログラミングで水準の維持に努めた、という感じに終わっている。

　ようやく変化への兆しが見え始めたのは、実力者ルイジの時代に入ってからだ。彼はかつてカラヤンやサヴァリッシュが、天下の大楽団 WP を向こうに回して快演、秀演、佳演を繰り広げ、ついにそれを飛翔の礎にした経験を踏襲するように、WS と熱演を連発した。そしてその実績を、次なる飛翔への跳躍台にしたのである。

　彼の後を継ぐのは若きジョルダンだ。幅広いレパートリーを持つ彼が、腰を据えて WS と向き合い、先達者にない独自のアートフォームを確立して行けば、面白くなるのは必定だ。

　かつての分身、トーンキュンストラー管の新しいシェフには、日本人の佐渡裕が決まり、ウィーンの楽壇はこれまでにない「グローバルな才能の演奏合戦」で、その魅力を一層増すことになった。

　そこでスイス人ジョルダンが、独自の芸術様式で挑むことを、ウィーンの、そして WS のファンは、期待すると思う。

　＊推薦ディスク

1. レクイエム（モーツァルト）（DVD）：カール・ベーム指揮
2. 交響曲第2番（ブルックナー）：カルロ・マリア・ジュリーニ指揮
3. 「大地の歌」（マーラー）：(S) C・ルートヴィヒ他：カルロス・クライバー指揮
4. ピアノ協奏曲第5番「皇帝」（ベートーヴェン）：(Pf) A・B・ミケランジェリ、

C・M・ジュリーニ指揮

5. ピアノ協奏曲第1番（チャイコフスキー）他:(Pf) S・リヒテル、ヘルベルト・フォン・カラヤン指揮

12. ウィーン放送交響楽団
(WINER RADIO SYMPHONY ORCHESTRA)

　ロシアの RED ARMY（赤軍）がオーストリアの首都ウィーンを占領したのは、1945年4月13日である。THE ALLIED FORCES（西側連合軍）はそれから2週間後にオーストリアへ到着。その月の27日、同国はナチス・ドイツから独立を宣言し、第2共和国が成立する運びとなっていく。

　厳密に言うと、オーストリアの国土は、大戦後連合国によりベルリン同様四つの占領地区（ソ連、アメリカ合衆国、イギリス、フランス）に分割占領され、以後1955年10月26日までの占領終了まで、軍政下に入っていたのである。

　独立宣言後の暫定政府は1945年首都ウィーンで始動、1955年10月25日に連合軍の残存部隊が出国すると、オーストリアはその翌日「永世中立国宣言」を行った。同宣言で同国は、名実共に世界に冠たる「音楽首都」ウィーンを中心とするMUSIC STATE になったのである。

　そして流石は音楽の国らしく、新旧の作品、サウンド、奏法等など、戦火に塗れ崩壊の危機に遭った「音作り」の伝統と技は、当然のように、即「国宝の扱い」を受けるようになり、音楽立国の共有財産としての機能を回復する。

　とはいえ、同国のオーケストラは2種類（1つは純粋に伝統的クラシカル演奏芸術の深化および追及を目的とするもの＝例えばフィルハーモニカーやシンフォニカー等、そしてもう1つは音楽立国思想の体現である観光産業の最前線で、外国からの観光客を楽しませるためのもの＝例えばウィーンと名を付けられた大小様々な楽団、ウィーン・サロン・オーケストラだの、ウィーナー・ワルツ・オーケストラ等といった類い）に大別されることを、好楽家ならずとも知っておいて損はないと思う。

　更に各々の楽団へは官費の助成が為され、そのためそれぞれの管理運営が国家財政と深く関わっているのを承知しておくと、同国楽壇の内情を尚更容易く理解できる筈だ。

　さて1945年、連合軍の占領政策の一環として設立されたオーストリア放送協会（ORF）に所属する楽団＝オーストリア放送協会交響楽団（ORFSO）＝現ウィー

ン放送管弦楽団 (VRO) ＝は、上記 2 種類のカテゴリーのうち、フィルハーモニカー (WP または VPO) やシンフォニカー（WS または WSO）と同類の団体である。

しかし設立当初は、常任の首席指揮者や音楽監督のポストを設けず、全プログラムを客演指揮者に振らせた。その際レパートリーの半分を自国のエンターテインメント音楽、ヨハン・シュトラウス等の小品に充て、残りの半分をバロックからモダンまでの交響曲や管弦楽曲に充てている。

第 2 次大戦の戦後処理が進み、社会全体が落ち着きを取り戻すと、ウィーンの演奏芸術界では組織の再改編が行なわれた。そして同地のオーケストラ界で新しい動きが生まれるのは、ようやく 1969 年になってからである。

その年、ORF はオーケストラの改組に着手。VRO を解散して、新楽団 ORSFO を組織する。楽員のリクルートはオペラ界、既存のオーケストラ、フリーランス奏者、音楽院の教授スタッフへと幅広く行われ、全オーストリアから第一級の腕利き奏者が集まった。

改組後から 1996 年現在の名称（Radio Symphonieorchester Wien, 又は RSO Wien）＝以下 RSO) に変更されたが、その後も同団の硬軟とりまぜたレパートリーは不変である。

そしてそんな同団のポディアムには、以下の歴代シェフ達が君臨してきた。

1. ミラン・ホルヴァート（1969 ～ 1975）
2. レイフ・セーゲルスタム（1975 ～ 1982）
3. ローター・ツァグロゼーク（1982 ～ 1986）
   ＊客演指揮者制（1986 ～ 1989）
4. ピンカス・スタインバーグ（1989 ～ 1996）
5. デニス・ラッセル・デーヴィス（1996 ～ 2002）
6. ベルトラン・ド・ビリー（2002 ～ 2010）
7. コーネリウス・マイスター（2010 ～ ）

さて ORF 改組の直接の指揮を執ったのは、ドイツとイギリスで放送業務に従事、経験を積んだ後帰国し、オーストリア放送のディレクターに迎えられたゲルト・ベッヒャーである。

彼は ORF の活動方針を次のように定めた。レパートリーの 3 分の 1 を 20 世紀に書かれたオーストリア人による作品の演奏、3 分の 1 を知名度の低い古典とロマン派の作品の演奏、そして残りの 3 分の 1 を、毎日の放送を目的としたその他のレパートリー演奏に向けるというもの。

具体的に言うと ORFSO の活動内容は、6 種のプログラムで構成された予約定期演奏会を 2 回 (会場はムジークフェラインとコンツェルトハウス)、楽団独自の公演シリーズ (無料) を 6 回 (会場は放送会館ホール)、そして 60 回の放送番組への

出演、となっていた。

　しかし最近は順次レパートリーを拡大、コンテンポラリー演奏の割合を抑え、古典にも力を入れ始めている。

　RSO はフィルハーモニカーのように伝統的な楽器を使うこともなく、現代的なオーケストラとしての様々な機能を整えて来た。

　初代のシェフはユーゴスラヴィア人のホルヴァート。彼は無国籍、すなわち国際的な音色を持つ放送オーケストラの創造を目指した。そして同団は放送番組に限らず、その他の公演でも様々なプロジェクトを組むことが出来たため、アンサンブルはみるみるうちに向上し、聴衆の支持も高まった。

　2 代目のセーゲルシュタムはフィンランド人。既に作曲家としても高く評価され、自作、内外の新作を次々と紹介。更に指揮の執れる作曲家（R・バルシャイ、ペンデレッキ、G・シューラー等）を続々ポディアムに招き、各々の作品を振らせるなど、新風を吹き込んだ。

　またそれまで馴染みの薄かったフィンランド人の作品をも数多く紹介。そのため北欧作品が、RSO のレパートリーの中で、確固たる地位を気付くこととなった。

　3 代目のツァグロゼークは、どちらかと言えば、20 世紀作品の紹介に力を注いだシェフである。後にはワーグナー「リング」全曲盤の録画・録音やベートーヴェンの交響曲録音に名盤を残す彼も、RSO 在任中はツェムリンスキー、マルタン、アウアーらの作品を集中的に取り上げていた。

　彼の後任スタインバーグは、いわずとしれたウィリアム・スタインバーグの息子である。声楽曲の大作に強く、前任者にも増して、クラシカルのスタンダード作品を、RSO のレパートリーの中心に据えた。

　つまり彼は RSO を、VPO や WSO 等のレヴェルへ近づけることを目標にするという、いわば脱放送オーケストラを目指したのである。そしてその試みはある程度成功を収め、同団はスタインバーグ体制下で、オペラ、管弦楽、シンフォニー・コンサートのバランスを取りながら、より国際的なアンサンブルへと変貌して行く。

　彼の後任はアメリカ出身の D・R ＝デーヴィス。しかし彼は前任者の敷いた方針のレール上を歩くことが苦手だったらしく、更に他団体との関係が多忙を極めるようになったため、僅か 6 シーズンを以て退任する。

　そして彼の後を継ぐのが、RSO に黄金時代を齎したド・ビリーだ。彼の体制下で特に注目されるのは、録音の多さだと思う。新旧及び大小作品のバランスと、どれをとっても過不足のない取り上げ方で聴衆の心を掴んだ。

　しかし残念なことに最後は管理者側と対立、結局物別れとなって辞任する。レパートリーの広さが並外れたものだっただけに、長期の在任が実現出来なかった

のは、RSO には大きな損失だったに違いない。

そして現在のシェフは、1980 年ハノーバー（ドイツ）生まれのコルネリアス・マイスター。就任後既に 5 シーズン目を迎えているが、手兵の RSO はもとより、世界各地のメジャー楽団及びオペラ・カンパニーへも積極的に客演を続け、オペラにシンフォニーにと大活躍を続けている。

また録音にも積極的で、最近はフォン・アイネムの作品を発表するなど、本格的な取り組みを見せ始めた。

＊推薦ディスク

1. ウィーン放送交響楽団ライヴ集 1970 ～ 2012：M・ホルヴァート・他・指揮（24 CD）
2. ウィーン放送交響楽団ライヴ集 1、「ボレロ」（ラヴェル他）：大野和士・他・指揮（2CD）
3. 「我が祖国」全曲（スメタナ）：L・v・マタチッチ指揮
4. 交響曲第 8 番「千人の交響曲」（マーラー）：B・ド・ビリー指揮
5. ピアノ協奏曲（ガーシュイン、ラヴェル）：P・ロジェ（Pf）、B・ド・ビリー指揮

13. ロイヤル・フランダース・フィルハーモニー管弦楽団
(KONINKLIJKE FILHARMONIE VAN VLAANDEREN = DE FILHARMONIE)

ヨーロッパの十字路とも言うべきベルギー王国、フランダース地方の都市アントウェルペン（英語ではアントワープ）は、人口 147 万人を抱えるアントンウェルペン州の州都である。

ゲルマンとフラマンの両思想がぶつかる地域で、イギリス海峡を忙しく行き交う交易船の集積場として栄え、文化面でもルネッサンス以降、特に絵画や音楽芸術（デュファイ、オケゲム、ヨスキン、ウィラート、クレメンスらのフレミッシュ・ポリフォニーが世界を席巻）が隆盛を極めた。17 世紀ヨーロッパの各都市で音楽産業が停滞している時でさえ、同市はハープシコード製作の中心地として栄えたほどだった。

アントワープに最初の音楽学校が創設されたのは 1867 年。作曲家のペーター・ベノイトが中心となって発足した同校は、1898 年には音楽院に昇格し、一段とスーケール・アップを実現する。

そして同校の学生を中心に編成されたオーケストラ（正式名称は無し）は、1 年

57

前の 1897 年、市内の動物園内開場した大ホールで、フロール・アルバーツの指揮
による定期コンサートを開始。

　その後その動物園のオーケストラは、アルバーツの好指導でメキメキ腕を上げ、
市民の支持を次第に集めて行った。にもかかわらず同団は、経済的な理由で閉鎖
を余儀なくされる。それから後アントワープ市内では、オーケストラの定期的な
活動が見られなくなった。

　そして 1937 年、そのような中で登場したのが、アルトゥール・レーヴェンシュ
タインが創設したフラームシュ（＝フランダース）フィルハーモニー管弦楽団
(VPO) である。市民は当然のように楽団の再登場を喜び、VPO の継続的活動に
期待を寄せる。

　だが、登場から 2 年後、創設者兼指揮者のレーヴェンシュタインが逝去。VPO
はたちまち、解散の危機に直面した。

　それを救ったのが、ヘンドリック・ディエールが創設した（1939 年）「アントワー
プ・フィルハーモニー管弦楽団 (POA) である。VPO と POA は合併し、窮地を
脱することが出来た。

　しかし一難去ってまた一難、戦略上重要な軍港都市でもあったアントワープは、
1940 年 5 月ドイツ軍に占領され、同市の音楽界は再び混乱の中に陥る。そんな状
況がようやく終わりを告げたのはやはり終戦後（同市は 1944 年 9 月 4 日、イギ
リス第 11 機甲師団によって解放された）である。

　以後同団は再び動物園内のホールを会場に、1950 年代初頭まで定期公演を継続。
更に 1955 年には、ガストン・アリエン、スティーヴン・カンデール、エーフ・メー
スら、アントワープ在住音楽家達の支援により組織された新楽団、「フィルハーモ
ニー」へと発展して行く。

　そのフィルハーモニーの首席指揮者に招かれたのは、当時ロッテルダム・フィ
ルハーモニーのシェフの座にあったエドゥアルド・フィリップス。彼の熱心な指
導により、フィルハーモニーは順調な発展を続け、ベルギー楽壇の中心的存在へ
と成長する。

　そして同団の創立年を 1937 年とすれば、その歴代シェフは次の面々である。

1. アルトゥール・レーヴェンシュタイン（1937 ～ 1939)
2. ヘンドリック・ディーエル（1939 ～ 1955)
   ＊客演指揮者の時代（1955 ～ 1958)
3. エドゥアルド・フィリップス（1958 ～ 1973)
4. エンリケ・ホルダ（1973 ～ 1976)
5. アンドレ・ヴァンデルノート（1976 ～ 1985)
6. エミール・チャカロフ（1985 ～ 1986)

7. ギュンター・ノイホルト（1986〜1991）

8. ムハイ・タン（1991〜1995）

9. グラント・ルエリン（1995〜1998）

10. フィリップ・ヘレヴェッヘ（1998〜2002）

11. ダニエーレ・カレガリ（2002〜2008）

12. ヤープ・ヴァン・ズヴェーデン（2008〜2011）

13. エド・デ・ワールト（2011〜 ）

リストからも分かる通り、歴代シェフはいずれも、短期間の在任に終わっている。これでは満足の行くグレード・アップの実現は困難だ。

それでも期待以上の実績を残したシェフも２人いる。１人は歴代指揮者中最長の在任記録を持つヴァンデルノート、そしてもう一人は、僅か４シーズンしか在任しなかったヘレヴェッヘである。

これからクロノロジカルに各シェフの足跡を辿る中で、その二人の功績にも言及して行くことにしよう。

まず草創期の３人の時代はいわば基礎作りの段階で、フィルハーモニーが組織的纏まりを見せ、国際的な演奏サーキットに登場するのは、次のホルダからである。

特にアンドレ・クリュイタンス以後、ベルギー出身の名指揮者として評価の高いヴァンデルノートの活躍は、新生フィルハーモニーを大きく飛躍させる原動力となった。

フィルハーモニーがベルギー王室より Koninklijke Filharmonie van Vlaanderen＝「KFOV＝王立フランダース・フィルハーモニー管弦楽団」の称号を与えられ、名実共に官営組織になったのもヴァンデルノートの治世下においてである。そして同団は、それを機会に頻繁にオーディションを実施、内外から優秀な奏者を多数採用し、一気にグレード・アップを実現した。

ヴァンデルノートの後任チャカロフはブルガリア出身。彼は組織力を高めた KFOV を更に向上させることが期待されたが、在任は僅か一年で幕を閉じた。

続くウィーン出身のノイホルト、そして中国出身のタンに期待が集まったが、いずれも不満の残る出来に終わった。

タンの後任英国人ルエリンの場合は、名人ギトリスを帯同して日本公演を成功させたことが、唯一の目立つ実績と言える。

その後にヘレヴェッヘ、カレガリ、ズヴェーデン、そしてデ・ワールトと続くわけだが、４人の中で飛び抜けた実績を誇るのはヘレヴェッヘだ。特に録音の面で他を圧倒している。

世界的にもベストセラーとなったベートーヴェンの交響曲全集をはじめ、宗教曲の決定盤とも言える特上質のディスクを連発。KFOV の名を、グローバル・スケー

59

ルで再浮上させた。

　そしてそのヘレヴェッヘに続く３人のうちで最も注目されるのは、現常任のデ・
ワールトだ。流石に大交易の時代を現出した民族の末裔らしく、ヨーロッパを起
点に北米、オセアニア、そして東洋の各都市で音楽監督を務めて来た彼は、KFOV
着任後、特にフレキシビリティの向上に尽力。着々と成果を収めており、特にマー
ラー作品の録音にそれが描出されている。

　今後問題があるとすれば、それは多忙な彼のスケジュールだけだと思う。

　＊推薦ディスク

　1. 交響曲全集（ベートーヴェン）：P・ヘレヴェッヘ指揮

　2. 「スターバト・マーテル」（ドヴォルザーク）：P・ヘレヴェッヘ指揮

　3. 歴史的オラトリオ「スヘルデ」（ブノワ）：M・ブラヴィンス指揮

　4. 展覧会の絵（ムソルグスキー＝ラヴェル編曲）：D・カレガリ指揮

　5. 交響曲第１番「巨人」（マーラー）：E・デ＝ワールト指揮

14. ベルギー国立管弦楽団
(NATIONAAL ORKEST VAN BELGIE FLEMISH
OR ORCHESTRE NATIONAL DE BELGIQUE FRENCH)

　ヨーロッパの北西部に位置し、北大西洋海流の影響で温和な気候に恵まれ、北
低南高の国土全体が温帯になっているベルギー王国は、オランダ系フラマン（フ
ランデレン）人（55％）、フランス系ワロン（ワロニー）人（44％）の２大民族
が対立する、人口約 1,040 万（2014 年度調査に拠る）の立憲君主制国家である。

　首都ブリュッセルには、ヨーロッパ連合（EU）本部、NATO（北大西洋条約機構）
の事務局があり、ベネルックス三国の協力体制、欧州統合を推進してきた。1939
年に永世中立国を宣言したが、第１次世界大戦後にそれを破棄。第２次世界大戦
では、国王レオポルド３世がナチスに無条件降伏し、1951 年に皇太子が即位した。

　以後、フラマン人とロワン人の民族対立を戦後最大の国内課題としながら、現
在に至っている。

　民族対立があるということは言語的対立があることをも意味し、ベルギーが現
に、カナダ同様言語に関する法律（1932 年制定の言語法）を定めており、それに
よって北部のフラマン地区（オランダ語圏）、南部のワロン地区（フランス語圏）、
ブリュッセル地区（オランダ・フランス語塀用圏）に分けられ、そのような状況
はこれまで様々な対立のもとになってきた。

ベルギー政府は言語上の共同体を強化し、憲法を改正して連邦化を推進。上記の３地域に自治権を認めるという法律を定める（1980 年）。が、それでも民族的な争いは後を絶たず、1991 年９月には、それが原因で内閣が倒れるという事態さえ生まれた。

　そのような背景を持つ国家では、楽壇も少なからず対立の影響を受けねばならない。そしてベルギーの場合、事態は深刻なものである。何故なら同国では今のところ、オーケストラに関する限り、音楽が対立した民族の心を繋ぐ懸け橋になっていないからだ。

　それどころかそれは、１つの国家の中で異なる民族が、互いの優秀性を誇るための手段になっているにすぎないのである。

　今後もし同国のオーケストラが大きく発展する機会があるとするなら、それは言うまでもなく、２つの民族がディスハーモニーの事態を、フィルハーモニーの状態にする時である。

　民族間の問題で頭を悩ませ、出口の見えない道を歩んでいるようなベルギー人達はしかし、音楽の持つ力を心底信じているようだ。わが堀米ゆず子（Vn）を世に出したエリザーベト・コンクールは、音楽で互いの心を結ぼうとするベルギー人の努力の結晶体であり、国家を代表する８つの楽団（2015 年 11 月 14 日現在の資料によれば、同国には人口 10 万人以上の都市が７つしかない）の存在もまたそうである。

　そしてその楽団の中で、同国最古の歴史を誇るのが、ベルギー国立管弦楽団 (以下 NOB) だ。創設されたのは今から 183 年前の 1832 年である。

　しかし同団は厳密に言えば、当初はベルギー王立音楽院の付属オーケストラとして活動し、独自の定期公演シリーズを持っていなかったため、NOB の前身とするには異論の余地が残ると思う。設立当時は世界の音楽院のどこにでも見られる、単なる教授と学生の混成アンサンブルという体裁であった。

　それ以後音楽好きな市民の間では、同団がいつか「プロフェッショナルのみによる常設楽団」へ脱皮して行くよう願う声が、日増しに強くなって行く。

　そしてそのアンサンブルが独自の運営路線をとり始めるのは、1936 年エリザベス女王をパトロンとして国営オーケストラ（管轄はベルギー芸術院だが、政府は楽団の財政を全て政府が補うという方法ではなく、あくまでも楽団の自主管理という形を望んだ）化への道を模索すると発表し、楽団再編をデジレ・ドゥフォーに任せてからである。

　1925 年以来ブリュッセルを本拠に、国際的なキャリアを積み上げていた指揮者ドゥフォーは、同市でコンサート協会を組織。ベルギー放送の音楽監督をも務め、NOB をも頻繁に指揮していた。

61

そして 1931 年にはブリュッセル・フィルハーモニック教会との間にイザイ・コンサート、宗教音楽コンサート等の企画を実施するためブリュッセル交響楽団を設立。新しいアンサンブル編成への布石を既に打っていたのである。

　ドゥフォーが組織した新楽団 (62 人編成) は 1936 年 9 月、創立第 1 回目のコンサートを彼の指揮 (会場はブリュッセル芸術会館) で実施。そしてその後 1 シーズンに 81 公演を提供する。

　しかし楽員の給料は主演回数と入場収入等を適当に調整、その都度支払うといった不安定なやり方である。しかもコンサートの企画実施にさえ苦慮していた。

　そして後には、コンサートのマネージメント、および指揮者の選定も同じく興行師に任されるようになった。そのため常任指揮者制をおかない、全公演をゲストで賄うという変則的な同団の運営形態の下では、レヴェル維持が困難を極めるものとなる。

　結局最後には旧来のフィルハーモニック協会が、コンサート及び楽団の管理運営面を引き受けるようになり、組織的崩壊だけは何とか免れた。

　同団が名実共に大きな変革を遂げ、成長への足掛かりを掴むのは、1958 年政府が国家の支援体制を最終的に明確化するなど、国営化の実現に取り組み始めた時である。

　まず政府は音大の教授達を招いて楽団の運営理事会を組織、音楽顧問に当時の高名な音楽学者ポール・コラーを招くなどして、管理体制を強化した。

　そしてアンサンブル本体に対しては、まず楽員を公務員待遇化して演奏に専念できる環境を整え、暫くの間は客演指揮者で凌いだ後、初代の音楽監督 (MD) には母国ベルギーはアントワープ生まれの大指揮者、A・クリュイタンスを招く。

　王立音楽院の専属だった時期を除き、ドゥフォーによって再編された 1936 年を創立年とすれば、NOB の歴代シェフ達は次の通りである。

　　＊客演指揮者の時代（1936 ～ 1960）
　1.アンドレ・クリュイタンス（1960 ～ 1967）
　　＊客演指揮者の時代（1967 ～ 1969）
　2.ミヒャエル・ギーレン（1969 ～ 1973）
　　＊客演指揮者の時代（1973 ～ 1974）
　3.アンドレ・ヴァンデルノート（1974 ～ 1975）
　　＊ MD 代行・ジョルジュ・オクトール（1976 ～ 1983）
　4.メンディ・ロダン（1983 ～ 1989）
　5.ロナルド・ゾールマン（1989 ～ 1993）
　　＊客演指揮者の時代（1993 ～ 1994）
　6.ユーリ・シモノフ（1994 ～ 2002）

7. ミッコ・フランク（2002 〜 2007）

8. ワルター・ウェラー（2007 〜 2012）

9. アンドレイ・ボレイコ（2012 〜 ）

女王のパトロネージを有しているだけに、NOB の格は国内一である。

そして創設当初その実力は、まさしく国民のアンサンブルとしての誇りに足るだけの、レヴェルにあった。

草創期の功労者がドゥフォーであるのは言うまでもない。シカゴ交響楽団のMD を務めたこともある彼は、NOB のレヴェル・アップの実現に圧倒的な使命感を以て臨み、クリュイタンスにバトンを繋いだ。

クリュイタンスのキャリアについては今さら述べるまでもないが、彼の存在なくしてその後の NOB の隆盛は有り得なかったと思う。「世界のトップを根こそぎ振ってきた人物らしく」、彼はその中で得たものを、祖国のアンサンブルに注入したのであった。

しかし続くギーレンから 5 代目のゾールマンまでのシェフ達は、全て短期間の在任に終わり、それがアンサンブルに低調期を齎す。そしてそれを挽回すべく、シモノフ、若手のホープ＝フランク、及びベテランのウェラーら 3 人が次々とリレーされた。

ところがウェラーの録音以外、いずれも期待したほどの成果は収められず、現在のシェフ＝ボレイコへとバトンは引き継がれて行く。

1957 年ロシアのサンクト・ペテルブルグで生まれたベテラン＝ボレイコは、既に北米の主要楽団をはじめ、ヨーロッパでもウィーン・フィル以外のメジャー団体への客演を既に成功させており、手兵の一つ NOB とは今後、録音プロジェクトの面を充実させることが期待される。

＊推薦ディスク

1. 幻想交響曲（ベルリオーズ）：M・フランク指揮

2. 交響曲第 1 番、第 4 番（マルチヌー）：W・ウェラー指揮

3.「英雄の生涯」「ブルレスケ」（R・シュトラウス）：W・ウェラー指揮

4.「アスラエル交響曲」「死せる英雄たちの伝説」（スーク）：W・ウェラー指揮

5.「エリザベス女王コンクール入賞者録音集」（ヴァイオリン、ピアノ部門＝
   1999 年〜 2010 年他）：伴奏オーケストラ (すべて「ベルギー国立管弦楽団」)

15. リエージェ・フィルハーモニー管弦楽団
(ORCHESTRE PHILHARMONIQUE ROYAL DE LIEGE)

ローマ帝国が征服する以前、同地に住んでいたベルガエ人が国名のもとになったベルギー王国。その東部ワロン地域にある工業都市リエージュは、リエージュ州の州都であり、市域人口 19 万 7,013 人（2014 年 1 月 1 日現在＝ただし都市圏全体の人口は 60 万人余）を有する同国第 5 の街である。

我が国ではベルギー・ワッフルとして親しまれる、「リエージュ式ワッフル発祥の地」だが、ベルギーの国家そのものの歴史は複雑で、常に外国勢力の侵略と占領そして反乱及び独立運動の繰り返し、であった。

そしてその歴史の余波は今なお続いており、リエージュの街にも当然のことながら、その影響が見られる。すなわち 1960 年代に起こった国土を 3 つの言語地域に分割したことで生じる混乱をはじめ、1993 年の憲法改正による連邦主義国家への移行、そして 2007 年に生じたフランデレン人とワロニー人との対立、そしてそれが引き起こした、総選挙後 6 か月の間も組閣できなかったという異常事態等、がそうである。

それらはいずれも、リエージュ発展の阻害要因を造り出して来た。そして将来も、そのような問題を抱えながら、ベルギーは前進しなければならない。

さて同市を取り巻く社会的状況はかくのごとく厳しいものだが、そんな中で楽壇の様子は如何なものであろうか。

その前に、同市で初めて本格的な演奏芸術の芽が吹いたのは、1826 年オランダ国王ウィレム 1 世（当時のベルギーはオランダ領であった）が「リエージュ王立音楽院」の設立とその専属楽団を構想、そしてその施設を完成した時である。

以後同院は、リエージュ楽壇の盟主的存在となり、1887 年に建て替えられたが、専属の楽団は解散せずそのまま継続された。

しかしその楽団は音楽院の学生と教授、及び OB 達で編成した、いわば腕が良いだけのアマチュア団体である。市民が期待する高水準の演奏芸術を、定期的かつ多岐にわたって鑑賞するレヴェルには至っていなかった。

そのような不満を敏感に感じ取っていたのが、1947 年当時リエージュ王立音楽院の院長職にあったフェルナンド・キネである。彼はその年、24 人の楽員から成る室内楽団を音楽院内で編成、プログラム (例えばオペラの上演等) によっては、その数を 54 人にまで増員できるようにした。

が、やはりその数のアンサンブルを以てしても、古今の傑作を紹介するには不十分な編成だ、とキネは管理中枢である行政の関係者に訴え続ける。彼の提言は

64　15. リエージェ・フィルハーモニー管弦楽団

市民の支持を集め、そして 1960 年リエージュ市の行政関係者は終に、フル編成の常設楽団の創設を決定。その作業責任をキネに一任したのだった。

キネは精力的に作業を進め、世界各地から 71 人の楽員を選抜。同年 3 月には待望の常設新楽団＝王立リエージュ・フィルハーモニー管弦楽団（以下 OPRL）が、創設責任者のキネを初代のシェフとして発足した。

同団の創立第 1 回目のコンサート（キネの指揮による）が挙行されたのは、それから約半年後の 10 月 16 日である。

キネは病弱だったため、OPRL のアンサンブル作りは他の指揮者に任されて行くが、彼を含め同団のポディアムには、以下の歴代シェフ達が君臨することになった。

1. フェルディナンド・キネ（1960 ～ 1965）
2. マニュエル・ローゼンタール（1965 ～ 1967）
3. ポール・シュトラウス（1967 ～ 1977）
4. ピエール・バートロメイ（1977 ～ 1999）
   ＊客演指揮者の時代（1999 ～ 2001）
5. ルイ・ラングレ（2001 ～ 2006）
6. パスカル・ロペ（2006 ～ 2009）
7. フランソワ・グザヴィエ・ロト（2009 ～ 2010）
   ＊客演指揮者の時代（2010 ～ 2011）
8. クリスチャン・アルミンク（2011 ～ ）

55 年の歴史の中で 8 人のシェフが君臨し、約百人の楽員を抱え、1 シーズン約 80 公演（定期公演の会場は、1900 席を持つリエージュ音楽院ホール）をこなすまでにスケール・アップした OPRL。

1980 年には創立 20 周年を記念して、楽団名称に「Philharmonique」を添えることになり、また 1983 年には楽団の正式名を「Orchestre Philharmonique Royal de Liege」と決定し、名実共にリエージュの看板楽団として、グローバル・スケールで活動を本格化する。

しかし何と言っても同団の更なる成長発展は、まさにベルギーの国情（特に経済状態）次第だ。リエージュ市のある南部のワロン地域では、北部のフランデレン地域と比べ、失業率に 2 倍近くの差（ワロンの方が失業率は高い）が生じている。

このように南北で経済格差があり（建国時には逆であった）、しかも楽団への助成額も北の方（ベルギー国立管＝ NOB）が高いとあっては、OPRL は更に苦戦を強いられるばかりだ。従って将来は、経済状況により、楽団の経営そのものにも（例えば規模縮小などの）変化が見られるかもしれない。

また OPRL アンサンブル自体の問題としては、5 代目シェフのラングレ、そし

65

て7代目のロト以外、国際的な演奏サーキットで活躍する目立った存在がいない、ということが挙げられる。

　そう言う意味で、かつて新日本フィルを率いて好調を維持した現常任のアルミンクが、この先どこまで伸びるかに期待を持たねばならない。

　ただ将来的な可能性を抱かせるものとして、OPRLが録音プロジェクトを積極的に進めている点が注目されると思う。同団のディスコグラフィは、ライヴァルのNOBを大きく凌駕するものであり、アルミンク最大の向上への切り口になろう。

　＊推薦ディスク

1. 交響詩、交響詩「山上で聞こえるのは」、組曲「フルダ」（フランク）：C・アルミンク指揮
2. 「オペラ・アリア集」（ワーグナー）：E・ニキーティン（バス・バリトン独唱）、C・アルミンク指揮
3. ヴァイオリン協奏曲全集（モーツァルト）：R・パスキエ（Vn）、P・バートロメー指揮
4. 交響曲集（フランク、ショーソン）：L・ラングレ指揮
5. 「ピアノ協奏曲」（プーランク）：F・ブレライ（Pf）、S・ドヌーヴ指揮

16. ブルガリア国立放送交響楽団
(BULGARIAN NATIONAL RADIO SYMPHONY ORCHESTRA)

　ヨーロッパ南東部、バルカン半島に位置するブルガリア共和国は、スラブ系ブルガリア人を中心に、トルコ人、ロマ人、ポマク人そしてブラフ人等の民族が混在する、歴史の古い国である。同国の歴史を、紀元前670年代頃から俯瞰してみると、大体以下の通りになる。

　　＊BC・670年代・・・カフカス北部にいたブルガール人が、ドウナウ川河口に至り、先住民のスラヴ人を征服
　　＊BC・581年・・・第1次ブルガリア国建国
　　＊AD・1018年・・・ビザンツ帝国に併合され、第1次ブルガリア帝国滅亡
　　＊1187・・・第2次ブルガリア帝国再興
　　＊14世紀・・・オスマン帝国の支配下に入る
　　＊1908・・・オスマン帝国で起こった青年トルコ革命を機に、独立宣言
　　＊第1次世界大戦・・・同盟国側に属して敗北し、領土も分割される
　　＊1923・・・共産党による蜂起（9月蜂起）

＊第2次世界大戦・・・日独伊3国軍事同盟に参加（1941年3月）
＊1944年9月・・・祖国戦線がパルチザン闘争を展開し、クーデターにより新政権樹立
＊1946年9月・・・王制廃止、ブルガリア人民民主主義共和国成立
＊1980年代・・・親ソ路線に代わり、自由化路線導入するも、ソ連経済の破綻を受け、不況が深刻化する
1989年11月・・・改革派共産党エリートがクーデターを断行
1990年11月・・・国名を「ブルガリア共和国」に改称
1991年7月・・・新憲法を制定
2004年3月・・・NATO に加盟
2007年・・・EU に加盟

　同国の首都は、人口約135万（2015年度調査に拠る）を擁するソフィア。ヨーロッパ最古の都市の1つ（7千年以上の歴史を持つ、と言われている）であり、同市の名称は、古代ロシア語で「知恵あるいは英知」を意味する。その名称に落ち着くまでには、かなりの論争が繰り返されていた。

　すなわち、500年に亘るオスマン帝国の支配から独立し、自治公国化するに及び、ブルガリア人の革命委員会で、同市の名称を昔同様「スレデツ」（同市は昔、セルディカ、トリアディツァ、そしてスレデツ等と呼ばれていた）として行くことを、強く支持する意見が出されたのである。結局、「ソフィア」とすることに落ち着き、それが今日まで受け継がれている、というわけだ。

　ところで同国あるいは同市と我が国は、近年とみに交流が盛んになっている。大相撲の力士（大関の“琴欧洲”等）やヨーグルト、そしてバラを素材にした化粧品等が特に輸入品目として有名だが、その一方でクラシカル音楽（特にオーケストラ等の演奏芸術）の分野は、2度にわたる世界大戦と国内政体の激変の影響を受け、他に比べて浸透度が薄い。グローバル・スケールで注目される楽団の創設年も、同国では1948年という遅さである。そのためオーケストラの育成発展は、本格的には国情が落ち着きを取り戻しつつある、これから、という様相だ。

　同国ではこれまでに、ブルガリア国立響、ソフィア・フィル等、5〜6団体の活動が見られるが、その中で同国の看板オーケストラを1つ挙げるとすれば、ブルガリア国立放送交響楽団（BNRSO）である。

　同団の創設は1948年と若く、ブルガリア国営放送の開局に伴なうものであった。そのように始動が遅れたことで同団は、グローバル演奏サーキットでの知名度の低さを挽回するのに、時間がかかってしまう。

　しかも同団の歴代シェフ達はいずれも、国産か、あるいはソヴィエト体制の息のかかった人々で占められてきた。そのような状況下では、世界の名流ソロイス

トと人脈を構築するのに、途方もない時間とエネルギーが必要となる。

にもかかわらず同団に君臨したシェフ達は、在任中それこそ、激変する体制に翻弄されながらも、アンサンブルの発展を実現するため、猛烈とも言えるDirectorshipを発揮してきたのだった。

大幅に改善されつつあるとはいえ、今もその形は続いている。しかし同国の（少なくとも首都ソフィアの）音楽ファンは、そのような否定的な現状にもめげず、まさに「知恵あるいは英知」を総動員して、ブルガリアン・アンサンブルを死守して行きたいかのようだ。

そしてその先頭に立ってきた歴代シェフ達は、以下の人々である。

1. ワシリ・ステファノフ（1949 ～ 1989）
2. アレキサンドル・ヴラディゲロフ（1969 ～ 1993）
3. ワシリ・カザンジエフ（1979 ～ 1993）
4. ミレン・ナチェフ（1994 ～ 2002）
5. ロッセン・ミラノフ（2002 ～ 2008）
6. エミール・タバコフ（2008 ～ 2015）
7. ロッセン・ゲルゴフ（2015 ～ ）

初代～3代目に至る各シェフの在任年度に重複部分が見られるのは、上述の同国における政治体制の激変の影響によるもの、と思われる。（なお同団の広報資料にさえ、その重複の理由については、明記されていない）そのことを踏まえ、これから各シェフ達が刻印した業績を見ることにしたい。

初代のステファノフは、ブルガリア・シューメン（またはシュメン＝ Shumen）生まれ。最初はS・ポポフに認められ、ヴァイオリニストとしてキャリアを始めた。1929年にソフィア音楽院に入学、師匠ポポフが率いる音楽院管弦楽団で修業を積み、その後同じくポポフが創設した王立軍楽団（ソフィア・フィルハーモニーの前身）でコンサートマスターを務めた。

ラジオ・ブルガリア（ブルガリア国営放送）は、最近彼の業績を讃える番組「100th birth anniversary of Vassil Stefanov」を放送したが、それによると彼が指揮者への道を本格的に歩み出したのは、1946年にそのポポフが急病となったため、彼に代わって指揮棒をにぎったことがキッカケである。

その翌年彼はチェコに赴き、同地の巨匠V・ターリッヒの助手を務め、ついに指揮者としてのキャリアを築き始めた。そして1949年に帰国すると、直ぐにBNRSOのシェフに就く。

彼の活動は専ら国内でのもので、しかも長期間にわたって同団に君臨したため、そのトレーニングの密度は濃く、アンサンブルの構築も堅固なものとなっていく。また地味な形ではあるが、商業録音や国内外への楽旅へも前向きな姿勢を貫き、

特に 1965 年のフランス楽旅（パリのプレエル・ホール）と「ヴァイオリン協奏曲第 1、第 2 番（プロコフィエフ）」録音（独奏者はストイカ・ミラノヴァ）の両プロジェクトは、全欧の楽壇から注目を浴びた。

続くヴラディゲロフは、ブルガリア国立音楽院で作曲と指揮を、同院で教授を務める父親のパンチョと、ヴラディ・シメオノフに師事している。卒業後はキエフ・フィル、プレヴェン、ポロヴィデフ、ルセの各都市のアンサンブルを率い、1969 年に BNRSO に就任してあとは、1993 年に死去するまでそのシェフの座を守った。

彼が特に力を注いだのは、国外への楽旅（全欧をはじめ、日本そしてキューバ等を巡演）と、ブルガリア出身の作曲家（作曲家だった父親の作品の紹介に、彼は特別力を注いでいる）の作品の演奏、等である。（彼自身、作曲家でもあり、ワルシャワ、モスクワ（1955）、ボルツァーノ（伊＝ 1957）で行われた各作曲コンクールで優勝を果たしている）

3 代目のカザンジェフは、ブルガリアのルーセ生まれ（1934）。7 歳でギターを始め、9 歳でピアノに転向、10 歳で作曲を学び出した。ブルガリア国立音楽院入学後は、前任者ヴラディゲロフの父親パンチョから作曲を、そして前任者と同じシメオノフに指揮を師事している。

在任中は特に録音を連発（主なレーベルは国営ラジオ放送局向けのものと、バルカントン、ハルモニア・ムンディ、フランス・キバトン、カプリッチオ、デルタ等 10 社以上に亘っている）し、海外楽旅の回数を増やした。

ブルガリアで最も音楽的才能に恵まれた作曲家の一人、と評されるほど、数多くの作品をも完成。しかし我が国では何故か、殆ど評価されておらず、今後その是正が望まれるところだ。

4 代目のナチェフもブルガリア出身（1957 年生まれ）で、現在の国籍はアメリカ合衆国である。指揮法を修めたのは、ロシアのサンクトペテルブルグ音楽院。シンフォニーとオペラの両方で、かなりの実績を残してきた。

ブルガリアには数少ない国際派で、南北の両米大陸（カナダを含む）にあるメジャー楽団を始め、ロシアとヨーロッパ全域、そしてアジア地域のアンサンブルを振りまくり、BNRSO には 8 シーズン在任した。

在任中の活躍を録音で窺い知ることが出来るが、同団とは特に国外への楽旅を推進、アンサンブルの知名度アップに貢献している。

5 代目のミラノフはカザンジェフ同様、そのキャリアの殆どが我が国では紹介さぬまま、の状態に置かれている指揮者だ。彼は地元ソフィアの出身で、最初、ブルガリア国立音楽院でオーボエを専攻、その後カーティス音楽院（フィラデルフィア）、ジュリアード（NY）へ進んで指揮法を修めた。

特にジュリアードでは、ブルーノ・ワルター記念奨学金を授与され、同院のオー

ケストラを指揮、大成功を収めている。

指揮のキャリアを本格始動させたのは主に北米で、BNRSO 就任前には、シカゴ・ユース響（1997 〜 2001 ＝音楽監督）、フィラデルフィア管（2000 〜 2003 ＝補助指揮者、2003 〜 2011 ＝準指揮者）、マン音楽センター（＝フィラデルフィア管の夏のシーズン本拠地、2006 〜 2010 ＝芸術監督）と、着実にキャリアを伸ばしてきた。

しかし彼は北米が気に入ったのか、祖国の BNRSO には 2 期 6 シーズン在任しただけで、コロンバス響の MD へ転出している。

彼の後任はベテランのタバコフ。ブルガリアはルセ生まれ（1947）の彼は、1977 年に N・マルコ国際指揮コンクールで入賞、指揮者としてのキャリアを始めた。ソフィア・フィル（1988 〜 2000），ベオグラード・フィル（1994 〜 1999）、ビルケント響（2002 〜 2008）などで MD を歴任する一方、1997 年には閣僚をも経験（文化相）する等、活動は多岐に亘っている。

来日経験もあり、特にオペラ指揮者として知られているが、作曲家としてもかなりの実績を残してきた。

そして現在のシェフは、期待の若手ロッセン・ゲルコフ。1981 年生まれの 35 歳、勿論ブルガリア出身である。

新旧両面の幅広いレパートリーの持ち主で、オペラの主要演目をヨーロッパ各地の劇場で振って来たのをはじめ、母国のルセ国立歌劇場では首席客演指揮者を務めるなど、かなり重用されている。

シンフォニー指揮者としてのキャリアは、これまで既に世界各地で 40 団体余のアンサンブルに客演を果たしてきた。我が国では既に、NHK 響以外のアンサンブルに客演し、そのダイナミックな指揮ぶりを披露したので、注目した音楽ファンも多いだろう。

今後どれほどの長さの期間在任し、アンサンブルを育てて行くか。注目される指揮者である。

＊推薦ディスク
1. 交響曲第 4 番（ショスタコーヴィチ）：E・タバコフ指揮
2. 交響曲―レクイエム第 4 番（タケリエフ）：M・ナチェフ指揮
3. チェロ協奏曲第 1 番、他（ショスタコーヴィチ）：M・ナチェフ指揮
4. ブルガリア狂詩曲「ヴァルダル」、協奏的幻想曲、他（ヴラディゲロフ）：A・ヴラディゲロフ指揮
5. ピアノ協奏曲イ短調、クライスレリアーナ（シューマン）:(Pf.) ストイチェヴァ、R・ミラノフ指揮

17. ザグレブ・フィルハーモニック管弦楽団

（ZAGREBACKA FILHARMONIJA, ZGF
= ZAGREB PHILHARMONIC ORCHESTRA）

1991 年クロアチアは、それまで連邦を構成していたユーゴスラヴィア社会主義連邦共和国から独立し、首都をザグレブに定めてクロアチア共和国となった。

同国は東ヨーロッパ、バルカン半島に位置し、西にスロベニア、北にハンガリー、東にボスニア・ヘルツェゴビナ、セルビアと国境を接し、2014 年の調査に拠れば人口約 460 万人（そのうちザグレブ都市圏のそれは約 111 万人）である。

同国の沿革史を略記すると、総じて民族対立、隣国との争い、の繰り返しで、常に政情不安の連続だったと言える。

まずクロアチア人の祖先が現在の地に定住したのは 6 ～ 7 世紀。その後、フランク王国とビザンツ帝国の影響下に入り、10 世紀の初めには統一国家が誕生。更に 11 世紀初頭にハンガリー王国の統治下に、そして 1525 年にはハプスブルグ帝国の支配下におかれ、その状態が 1918 年の帝国崩壊 (第一次世界大戦終了時) まで続いた。

次いで第一次大戦後にセルビア人、クロアチア人、そしてスロヴェニア人王国が成立し、1929 年にユーゴスラヴィア王国に改称され、39 年にはスボラズム（協定）が調印されて大幅な自治を獲得。クロアチア自治州となった。

第 2 次大戦下では、ナチス・ドイツの傀儡クロアチア独立国が成立。戦後はユーゴスラヴィア連邦人民共和国が再建された。しかし 1970 ～ 71 年に、連邦からの分権化を要求する運動、いわゆる「クロアチアの春」が起こり、1990 年に憲法を制定。

1991 年 6 月、ついにユーゴスラヴィアからの独立を宣言し、連邦人民軍との大規模な内戦の時代へ突入した。そして戦闘は長期化し、結局それが終結するのは 8 年後の 1998 年である。

憲法制定以来、クロアチアは半大統領制（1990 ～ 2000）、それ以降は議院内閣制を採用している。更に同国は 2013 年 7 月 1 日、28 番目の加盟国として EU に加盟。国情は着々と安定へ向かって進んでいるのが現状だ。

そして楽壇に目を転じると、それも国内情勢と併行して混乱の中に投げ込まれ、当事者たちは離合集散を繰り返していたが、この数年は落ち着きを取り戻しつつある。結論を急ぐのはまだ早いが、かつての勢いを実現するのに、それほど長くは掛からないようだ。

さてそのクロアチア楽壇の中心は、言うまでもなく首都のザグレブである。同

地でアンサンブルが誕生したのは 1871 年、今から 145 年も前の事だった。

　その前にも不定期な演奏会は開かれていた。しかしそれらは全て、アマチュア演奏団体によるもの。本格的に整備された楽団による公演は、その団体によるものが初めて、であった。

　同団は、1870 年ザグレブで常設されたクロアチア国立劇場の専属楽団、として創設され、草創期のシェフをイヴァン・フォン・ザイクが務めた。そして同団が、現在のザグレブ・フィル（以下 ZPO）の前身となる。

　ザイクはクロアチア歌劇場シェフに任命された、初のクロアチア出身の指揮者で、オペラ公演以外にも、より多くの聴衆を相手にする管弦楽コンサートを企画した。そして 1871 年 2 月 2 日には早くも、同種の最初の公演（名称は「フィルハーモニック・コンサート」）を提供している。

　同企画は市民の大歓迎を受け、更に 1884 年 4 月 8 日楽団総支配人となったステファン・ミレティッチが、公演回数と規模を拡大し、その結果ザッジの率いるオペラ座オーケストラは、オペラ座以外の場所でも支持層を増やし、期待に応えて行く。

　そして 1919 年、同団のヴィオラ奏者ドラガティン・アラニーを中心に、同団メンバーを中核体として新楽団を創設。ザグレブ・フィルハーモニー管弦楽団 (ZPO) と名乗り、その翌年の 10 月 3 日、独自のコンサートを開いた。

　以後 ZPO は地域を代表する楽団として、それからほぼ 20 年に亘り、定期的なオーケストラ・コンサートを行うことになる。公演を盛り上げたのは、ロヴロ・フォン・マタチッチらの地元出身指揮者達であった。

　また 1928 年には ZPO の支援組織、「クロアチア・フィルハーモニック協会」が組織され、財政的な基盤整備が出来上がり、同団の活動は増々勢い付いて行く。

　だがその行く手を阻んだのが、またしても世界大戦であった。戦後戦火で荒廃したザグレブにオーケストラ・サウンドを響かせたのは、オペラ座オーケストラを本体としたザグレブ・ラジオ・オーケストラである。

　同団は 1948 年国立交響楽団と名称を変え、更に 1955 年には再びザグレブ・フィルハーモニックと改称、現在に至っている。

　そして以後、下記の歴代シェフ達が、ZPO のポディアムに君臨することとなった。

1. フリードリッヒ（＝フリッツ）・ツアウン（＝ザウン）（1945 ～ 1956）
2. ミラン・ホルヴァート（1956 ～ 1970）
3. ロヴロ・フォン・マタチッチ（1970 ～ 1980）＊ 1982 年まで終身名誉指揮者
   ＊ムラデン・バシッチ（1970 ～ 1977）・・・マタチッチと同待遇なのか否か不明

4. パルヴェ・デスパリ（1981 〜 1986）
   ＊ 1995 〜 1998：東京藝術大学指揮科教授、及び同フィルハーモニック指揮者
   ＊客演指揮者の時代（1986 〜 1988）
5. パーヴェル・コーガン（1988 〜 1990）
6. 大野　和士（1990 〜 1996）
   ＊客演指揮者の時代（1996 〜 1997）
7. アレキサンダー・ラハバリ（1997 〜 1999）
   ＊客演指揮者の時代（1999 〜 2003）
8. ヴィエコスラフ・シュテイ（2003 〜 2009）
   ＊客演指揮者の時代（2009 〜 2011）
   ＊芸術顧問：ディミトリ・キタエンコ（2011 〜 ）

　上記の歴代シェフ達の業績について述べる前に、一つ断っておきたいことがある。それはラハバリ以後のシェフ達の動静（首席指揮者の就・退任年度、及びその功績等）についての楽団側からの説明が、キタエンコを除き不充分ということである。

　同様のことが、Craven の先行研究書や、我が国で出版された同団の記録、及び利用頻度が高いと思われるウイキペディアの記載、等についても言える。

　それらの事情を前提にしても、ZPO の沿革史を紹介することには難点があるが、しかし同団の歴代シェフの中には、今やグローバルな活動で我が国の楽壇に重要な地位を築き、影響力を増してきた大野和士がいる。そのため、たとえ資料に多少不備な点があろうと、無視するわけにはいかない。

　そういった理由で、ごく簡単な形にはなるが、アンサンブルにとって重要な功績を遺したシェフと出来事だけを、ここでは取り上げることにしたい。

　まず草創期の功労者として挙げられるのは、ホルヴァートである。地元ザグレブ音楽アカデミーで学んだ彼は、クロアチアで最も名の通った指揮者だった。

　彼が残した最大の功績は、ZPO を積極的に海外へ連れ出したことである。特に何度も行なった欧米への楽旅は、その都度成功を収め、楽員の士気を大いに高めた。

　幅広いレパートリーの持ち主で、特にオペラに強く、かつては歌劇場専属楽団という歴史を持つ ZPO とのコンビネーションで、彼の能力は最大限に発揮された。

　そのホルヴァートの功績と肩を並べるのが、マタチッチである。クロアチア北西部の港町スシャク生まれの彼は、我が国の音楽ファンに特に親しまれた。

　9 歳で入団したウィーン少年合唱団でのキャリアを皮切りに、音楽家への道を進み始めたものの、彼の人生（特に第 2 次大戦後）はまさしくドラマティックな展開を見せた。中でもよく知られているのは、ヨシップ・ブロズ・チトー率いるパ

73

ルチザンに反抗、親ナチ、親独主義者として活動した経歴である。

しかも大戦後に於いても、反チトーの態度を貫いたため、投獄され死刑の宣告を受ける。それを逃れることが出来たのは、死刑執行当日収容所所長に命じられてピアノを弾き、所長を翻意させたからだった。

そのような危機一髪の出来事の後、彼の持ち味である壮大なスケール感を伴う音色はZPOに植え付けられたのである。ZPOには10シーズン余在任したが、其の期間は同団の歴史に於いて、最も演奏水準の高い記念すべき時期だったと言える。

貴族に叙された家系に生まれ、軍事や役人を輩出してきた名門の出として、そのアンサンブル作りの見事さには格別のものがあった。終生「ナチ協力者」というレッテルは付いてまわったが、ZPOでの長い10シーズン余の歳月（彼は1985年1月4日、ザグレブで亡くなった。）には、その禍々しさを忘れさせる力があったに違いない。

コーガン、大野、そしてラハバリの3人にとって、ZPOはグローバル・ステージへの跳躍台の役目を果たした。その後の彼らが得たポストから、それが理解できると思う。

ちなみにその後のコーガンは、モスクワ国立交響楽団首席指揮者他、大野はバーデン州立劇場音楽監督他、そしてラハバリはペルシャ国際フィル音楽監督他、である。

現在のZPOは、首席指揮者のポストが空席のまま、キタエンコが音楽顧問を務めている。ベテランだけに、定期、楽旅と、企画に不足はないが、欲を言えば録音点数を増やして欲しい、ということだけだ。

そして目下注目されるのは、次期常任シェフの人選である。

＊推薦ディスク

1.「ルサルカ」全曲（ドボルザーク）：A・ラハバリ指揮

2.交響曲全集（ベートーヴェン）：R・エドリンガー指揮

3.交響曲第8番「未完成」（シューベルト）他：R・エドリンガー指揮

4.「シンフォニエッタ」「グラゴール・ミサ」（ヤナーチェック）：L.v. マタチッチ指揮

5.「オペラ・アリア」集（"アイーダ"から"清きアイーダ"）他（ヴェルディ、プッチーニ、ワーグナー）：(T) Z・トドロヴィチ、(S) V. フィヤッコ、：I. レプシック指揮

18. ブルノ・フィルハーモニック管弦楽団
(FILHARMONIE BRNO = BRNO PHILHARMONIC ORCHESTRA)

スヴィタヴァ川とスヴラトゥカ川の合流地点に位置し、チェコ共和国第2かつモラヴィア地方の中心都市ブルノ。19世紀から繊維産業が本格化し、「オーストリアのマンチェスター」等の異名をとるほど栄えたが、第一次世界大戦後オーストリア＝ハンガリー帝国の解体後は、新たに建国されたチェコスロヴァキアの一都市となった。

そして1948年の共産主義化、1989年の東欧革命、そして1993年のチェコ・スロヴァキア分離を経て、今はチェコ共和国に属している。

同市には憲法裁判所、最高裁判所、最高検察庁を始め、国家のあらゆる管理中枢機関が集中し、加えて同国が誇る文化の諸相の頂点を示す機関、団体の一大集積地でもある。

特に演奏芸術面で牽引役を務めたのは、1870年代に作曲家レオ・ヤナーチェクの援助の下、ベセダ・ホール（Besedni dum＝現在同ホールは、FBの定期公演会場として使われている）を本拠に活動を展開したアマチュア集団＝チェコ交響楽団(指揮を執ったのは、フランシス・ノイマン)であった。

その後散会した楽員達が其々参加して創設した2つの楽団＝ブルノ放送オーケストラ（Radio Orchestra）とブルノ地区(または管区)交響楽団（Brno Region Symphony Orchestra）＝が1956年に合併、今日のFBの前身となるオーケストラ(ブルノ国立フィルハーモニー管弦楽団)が編成された。

従って同団の創立年をいつにするかは、議論の分かれるところである。だが本稿では敢えて、合併した年の1956年を、その創立記念年としたい。理由は、FBのアーカウブスでも、その年までの公演内容やその他の資料整備が充分に進んでおらず、楽団の内部事情に不明な部分が多いからである。

さて新しく船出したアンサンブルは、以下のような歴代シェフの薫陶を受けて、発展を期すことになった

1. ブジェティスラフ・バカラ（1956～1958）
2. ヤロスラフ・フォーゲル（1959～1962）
3. イルジー・ヴァルトハンス（1962～1978）
4. フランティシェク・イーレク（1978～1983）
5. ペーテル・ヴロンスキー（1983～1991）
6. レオシュ・スワロフスキー（1991～1995）
7. オタカール・トルフリーク（1995～1997）

8. アルド・チェッカート（1997 ～ 2000）

 ＊客演指揮者の時代（2000 ～ 2002）

9. ペーテル・アルトリヒテル（2002 ～ 2009）

10. アレクサンドル・マルコヴィチ（2009 ～ ）

 （なお桂冠指揮者として、以下の二人が任じられている。）

 ＊（2002 年～ ）＝カスパー・リヒター

 ＊（2007 ～ 2010）＝チャールズ・マッケラス

　一見して分かる通り、歴代シェフの半分以上が共産圏に属していた時代の人々であり、個々の活躍ぶりが自由主義圏にはあまり伝わってこなかった。

　そのためオーケストラによっては、草創期から冷戦体制崩壊までの内情が詳しくリサーチ出来ないものもあり、FB もまさしくその例の 1 つである。そこで本稿では、FB 広報担当の提供した資料で明らかにされた部分だけを基に、歴代シェフの各論を進めることにしたい。

　FB のシーズンはほぼ一貫して、ベセダ・ホールで 1 シーズン 40 公演、ヤナーチェク歌劇場で 25 公演、その他国内外への楽旅、プラハの春（チェコ音楽祭）への出演、録音等で占められている。

　従って歴代シェフ達はすべからく、そのルーティン（日常の義務）をこなしてきた、ということになるが、その実態の細部は残念ながら上記の政治事情により、明らかにされてこなかった。

　ただ演奏のライヴはチェコ・ラジオを通じて頻繁に放送され、さらに商業録音もかなり早い時期から開始 (主としてスプラフォン・レーベル) されているため、草創期から中盤までのシェフ達の実力は、容易に判断できる。

　初代から 3 代目にかけては在任期間が短く、目立った業績と思えるものはないが、4 代目のイーレクからは録音も多く、かなり活発な活動を見せていたことが推測可能だ。

　それでも同団がグローバルな演奏サーキットで注目を集め始めたのは、やはり6 代目のスワロフスキー (彼は 2015 年度の日本ツアーにも帯同した) やその後のチェッカート、そしてアルトリヒテルの治世下に於いて、である。

　2015 年度シーズン現在 (12 月 7 日)、112 人の常勤楽員を抱える FB は、ヨーロッパ最大の楽団の 1 つ。そして「ヤナーチェクのオーケストラ」、と称される場合が多い。その呼称は、同団のグローバルな活動が本格化するようになった、からである。

　その推進役は、特にアルトリヒテルだが、それ以外に客演陣（特に、C・マッケラスの功績は大きい）を強化したこと、でもある。

　さて現在のシェフ＝マルコヴィチ。彼はカトヴェツ (ポーランド) で行われた、

76　　18. ブルノ・フィルハーモニック管弦楽団

第7回グレゴルツ・フィテルベルグ国際指揮コンクールの覇者である。1975年8月7日生まれの40歳で、これから中堅へ向かう人物だ。

　幅広いレパートリーの持ち主で、交響管弦楽は言うまでもなく、オペラそしてバレエにと、かなりの実績を積んで来た。

　しかしそれでも、上位のメジャー・アンサンブルへの客演経験がまだ乏しく、本格的な評価はこれから、というところである。

　＊推薦ディスク

1. 歌劇「ギリシャ受難劇」全曲（マルチヌー）：(S) H・フィールド、(T) J・ミッチソン、サー・チャールズ・マッケラス指揮

2. シンフォニエッタ、ドナウ交響曲、魂のさすらい、他（ヤナーチェク）：F・イーレク指揮

3. 「タリボール」全曲（スメタナ）：V・スメターチェク指揮

4. 「タラス・ブーリバ」「アダージョ」序曲「嫉妬」（ヤナーチェク）：F・イーレク指揮

5. 「ガイーヌ」「仮面舞踏会」より、他（ハチャトゥリアン）：J・ビエロフラーベク指揮

19. チェコ・ナショナル交響楽団
(CESKY NARODNI SYMFONICKY ORCHESTR
= CZECH NATIONAL SYMPHONY ORCHESTRA)

　プラハに拠点を置くオーケストラ、「チェコ・ナショナル交響楽団」（以下CNSO）が創設されたのは1993年、その前年にスロヴァキアとの間で連邦解消が決まり、翌年（すなわち1993年）の1月にチェコ共和国が成立した時であった。

　従ってCNSOの出発は、国家の成立と同じ年、ということになる。本稿が進んでいる2015年12月10日現在で、同団は創立22回目のシーズン中だ。世界のメジャアー楽団中でも、最も若い楽団の1つ、と言える。

　同団の創設者は、気鋭のトランペット奏者ヤン・ハーズネル（Jan Hasenohrl）。彼はこれからやって来る「自由な世界」の中で、最高レヴェルのアンサンブルを満喫すべく、精力的に楽員をリクルート、初代シェフに名匠ズデニェク・コシュラーを招いて、未来へ向かう楽団CNSOを創設したのだった。

　創立第1回目のコンサートが開かれたのは、1993年11月10日。指揮者はコシュラーではなくウラディミール・ヴァーレクで、会場はプラハ市内のルドルフヌム

77

にあるドボルザーク・ホールであった。

同団の Archive にその詳細な TIMELINE が紹介されているが、それによると CNSO の歴代シェフは以下の 3 人である。

1. ズデニェク・コシュラー（1993 〜 1995）
2. ポール・フリーマン（1996 〜 2007）
3. リボル・ペシェク（2007 〜 ）

新楽団の初公演をヴァーレクに譲ったとはいえ、初代シェフに実力者コシュラーを招請したのは、祖国の楽壇を長期的に盛り上げて行こうとする、創立者の気合を窺わせるものだ。

カリスマ性には欠けるものの、コシュラーの堅実かつバランスのとれた指揮ぶりは秀逸で、我が国でも東京都響の首席客演指揮者を務めるなど、毎年のように来日していたが、1995 年 7 月 2 日、CNSO 在任中に急逝した。

同団就任間もなくからドボルザークやスメタナ作品の録音を開始、在任が長期化すればかなりのディスコグラフィを築いたものと思われる。

また同団は彼の下で、発足直後から国内外への楽旅をも開始。既存のメジャー楽団同様の活発な活動を展開した。

ところで同団の活動内容が他のそれと異なる点は、レパートリーがシリアスな、いわゆるクラシカルのスタンダード作品ばかりではなく、映画音楽やジャズ、あるいはブロードウエイ等のヒット・ナンバーまでをカヴァーしていることだ。簡単に言えば、正当派のシンフォニー・オーケストラが、ポピュラー音楽をもレパートリーの中心に据えている、というヨーロッパでは新しいスタイルの運営方法である。

そのため客層は幅広く、その硬軟取り混ぜたプログラム編成を続けることで、CNSO はこれまでのチェコ楽界には存在しなかった形の、フレキシブルな企画を提供するアンサンブルとして認知されて行く。

しかしそれは、クラシカルの本道を専門に録音するには、アンサンブルに緻密さが欠けているから、ということでは決してない。これまでに発表した数多くの録音を聴けば、そのことが理解できると思う。

それはともかく、CNSO はまた、邦人アーティストとの交流が特に緊密である。すなわち邦人の新人そして中堅の実力独奏家との録音を、積極的に進めて来たからだ。録音会社の方針と言ってしまえばそれまでだが、しかしそのことは明らかに、東欧を中心にグローバル・スケールでの邦人の紹介に一役買っている。

その例には、ザッと挙げただけも、ピアノの館野泉、ヴァイオリンの川畠成通、チェロの長谷川陽子、そして指揮の井上喜惟や西本智実等がいる。僅か 20 シーズンを少し超えただけのアンサンブルのディスコグラフィ（2015 年 12 月現在で、

既に50点を越えている。）に、これだけの邦人が起用されてきた。いくら企業の事業方針とはいえ、極めて珍しい出来事である。

さて急逝したコシュラーの後任を務めたのは、アメリカ人のP・フリーマン。1967年ミトロプーロス国際指揮者コンクールを制して、欧米各地で要職をこなしてあとのCNSO入りだった。

定期シリーズでは、特にアメリカン・テイストをふんだんに取り入れた多彩なプログラムを組み、聴衆の人気を集めた。CNSOのポストは、1987年自ら創立したシカゴ・シンフォニエッタの音楽監督との兼務。

彼はそんな激務の中を、メキシコをはじめとする国外への楽旅を頻繁に行い、同団の名声向上にも力を尽くしている。

しかも彼は両者をうまく纏め上げる一方、黒人音楽に関する研究をも続ける等、それまで未開拓の分野へも貢献した。彼のリサーチの成果は、シカゴ・コロンビア・カレッジ内にある「黒人音楽研究センター」に保管され、同分野の研究者達に利用されている。

10シーズン在任したフリーマンの後任は、1933年チェコ生まれの82歳L・ペシェク。地元プラハの音楽院で、スメターチェック、アンチェル、そしてノイマンらに師事し、プラハ室内管を創設して音楽監督となり、スロヴァキア・フィル、チェコ・フィル、ロイヤル・リバプール・フィルの各首席指揮者を歴任してきた、チェコ楽壇の重鎮である。

今の彼は、CNSO以外のメジャー楽団に客演を続けながら、主として演奏される機会の少ない作品を積極的に取り上げ、比較的無名の自国出身の作曲家達の作品の紹介に力を入れ、その傍らプラハ・プロムス音楽祭を主宰している。

＊推薦ディスク

1. ピアノ協奏曲第2番（ラフマニノフ）、ピアノ協奏曲（グリーグ）：(Pf.)館野泉、井上喜惟・指揮
2. 幻想交響曲（ベルリオーズ）：西本智実・指揮
3. チェロ協奏曲（ドボルザーク）：(Vc.)長谷川陽子、M・ロータ指揮
4. 交響曲第5番（マーラー）：L・ペシェク指揮
5. タップ・ダンス協奏曲（M・グールド）：P・フリーマン指揮

20. チェコ・フィルハーモニック管弦楽団
(CESKA FILHARMONIE = CZECH PHILHARMONIC ORCHESTRA)

　1993 年チェコスロヴァキアは、チェコとスロヴァキアに分離、それぞれ独立国となった。チェコはチョコ共和国となり、現在は NATO、EU、OECD に加盟、中欧 4 か国からなる「ヴィシェグラード・グループ」の一員でもある。

　同国を形成しているのは、首都プラハを中心とした「Cechy」（ラテン語で「ボヘミア」）、ブルノを中心とした「Morava」（同「モラヴィア」）、更にポーランド近郊地帯の「Slezsko」（同「シレジア」）の 3 地方だ。

　今次大戦後のチェコの国家形成史を俯瞰すると、1946 年に総選挙で共産党が第一党に選出され、1948 年に共産主義政権が誕生。1960 年に正式国名をチェコ社会主義共和国と改称し、1968 年にはドプチェク第一書記の指導で始まった「プラハの春」と呼ばれる自由化・民主化路線を敷くも、ワルシャワ条約機構のチェコ侵攻により圧殺される。

　その後誕生したスロヴァキア人によるフサーク政権が、正常化体制路線を推進。秘密警察網の整備強化による密告を奨励し、たちまち東独と並ぶ警察国家に変貌する。

　しかし 1989 年の「ビロード革命」により「共産党体制が崩壊」、翌 1990 年には複数政党制による自由選挙が行われ、1992 年民主スロヴァキア同盟が勝利を収め、「チェコ」と「スロヴァキア」の分離が決定的となり、1993 年ついに上記の両国へ平和的に分離（ビロード離婚）したという展開を辿る。

　そして現在のチェコは、議会によって選出される大統領を国家元首とする、共和国として歩んでいる。

　そのような国家体制激変の下、チェコの看板アンサンブルともいえる「チェコ・フィルハーモニック」（CF）は生き延びてきた。CF にとって演奏活動とは、社会と直結した行為であり、演奏家も万人同様「社会的人間」なのである。両者は不即不離、命運を共にする存在であることを、チェコの国史同様、同団の楽団史も証明しているのだ。

　1988 年から激化した民主化運動では、反体制知識人達が結成した「市民フォーラム」を積極支援。学生や労働者のためのマチネー・コンサートを多数行なったり、共産党政権を打倒するまで予約定期公演をボイコットする等、CF は当時の音楽監督ヴァツラフ・ノイマンを中心に、民主化のための戦いの先頭に立ったのである。

　目まぐるしい政争が時代の背景にあっても、チェコの音楽芸術は不滅なのだ。そして CF はいつも、その先導役を果たしてきた。それは同団が発足した 1881 年

から変わらない。何時の時代も、芸術を弾圧する権力と対峙し、闘い続けてきた。

その伝統を持つ CF が産声を上げたのは、1881 年にプラハ国民歌劇場が開場した時である。その専属楽団として、同団も創設されたのだ。

プラハの街ではそれ以前から既に、オーケストラ結成への動きは見られていた。が、いずれも資金難やその他の条件が壁となり、実現までには至っていなかった。

そこで同劇場の運営委員会は、オペラ活動とは別に、市民の期待に応える形で、コンサート活動をも検討する。そしてその結果、3 年後に「チェコ・フィルハーモニック」の名称の下、劇場専属楽団によるコンサートの実施を決定。しかしそれが実現したのは、更にそれから 2 年後の 1896 年 1 月 4 日であった。

その第一回目の公演の指揮を執ったのはドボルザーク。同企画は 1901 年まで継続され、多くの客演指揮者のバトンにより、計 23 回の公演が提供された。

ところが 1901 年、劇場専属楽団はオペラ総監督のカレル・コヴァロヴィチと対立。その結果、多数の楽員が解雇される。そしてその出来事がもとで同団は独立し、「チェコ・フィルハーモニック」の名称の下、活動を始めることになった。

独立後第 1 回目のコンサートが開かれたのは、1901 年 10 月 15 日。指揮を執ったのは、ルドヴィーク・ヴィステスラフ・チェランスキーであった。

以後 CF は、次の歴代シェフ達の下で、チェコを代表する世界の看板楽団として、幾多の世界の巨匠達の芸術のみならず、同国の社会情勢をも忠実に写し出す鏡の役目を果たしながら、今日的栄光の道を進むことになる。

1. ルドヴィーク・ヴィステスラフ・チェランスキー（1901 ～ 1902）
2. オスカー・ネドヴァル（1902）
3. ヴィレム・ゼネマック（1902 ～ 1918）
4. ルドヴィーク・ヴィステスラフ・チェランスキー（1918 ～ 1919）
5. ヴァツラフ・ターリヒ（1919 ～ 1941）
6. カレル・セイナ（1941 ～ 1942）
7. ラファエル・クーベリック（1942 ～ 1948）＊ 1945 年チェコ・フィルは国立となり、1948 年クーベリックは社会主義体制に反発、祖国を離れる。）
8. ヴァツラフ・ノイマン（1948 ～ 1949）
9. カレル・セイナ（1949 ～ 1950）
10. カレル・アンチェル（1950 ～ 1968）＊ 1968 年チェコ動乱のため、カナダへ亡命する。
11. ヴァツラフ・ノイマン（1968 ～ 1990）
12. イルジー・ビエロフラーベック（1990 ～ 1993）
13. ゲルト・アルブレヒト（1993 ～ 1996）
14. ウラディーミル・アシュケナージ（1996 ～ 2003）

15. ズデネク・マカール（2003 ～ 2007）
　　＊客演指揮者の時代（2007 ～ 2009）
16. エリアフ・インバル（2009 ～ 2012）
17. イルジー・ビエロフラーベク（2012 ～ ）

　2015 ～ 16 年度のシーズンまでに CF は、実に詳細な指揮者との交流の記録を、3 部構成で編集公表している。それはいわば、旧ソ連の衛星国及び共産主義支配体制の国々の、演奏芸術 (特にオーケストラ) との関わりの一端（あくまでも一端であり、決して細部まで突っ込んだものではない）を表すものだ。

　内容が表層的とはいえ、東西冷戦下でグローバルな人材がいかに苦汁をなめたか、あるいは凡百の指揮者や独奏家達が権力者に擁護され、恵まれた生活を送ったかが、それらの行間からは読み取れる。

　特に CF のような実力集団はそうで、その組織 (勿論楽員を中心に) 全体は、芸術家である前に 1 人の社会的人間として、自らの信じる芸術を守るため、時には命さえ賭して権力者と連戦の日々を過ごしたのだった。そしてその内容も、充分とは言えないまでも、ある程度記録されている。

　それは他に類例を見ない、演奏芸術家の自主的な社会との関わりを記録した、人類の貴重な財産と言えると思う。

　さてこれから歴代シェフ達の実績に触れながら、そのことにも随時言及して行くことにしたい。

　まずチェランスキーだが、彼は初代と 4 代目の 2 期、シェフに招かれている。しかしその在任期間は、両期を合わせて僅か 2 シーズンだけであった。

　彼の後任ネドバルは、彼自身の推薦によるもの。しかしこれまた僅か 1 シーズン在任しただけである。この辺りの事情は不明だが、草創期の、しかもアンサンブルを安定させねばならない時期に、このような人事を断行した例は他にない。

　しかしその焦りからか、続くゼマネックは 16 シーズンの在任を果たした。とはいえ、第 1 次大戦や経済不況の影響もあり、組織を維持するだけでも大変だったと思える。そして結果も当然のように、低調そのものに終わった。

　そんな状態を活性化させたのはターリッヒである。彼はまさしく CF 中興の祖、とでも言うべき存在で、組織全体をグレード・アップさせた。具体的には、まずアンサンブルでは、後世 CF 最大の美点と評されることになった弦部を練磨し、定期公演プログラムに様々な工夫 (1 つの例として、レパートリーの中心に自国の作曲家スメタナ、ドボルザークの作品を置いた事が挙げられる。その試みは、国民全体から圧倒的な支持を得た。) を凝らし、国内外への楽旅を増やし、楽団初の録音を開始 (特に 1929 年「我が祖国」全曲、1935 ～ 37 年に「ドボルザーク交響曲全曲」等では世界の注目を集めた。) や放送 (1925 年 5 月 12 日、CF は初めて

チェコスロヴァキア・ラジオに出演。定期公演その他のライブを録音して放送を開始する。以後同番組は国民の期待を集め、更に楽団の財政を潤す一助となった。）と積極的に取り組み、かつ飽くことなく繰り返される組織改編を巧みにかわしながら、楽員のモラル維持に努めた。

彼の着任は 1919 年（すなわちチェコスロヴァキア共和国の成立後）に「チェコ・フィルハーモニック協会」が組織されてからだが、以来シーズン毎に勢いを増す CF に、国内マスコミも後押しを強化し始める。

驚嘆するのは、祖国チェコがドイツ軍に占領されている間も CF が活動を絶やさず、しかもその間演奏したレパートリーの 7 割が、チェコ出身の作曲家の作品だったことである。それだけでも、同団が如何に時の権力者に阿ることなく、自己の主義主張を貫く「抵抗のオーケストラ」であったか、を理解出来ると思う。

さてその中心にいたターリッヒに続き、CF の名を更に高めたのは、27 歳で首席指揮者の座に就いたラファエル・クーベリック。

彼の在任中に特筆すべき出来事は、まず 1946 年、CF 創立 50 周年とチェコスロヴァキア解放を記念して、第 1 回「プラハの春」音楽祭が創設されたことである。若さ溢れるクーベリックは、あらゆる点で意欲的な姿勢を見せ、ターリッヒに比肩するほどの黄金期を齎すかに見えたが、しかし一徹者らしく体制の理不尽さと対立を繰り返し、その 2 シーズン後には祖国を去る。

その結果、彼が祖国に戻り同音楽祭を指揮するまでに、チェコの人々はそれから 42 年の長い年月（復帰の年は 1990 年）を待たねばならなくなった。そしてついに彼が祖国へ戻り、その音楽祭で「我が祖国」を指揮した時、国民は熱狂して彼を迎えたのである。

その公演の模様はライブ録音、録画され、1 つの貴重なドキュメントとして、今でも高く評価されている。

CF がようやく組織的安定化に向かうのは、アンチェルを迎えた時である。彼はプラハの春音楽祭を更に強化し、海外楽旅と録音の両面のスケール・アップを図った。更に楽員には室内楽チームを組織し、その活動にも力を注ぐよう奨励した。

その結果、チェコ・フィル・ソロイスツ、スメタナ弦楽四重奏団、チェコ・ノネット、チェコ合唱団、キューン少年少女合唱団等が次々と組織され、おかげで CF のアンサンブルとレパートリーは格段に向上を遂げる。（1945 ～ 1970 年の間に CF は、のべ 4 大陸 30 か国を訪問して 563 公演、そしてそれに国内での定期公演を合わせると、合計 1169 公演を提供している。そしてその大半が、アンチェルの指揮によるものだった。）

彼の実績はターリッヒに比肩するほど大きなものだが、特に定期公演数を増やし、より多くの市民に音楽を還元しようと努力したことが注目される。だが既述

のように、チェコ事件として知られる「改革運動の挫折」をキッカケに、西側（カナダ）への亡命で CF との時代に幕を引く。

彼の後任ノイマンは、22 シーズンという、楽団史上最長の在任記録を打ち立てた。彼はその間、精力的にスメタナ、ドボルザークら地元作曲家の作品を録音し、世界各地へ楽旅を実施、「東欧屈指の名門 CF」の名声を確立する。

同時に国内の様々な情勢変化をうまく切り抜けながら、地元出身の人材を育成した。その 1 人が、後に彼の後を継ぐビエロフラーベック。しかし当時の彼はキャリア不足に加え、グローバルな名声に欠け、更に名流をゲストに招く吸引力が今一つだった。

そして民主化後 CF は方針を換え、それまで死守してきた「ローカル」中心のシェフ選びから、「国際色」を打ち出すものとした。その結果が、圧倒的なレパートリーを持つドイツ・エッセン生まれのアルブレヒト。彼のシェフ就任は、民主化の象徴のような形で内外の注目を浴びた。

しかしやはり、ユダヤ人社会のチェコでは受け入れられず、結局 3 シーズンのみの在任で降板する。

続いてアシュケナージが招請され、今度は彼もユダヤ人であるところから、国情とは相容れるものとなり、またそのグローバルな人気も手伝って長期の在任が期待された。が、今度は定期公演のプログラム編成や、その他の条件面で問題が生じ、不幸な確執を経て再び降板に追い込まれる。

彼の後任は、地元出身のマカール。しかし彼には就任早々から、前任 2 人とは比較にならぬほどの知名度の低さ、カリスマ性不足、更に大レーベルとの録音契約なし、等の否定的条件が付いてまわった。そして CF も、爆発的な再浮上を果たせずじまいに終わる。

次いでインバルが登場するが、彼の場合、日本のオーケストラ（特にマーラーの交響曲録音）への頻繁な客演等で名を上げてはいたものの、CF のようなメガ・スケール級のアンサンブルのリードは、総じて平凡な内容に終始した。

そして現在のシェフは、1 期目とは比較にならぬほどすっかり成長を遂げ、今では有能な後進（ヤクブ・フルシャー等）を育成したり、「プラハ・フィルハーモニア」管弦楽団を創設するなど、チェコ楽壇の盟主的存在になったビエロフラーベック。

1990 年彼の指揮する CF が、国連大会議場で「我が祖国」全曲公演を筆者は聴いたことがあるが、それと今年 (2015 年) の来日公演での同プログラムを比べ、見事なまでの熟成度を感じた。

CF は良い意味で、「ローカリティ」を貫徹し続けているアンサンブルだ。そしてビエロフラーベックの躍進は、その方針が間違っていないことを証明していると思う。

84　20. チェコ・フィルハーモニック管弦楽団

＊推薦ディスク
1.「我が祖国」全曲（スメタナ）：ヴァツラフ・ターリッヒ指揮
2.「我が祖国」全曲（スメタナ）：カレル・アンチェル指揮
3. 交響曲全集（ドボルザーク）：ヴァツラフ・ノイマン指揮
4.「我が祖国」全曲（スメタナ）：ラファエル・クーベリック指揮
5. 交響曲全集（ドボルザーク）：イルジー・ビエロフラーベック指揮

21. プラハ放送交響楽団
(SYMFONICKY OTCHESTR CESKEHO ROZHLASU
= PRAGUE RADIO SYMPNONY ORCHESTRA)

　千年の歴史を誇るプラハの街。チェコ共和国の首都であり、かつ中央ヨーロッパ有数の世界都市でもある同市は、人口約 120 万人を抱えている。

　二つの世界大戦で深刻な被害にも巻き込まれず、更にその後の資本主義高度経済成長の波をもかいくぐってきた同市内には、ロマネスクから近代に至るまでの、各時代の建築様式が軒を連ねる。人々はその様子を「ヨーロッパの建築博物館の街」と呼び、そして同市はユネスコの世界遺産に登録されている。

　更に同市には、10 団体余りのオーケストラの活動が見られ、それぞれが世界的水準に達したアンサンブルとして、数多くの聴衆を惹きつけてきた。それを現出するものは、祖国チェコの国を上げての音楽教育であり、特に楽器演奏技術の習得を熱心に進める国家の方針に他ならない。そのため同国は厚い演奏予備軍の層を保持しており、それが首都のプラハだけでも十指にあまる演奏団体を生み出す、勢いに繋がるのだ。

　またそのような構図は、上位のアンサンブルが、レヴェル維持に苦しまなくても済む状況を作り出す。下位のアンサンブルから、名手を引き抜くことが出来るからだ。従ってプラハに本拠を置く楽団は、そんな形で生き抜いてきた楽団が殆ど、だと言える。

　1923 年 5 月、分離する前「チェコスロヴァキア」と呼ばれていた国家の時代、プラハの街に常設の放送局が産声を上げた。すると市民の間で、クラシカル音楽コンサートのライヴ中継への期待が高まり、1926 年 10 月 1 日を期して、それが実現した。

　その中継のためのコンサートに出演するための、いわゆる「Radiojournal Orchestra」（定時放送番組用オーケストラ＝以下 PRSO）が編成されたのである。

85

指揮を執ったのは、Jozka Charvat（ヨスカ・シャルバト）で、彼がアンサンブルを整備してあと、初代シェフとしてオタカル・イェレミヤシュが招かれる。

イェレミヤシュは 15 シーズンもの長期間にわたりアンサンブルを鍛えたが、時は戦時という混乱期。そんな時代背景もあって、彼の退任後はシェフ不在の時期が 2 シーズンも続き、その間は客演指揮者を招いてのシーズンを余儀なくされる。

ちなみに同団の歴代シェフは以下の通りだ。

　　＊ヨスカ・シャルヴァト（Jozka Charvat）指揮による放送用定時コンサート
　　（1926 ～ 1929）
　1. オタカル・イェレミヤシュ（1929 ～ 1945）
　　＊客演指揮者の時代（1945 ～ 1947）
　2. カレル・アンチェル（1947 ～ 1950）
　3. アロイス・クリマ（1950 ～ 1975）
　　＊客演指揮者の時代（1975 ～ 1976）
　4. ヤロスラフ・クロムブホルツ（1976 ～ 1978）
　　＊客演指揮者の時代（1978 ～ 1979）
　5. フランチシェク・ヴァイナル（1979 ～ 1985）
　6. ヴラディーミル・ヴァーレク（1985 ～ 2011）＝現在は「名誉首席指揮者」
　7. オンドレイ・レナルト（2011 ～ ）

同団が本格的に組織固めを行いグレードを高めたのは、当然のことだが大戦後である。まずその先陣を切ったのは、巨匠アンチェルだった。

戦前イェレミヤシュが心血を注いで達成した高水準の演奏力は、大戦で粉砕されていた。そのためアンチェルの仕事は、まずその立て直しから始まる。

彼は猛烈な訓練と、プラハの春音楽祭への参加（第 2 回目から常連となる）、あるいは国内外への楽旅の積極化など、楽員の士気を高めるような方策を次々に実践。僅か 3 シーズンという短期の在任だったにもかかわらず、PRSO の演奏水準を、たちまち昔日のそれに引き上げたのであった。

アンチェルの実現した奇跡的なカムバック劇の後、楽団は後任クリマのリードによって、一気に安定度を増していく。激務の放送番組出演と並行して、彼は月 1 回の定期公演シリーズ（現在同団の主要公演会場は、プラハにある「ルドルフィヌムのドボルザーク・ホール」）を定着させる。

国営放送専属という地位を最高度に利用した PRSO のその戦術は、チェコ・フィルをはじめとする国内のそれを、一時期ではあるが大きく凌ぐものとなった。

しかし国情と共にグローバルなコンサート・サーキットが安定度を増すと、定期公演を中心に、次々と名流指揮者やソロイストを続々招く他の団体に、結局太刀打ちできなくなる。

4代目クロムプホルツ、5代目のヴァイナルと続くシェフ人事は、そういう意味で完全に政治的配慮が働いたものであり、芸術上の必要から為されたものではなかった。

組織保全という観点からすれば、政治的配慮を受け入れざるを得ないだろう。しかしPRSOはつまるところ、体制に守られたアンサンブルの悲劇を、後になって味わうことになる。

6代目のヴァーレクは、プラハの音楽アカデミー出身。ヴァツラフ・ノイマン亡き後、チェコ演奏芸術界の次代を担う人物の一人と目され、PRSOでは最長の在任記録を打ち立てた。

彼の治世下で、PRSOは限界に迫るような勢いで、成功に次ぐ成功を収めて行く。

国策会社とも言えるスプラフォンをはじめとする各レーベルへの録音（タイトル数は百点以上）、そして国内外への頻繁な楽旅と、その勢いは留まるところを知らなかった。

退任する前の年（2010年）その巨大な功績に対し、彼はチェコ大統領（ヴァツラフ・クラウス）から勲章を贈られているが、その実績を凌駕するのは並大抵のことではない。

現在のシェフは1942年9月9日生まれのスロヴァキア人、O・レナルトである。我が国の小林研一郎が制した1974年の、「ブダペスト国際指揮者コンクール」で3位となった人物。これまでに、スロヴァキア放送響（首席）、スロヴァキア国立歌劇場音楽監督、スロヴァキア・フィル(首席)、そして我が国の「新星日響」の首席客演指揮者を歴任してきた。

しかし年齢的には既に70代中盤にかかっており、更に就任後5シーズン目を迎える今、目の覚めるような飛躍を期待するのは酷だと思われる。それよりむしろ、PRSOに出来るだけ長く腰を据えて、自らの芸術の熟成度を確かめて欲しいと思う。

それに加え、彼の後で次代のポストを窺うチェコとスロヴァキアの若い才能に、出来るだけ多く指揮の機会を作って欲しいものである。

＊推薦ディスク
1. 交響曲全集（ドボルザーク）：V・ヴァーレク指揮
2. ピアノ協奏曲集（トマーシェク）：(Pf)・ヤン・シモン：V・ヴァーレク指揮
3. 交響曲全集（マルチヌー）：V・ヴァーレク指揮
4. 管弦楽作品集（スメタナ）：V・ヴァーレク指揮
5. 「グラゴール・ミサ」（ヤナーチェク）：(S) A・ダンコヴァー、(T) T・ユハース、他：T・ネトピル指揮

22. プラハ交響楽団

(SYMFONICKY ORCHESTR HL.M.PRAHY
= PRAGUE SYMPHONY ORCHESTRA)

1934年指揮者ルドルフ・ペカレクはプラハで、映画（Film）、オペラ（Opera）そしてコンサート（Koncert）の3分野で突出した活動の出来る楽団の創設を目指し、腕利き奏者を集めてオーディションを行った。その結果、国家の看板楽団チェコ・フィルハーモニックに比肩するアンサンブル＝FOK交響楽団が誕生する。

創立当初、同団の活動の柱は主としてラジオ放送出演（1934年から第二次世界大戦が勃発するまで、週に数時間の定時放送番組を任され、それは同団にとって最も重要な収入源であった）、映画音楽（同じく1942年までに同団は、チェコスロヴァキアで製作された映画＝約200本＝の音楽を録音している）、オペラ伴奏の三つ。そしてそれらの間隙を縫って行う、一般向けのコンサート、の世種類であった。

そのような形の広範囲な活動は、演奏の場を数多く確保し、演奏水準を高く維持して行くことに繋がり、更に独自の音色を作り出し、フレキシビリティの面でも向上した。すると結果的に、楽員の士気が高まるようになり、チェコ・フィルに追いつき追い越せ、といった機運を産む。

だがそんな同団の行く手を阻んだのが、今世紀最大の犯罪集団ナチスであった。1942年、そのナチスは、楽団創設者のペカレクを強制収容所に送ったばかりか、FOKの名称を「プラハ・ドイツ・オペレッタ管弦楽団」（PDOO）に改称する、という暴挙に出たのである。

更に1944年にはオペレッタの上演を中止、今度は何と軍需産業の中核を成すオストマルク工場へ同団楽員を移送し、強制労働に従事させてしまう。

しかし移送された楽員達は大戦の勝利を信じて耐え抜き、戦後は解放されて間もなく演奏活動を再開する。その公演を含め、対ナチスとの心理戦でリーダーを務めたのは、チェコが生んだ（ブルノ生まれ）大指揮者の1人、ヴァツラフ・スメターチェックであった。

彼は戦前の1936年、FOKとは既にジャロスラフ・イエジーク、ハンス・クローシャ、パーヴェル・ヴェルコヴィッツ、ボイスラス・マルティヌーら、当時チェコで活躍する現役作曲家の作品を精力的に紹介する等、意欲的な活動を展開、その実力を認められていた。

そんな関係を背景に、戦後の混迷期を乗り越える際、FOKは彼と強力なタッグを組むことになる。そしてFOKは、次の歴代シェフ達を迎えて戦後復興を果たし

ながら、今度はソ連の衛星国として新たな国内問題に直面し、更にそれを乗り越えて今日的成功を招来する基礎作りに邁進したのだった。

1. ルドルフ・ペカレク（1934 ～ 1942）
2. ヴァツラフ・スメターチェック（1942 ～ 1972）
3. ラディスラフ・スロヴァーク（1972 ～ 1976）
4. インドルジヒ・ローハン（1976 ～ 1977）
5. イルジー・ビエロフラーベック（1977 ～ 1989）
   ＊客演指揮者の時代（1989 ～ 1990）
6. ペーテル・アルトリヒテル（1990 ～ 1992）
7. マルティン・トゥルノフスキー（1992 ～ 1995）
8. ガエターノ・デログ（1995 ～ 1998）
   ＊客演指揮者の時代（1998 ～ 2001）
9. セルジュ・ボド（2001 ～ 2006）
10. イルジー・コウト（2006 ～ 2013）
11. ムハイ・タン（2013 ～ 2014）＝イルジー・コウトが体調不良を理由に降板したため、1シーズンのみ抜擢された。
    ＊客演指揮者の時代（2014 ～ 2015）
12. ピエタリ・インキネン（2015 ～ ）

　既述の通り、戦後の混乱期を、チェコのカラヤンと言われたスメターチェック、とのコンビネーションで乗り越えたFOK。アンサンブルの整備は順調に進み、加えて組織的には1952年の1月1日を期して国営化され、楽団の名称も「プラハ交響楽団」（PSO）へと改められ、次々と飛躍へのお膳立てが整えられていく。

　そしてスメターチェックは増々猛訓練を施し、内外の名流指揮者、独奏家を定期公演やその他のプログラムに招いた。その結果、楽員の士気は一層高まり、これまで目標にしていたチェコ・フィルとの関係も、ライヴァルのそれから、チェコを代表する楽団の座を巡る競争のそれ、へと変わって行った。

　楽員にとって名指揮者であるスメターチェックは、同時に名教師でもあった。彼は国内外への楽旅を増やし、他流試合で評価されることにより、PSO楽員のモラルを高めるように努めた。

　こうして彼は、30シーズンという最長在任記録を残し、PSOのポストを降りる。だがその後も彼は1986年に亡くなるまで、PSOへの客演を続けていた。

　同団にとってスメターチェックとの出会いは、幸福と不幸の両面を与えている。幸福な面は、草創期に、しかも30シーズンという長期間、シェフとして在任したこと。そして不幸な面とは、彼に匹敵するほどのカリスマ性を備えたシェフが、彼の降板後見つからない事である。

期待されたビエロフラーベックにしても、10シーズンの在任期間だとはいえ、そのインパクトはかなり柔かいものであった。その点は他のシェフ達にも言えることで、原因はやはり、祖国がソビエト体制の傘下にあり、アンサンブルの精度を上げるための優れた人材(楽員)を、自国内あるいは社会主義国内にのみ求めねばならなかった、というシステムだった。

その点は「ローカリティ優先」という、音色の独自性を保持するのに最適な方法なので、確かに長所ではある。しかしアンサンブルの精度を高めるには、やはり外部の血を注ぐことが最良の方法なのだ。当時のPSOの向上を阻んでいた大きな理由として、そのことが挙げられても当然だと思う。

結論を先に言うと、最も期待された当時のビエロフラーベックも、更にその後任のアルトリヒテル(ヤナーチェック演奏芸術アカデミー出身、1976年のブザンソン国際指揮コンクール銀賞)も、スメターチェックに比肩できるレヴェルではなく、PSOに残した実績と言えば、せいぜい彼の遺産をそっくりそのまま受け継ぎ、それを失わないよう力を尽くしたことである。(そして結局、そんな状況下では、あらゆる面で独自性を貫くこと等、出来なかったと思える。)

それ以後の各シェフ達は、全て短期の在任に終わっている。これまた自らの理想とする独自性の発露、組織改革等の実践と実現は、殆ど無理な話である。そのことを証明するかのように、定期公演の内容、楽旅、そして録音と、いずれの面も低調に推移した。

一つの希望は、青年指揮者インキネンをシェフに招いたことだ。1980年フィンランド生まれの彼は、弱冠27歳でニュージーランド交響楽団のMD(音楽監督)に抜擢され、以後猛烈なスピードで世界中のアンサンブル、オペラ団を振りまくっている。我が国にも日本フィルでの活躍で話題となったが、今やグローバル・スケールで世界のメジャー楽団の次代を担う才能の一人だ。

彼の魅力は何と言っても、レパートリーの広さにある。これからは、それを駆使し、録音を連発してくれると思う。彼をリクルートしたことで、PSOは忘れていた活力を一気に取り戻して行きそうだ。

＊推薦ディスク

1.「ペール・ギュント」全曲(グリーグ):V・スメターチェック指揮
2.ヴァイオリン協奏曲(グラズーノフ)、同第2番(ヴィエニャフスキ):(Vn.)イダ・ヘンデル、V・スメターチェック指揮
3.「スターバト・マーテル」(ドボルザーク):J・ビエロフラーベック指揮
4.「レクイエム」(シュニトケ)他:J・ビエロフラーベック指揮
5.「チェコ歌曲集」「同合唱曲集」(スメタナ):Z・コシュラー指揮

23. デンマーク国立交響楽団
(DR SYMFONIORKESTRET
= DANISH NATIONAL SYMPHONY ORCHESTRA)

デンマーク語で「商人たちの港」を意味するコペンハーゲンは、市域人口 55 万 7,920 人、都市圏人口約 195 万人（いずれも 2012 年度の調査に拠る）を数える北ヨーロッパ最大級の街である。

同市には世界的な海運会社 A.P. モラー・マースク、ビール会社のカールスバーグ、製薬会社の「ノボノルディスク」等の本社があり、デンマーク王国 (人口 540 万人) 経済の中心機能を形成している。

その一方で、同市は我が国では、まず最も有名な世界 3 大がっかりの 1 つ「アンデルセンの人魚姫の像」に続いて「ストロイエ」（コペンハーゲン中心地の歩行者天国で、北欧一の繁華街といわれる）、「コペンハーゲン・ジャズ・フェスティバル」、そして「性差別のない国」、「同性愛者のコミュニティが存在する国」など「新しい様々なライフ・スタイル」が存在する国の看板都市、としても知られている。

だが演奏芸術の分野は、歴史的な「Det Kongelige Teater= 王立劇場」(＝デンマーク王立バレエ団の本拠)、そしてオペラハウスは昔から存在したものの、世界水準に達したアンサンブルの誕生が、長い間見られなかった。

その中でようやく、550 年余の歴史を持つグローバル・スケールのアンサンブル、デンマーク王立管＝ DRO の活動が本格化していくわけだが、物事にはどんな場合でもライヴァルリー (好敵手) の存在が不可欠である。そして 1925 年、国王の息の掛かったバンドの向こうを張って登場したのが、「デンマーク国立交響楽団」(以下 DNSO)。

（現在同団は、その名称の他に「デンマーク放送交響楽団」又は「DR SymfoniOrkestret」＝英語名では、「Danish National Symphony Orchestra」＝とも呼ばれている）であった。

同団創設の提唱者は歌手のエミール・ホルム。それに音楽家仲間のオットー・フェッセル、ルドルフ・ディエッツ・マン、そしてフォルマー・イェンセンらが加わり、「デンマーク放送協会」に本拠を置く、常勤楽員のみで編成する楽団を発足させたのだった。

かくて首都コペンハーゲンでは、オペラと管弦楽の分野を往来する DRO と、コンサート中心のアンサンブル＝ DNSO という、2 つの国際級オーケストラが凌ぎを削る構図が生まれるが、後者は発足時の楽員数が僅か 11 人という弱小団体 (指揮を任されたのは、ラウニー・グロンダール) であった。

希望に燃える DNSO は、創設した年の暮れまでに楽員数を 30 人に増やし、1927 年に創立第 1 回目のコンサートを開き、そしてその翌年には毎週定期公演を行うという、スピード成長ぶりを発揮。更に 1930 年になると、E・ホルムは名指揮者のニコライ・マルコを口説き、グロンダールに代わる指揮者の役目を引き受けるよう頼んだ。

　（その 1930 年代には、ドイツから亡命してきたフリッツ・ブッシュが、マルコと協力して数多くの公演を指揮している。）

　第 2 次大戦後は、社会的に安定度が高まるにつれ、DNSO の組織力も強化されて行く。そして同団は 1948 年度シーズン終了までに、楽員数 92 人を誇る大オーケストラへと変貌を遂げるが、常勤の音楽監督や首席指揮者のポストは、依然として設置されずじまいであった。

　その 2 つのうち首席指揮者（PC）のポストが設けられたのは、ようやく 1967 年になってからである。そしてその PC を含め、創立当時から不定期に指揮を任された面々を加えると、DNSO の歴代専任指揮者のリストは次の通りとなる。

　　＊ラウニー・グロンダール（1925 ～ 1956）
　　＊エミール・リーセン（1927 ～ 1936）
　　＊エリック・トゥクセン（1936 ～ 1957）
　　＊モーゲンス・ヴォルディケ（1950 ～ 1976）
　　＊トーマス・イェンセン（1957 ～ 19639
{ 首席指揮者制導入後の歴代シェフ }
1. ヘルベルト・ブロムッシュテット（1967 ～ 1977）
　　＊客演指揮者の時代（1977 ～ 1986）
2. ランベルト・ガルデルリ（1986 ～ 1988）
3. レイフ・セーゲルシュタム（1988 ～ 1995）
4. ウルフ・シルマー（1995 ～ 1998）
　　＊客演指揮者の時代（1998 ～ 2000）
5. ゲルト・アルブレヒト（2000 ～ 2004）
6. トーマス・ダウスゴー（2004 ～ 2011）
　　＊客演指揮者の時代（2011 ～ 2012）
7. ラファエル・フリューベック・ブルゴス（2012 ～ 2014）
　　＊客演指揮者の時代（2014 ～ 2017）＝現在の首席客演指揮者はユーリ・テミルカーノフ
8. ファビオ・ルイージ（2017 ～ 2020 ＝ただし、これは初回の在任期間契約であり、其の期間が延長される可能性は残されている）

PC システムを導入してから約半世紀。そのポストに招かれた人々はいずれも、

かなりの実力者揃いである。特に初代 PC に大物中の大物、アンサンブル作りの達人＝ブロムシュテットを招聘したのは、DNSO の将来を決める大ヒットであった。

更にオペラにめっぽう強いガルデルリ、北欧作品のエキスパート＝セーゲルシュタム、そして全方位型のアルブレヒトと、PC 人事面は抜かりなく進められている。

また流石放送局専属のアンサンブルだけあって録音点数が多く（その短い歴史の割には、2015 年 11 月現在で既に 100 点以上を越えているほどだ。）、国際的知名度を上げるのに、大きな役割を果たしていることを忘れてはならない

ただ問題は、歴代 PC の大半が、短い在任期間に終わっているということであった。特に最後のデ・ブルゴスの場合、これから飛翔を予感させる時期に体調を崩し、引退そして死去してしまったのは残念である。

現在 DNSO は、超ベテランでロシア指揮界の巨人＝テミルカーノフを繋ぎ役に充て、次代の指揮界を担う巨匠候補の一人 F・ルイージの着任を待っているところだ。

＊推薦ディスク

1. 交響曲第 1 番、第 2 番、第 3 番（ニールセン）：H・ブロムシュテット指揮
2. 「序曲と前奏曲集」（ワーグナー）：G・アルブレヒト指揮
3. 交響曲全集、管弦楽曲集（ニールセン）：T・ダウスゴー指揮
4. ピアノ協奏曲(シューマン)、ピアノ協奏曲第 2 番(ショパン)：(Pf)・クララ・ハスキル、R・クーベリック指揮
5. 「アラジン」（全曲）（ニールセン）：G・ロジェストヴェンスキー指揮

24. 王立デンマーク管弦楽団
(ROYAL DANISH ORCHESTRA = DET KONGELIGE KAPEL)

2015 ～ 2016 年のシーズン、デンマークの王立管弦楽団（RDO）は、創立 568 年目を迎える。名実共に世界最古のオーケストラだ。

1448 年に創設された同団は、言わば王侯貴族の慰みもの的な存在であったが、それが時を越え、営々 5 世紀半以上も存続してきたのである。その事実だけで、音楽が人間にとっていかに必要かつ不可欠な存在なのかを、認識できるのではなかろうか。

RDO を有するデンマーク王国は、ヨーロッパ北部のユトランド半島と、約 5 百の島々から成る人口僅か 540 万の、バイキングの国である。全土は肥沃な平地で高緯度地方だが、北太平洋海流の影響で温帯に属し、夏は乾燥した日々、冬は雨

や霧の日が多い。

かつて北ヨーロッパ・バルト海沿岸、ドイツ北部、アイスランド、グリーンランドまでの広大な領土を誇ったデンマーク。

しかし16世紀以降は、スウェーデン、ノルウェー、アイスランド等の分離独立を次々に許し、国力の衰えを余儀なくされた。そして現在も、政治の面では、小党分立状態が続いている。

だがそのような中にあっても頑固で粘り強い国民性は変わらず、優れた多くの伝統を頑なに守って来た。そしてRDOも、そのような国民性が芸術に対して抱き続けて来たものの、結晶体である。

さてここから550年以上の歴史を誇る楽団の沿革史に移るが、歴代シェフ達の数が多いのに加え、また楽団そのものも、国家の浮沈と共に、そのサイズすら目まぐるしく変化（例えば、楽員数が10人だった時期もあれば、60～70人編成を通した時代もある、という具合）しているため、本稿ではTroels Svendsenが制作したRDOの公式タイムライン（年表）を元に、出来るだけ簡潔な形で纏める事にする。

まず楽団の創設年はクリスチャン2世が国王に即位した1448年で、内容は12人のトランペット、ケトルドラム奏者、及び6人のトロンボーン奏者による、いわば小編成の宮廷専属編成であった。

その後の同団の発展は、国王の音楽に対する関心の度合いに左右されて行く。デンマーク国王は総じて、クラシカルの保護育成にかなり力を入れて来たが、初期の頃特に熱心だったのは、クリスチャン3世と同4世であった。

彼らは専属楽団のみでなく、宮廷合唱団の援助育成にも力を入れ、かつ外国からも優秀な音楽家を招いて、RDOのレヴェル・アップに努めた。特に後者は楽員数を61名に増員、イギリスから作曲家のジョン・ドーランドを招くなど、かなりのテコ入れを行っている。

しかし30年戦争（1618～48）が勃発すると、RDOはたちまち規模縮小に追い込まれ、演奏活動も低調を極めるようになった。

そんな状態から立ち上がるのは、1558年＝クリスチャン4世が即位し、彼の命令で木管アンサアンブルが編成され、トランペット奏者16人、歌手30人、その他の楽器奏者31人編成とスケール・アップを遂げた時である。だがそれでも固定楽員数は僅か9人を数えるのみで、演目により増減を繰り返すという形は、依然として元のままであった。

しかしその形はやがて変わることになる。宮廷で舞踏会やその他の催し物が増加したからだ。更に国王フレデリック4世がオペラやバレエをも楽しむようになり、宮廷楽団も新たにその分野での働きを求められていく。

94　24. 王立デンマーク管弦楽団

そして厳密に常任と呼べるほどの地位ではないが、RDO の専従としての関わりがかなり明確な人々が登場するのは、この時期からである。そのためそれらの面々をクロノロジカルに並べ、現代の常任シェフまで繋げると次のようになる。

　　＊ヨハン・アドルフ・シャイベ（1740 ～ 1747）
　　＊ピエトロ・ミノッティ・ピエロ・スカラブリーニ（1747 ～ 1766）
　　＊ヨハン・エルンスト・ハートマン（1766 ～ 1785）
　　＊ヨハン・ゴッドリーブ・ナウマン（1785 ～ 1787）
　　＊ヨーハン・アブラハム・ペーター・シュルツ（1787 ～ 1795）
　　＊フリードリヒ・ルートヴィヒ・エリウス・クンツェン（1795 ～ 1817）
　　＊クラウス・ショール（1817 ～ 1834）
　　＊ペーター・フンケ、イベール・ブレダル、ヨーシュ・フローリヒ（1834 ～
　　　42）
　　＊フランツ・グラザー（1842 ～ 1861）
　　＊ニールス・W・ゲーデ（1861 ～ 1863）
　　＊ホルゲン・シモン・パウリ（1863 ～ 1883）
　　＊ヨーハン・セヴェリン・スヴェンセン（1883 ～ 1908）＝組織的によう
　　　く安定期を迎えたのは、このノルウェイ人指揮者が、頻繁に指揮するよう
　　　になってからである。）
　　＊フレデリック・ラング（1908 ～ 1914）
　　＊ゲオルグ・ホーベルヒ（1914 ～ 1930）
　　＊ヨーハン・ハイ・クヌドセン（1925 ～ 1930）
　　＊エジスト・タンゴ（1930 ～ 1932）
　　＊ヨーハン・ハイ・クヌドセン（1932 ～ 1972）
　　＊ジョン・フランドセン（1946 ～ 1980）
　　＊パーヴォ・ベルグルンド（1993 ～ 1998）＝ RDO 史上初の首席指揮者
　　＊ミシェル・シェーンヴァント（2000 ～ 2011）＝首席指揮者
　　＊ミヒャエル・ボーダー（2012 ～ ）＝首席指揮者

　上述のフレデリック4世は、演奏を楽しむばかりではなく、外国のオペラや演劇更に管弦楽の新作をコペンハーゲンに紹介することにも、熱心に取り組んでいる。

　その情熱は留まることを知らず、1701 ～ 03 年にかけてオペラ座を建設。RDOだけでなく、外来団体にも上演の機会を与えたり、ドイツから作曲家のラインハルト・カイザーを招聘、コペンハーゲン楽壇の活性化を図ったりした。（歴代のデンマーク国王には飛び抜けて音楽愛好家の数が多く、中には実際に指揮者や独奏者を務める程、プロはだしの存在も見られる。例えば 1970 年、フレデリク9世

は指揮者として RDO の公演を定期的に指揮、同年 3 月 8 日のコンサートでは、皇太子のヘンリックを独奏者に起用、ベートーヴェンのピアノ協奏曲第 3 番を指揮しているほどだ。)

RDO はその後、主としてオペラの伴奏に従事、楽員数も 40 人にスケール・アップ。J・A・シャイベ (ドイツ人作曲家兼指揮者) のバトンで活動を続け、更にイタリアから P・ミノッティ、P・スカラプリーニを迎え、徐々にグレードを高めた。

同団が本格的にスケール・アップを加速させたのは、1766 年国王クリスチャン 7 世の死後である。その推進役を務めたのは、指揮と作曲の両面でリーダーシップを執っていた J・E・ハートマンであった。

組織拡充はその後も続き、1769 年にはオペラ座と王立劇場の専属楽団に昇格、1817 年には C・ショールを迎え、楽団史上最重要なプロジェクトを始める。

つまり彼は RDO を劇場から連れ出し、一般の聴衆を相手にした本格的な管弦楽コンサートをも実施したのだ。その試みはシリーズ化され、プログラムも順次増やされて行った。

しかもその際ショールは楽員にユニフォームを着用させ、また自身も指揮者として初めてバトンを使用した。言ってみればショールは、現代に続く様々なオーケストラの形態を確立した、コンサート・ビジネスの革命家だったのである。

それに加えショール体制下の RDO では、もう一つ重要な出来事があった。彼の就任後 3 シーズン目に、カール・マリア・ヴォン・ウェーバーが指揮台に登場。なんと出来たての「魔弾の射手」序曲の手書き楽譜を、自らのバトンで詳解したのである。

ショールが惜しまれながら離任したあとも、彼が始めたコンサート・シリーズは継続され、充実の度合いを益々高めて行った。そして 1850 年、RDO は独自に音楽協会を組織、ティヴォリ・コンサート・ホールを会場に、コンサート・シリーズを展開。市民の圧倒的な支持を得る。だがその後に招かれた指揮者達はいずれも平凡又は低調に終わり、再浮上の機会の訪れは、J・スヴェンセンが登場するまで待たねばならなかった。

彼は RDO に最初の本格的な黄金時代を齎した人物である。RDO の持つ宮廷の専属楽団というカラーを薄め、大衆のためのオーケストラ、というイメージを植え付けた。かくて同団は、スヴェンセンが君臨した 25 年間という歳月の中で、市民楽団としての活動を史上初めて定着させることになり、同時に世界的な演奏団体を目指すことになったのである。

スヴェンセンの棒の下で、RDO は新旧の交響曲をプログラムの中心に据え、1894 年から精力的にオーケストラ単独公演を実施。数多くの名流ゲストを次々に招いて、市民の期待に応えた。(なお作曲家カール・ニールセンが、同団の第 2 ヴァ

96　24. 王立デンマーク管弦楽団

イオリン奏者及び指揮者として活動していたのも、このスヴェンセン治世下でのことである。）

　彼の後任2人、ラングそしてホーベルヒも前任者の方針を受け継ぎ、特に後者はラフマニノフをはじめ、B・ワルター、K・ムック、H・クナッパーツブッシュ、F・シャルク、ストラヴィンスキー、E・クライバー、ストコフスキー、そしてフルトヴェングラーと、大スター指揮者を招き市民を熱狂の渦に巻き込んでいる。

　このようにゲスト指揮者には世界の名流を並べたものの、RDOは結局、その歴史を通じて常任指揮者（音楽監督）に鍛えられることなく、今日を迎えている。が、その演奏水準は高く、これまでに録音した数多くのディスクにそれが刻印されてきた。

　また2度の世界大戦で迎えた危機に際しても、不屈の闘志でそれを乗り越え、中でもJ・フランドセン（34シーズンに亘ってRDOを率いた）の働きは特筆に値する。

　同団にようやく定位置＝首席指揮者のポストが設けられたのは1993年。P・ベルグルンドを迎えた時である。希少な左利きの指揮者でシベリウスのスペシャリスト＝ベルグルンドは、常に緻密なスコア・リーディングで楽員と対峙。アンサンブルの精度を一気に高めた。

　彼の在任は僅か5シーズンという短期間に終わったが、後任シェーンヴァントは11シーズン君臨。ワーグナーの「指輪」全曲録音などでも知られる彼は、その豊富なレパートリーで、RDOのフレキシビリティを向上させる。

　そして現在の首席指揮者はボーダー。実をいうとボーダーより先に、シェーンヴァントの後任として、別の人物が決まっていた。ヤクブ・フルシャーである。だがフルシャーは、楽団側の予算削減などに抗議して就任を拒否。着任寸前に契約を破棄してしまい、RDO側は急遽ボーダーを新首席指揮者に起用したという次第。

　そのような混乱の後の人事だけに先行きが不安視されるが、ボーダーは実力でそれを乗り越えて行くしかない。

　＊推薦ディスク

1. 交響曲第8番「未完成」（シューベルト）他：フレデリク9世（デンマーク国王）指揮
2. 交響曲第100番「軍隊」（ハイドン）他：N・マルコ指揮
3. ピアノ協奏曲第22、第24番（モーツァルト）：E・フィッシャー（指揮とピアノ）
4. 交響曲第4番（ブラームス）他：O・クレンペラー指揮
5. 交響曲全集（ニールセン）：P・ベルグルンド指揮

25. エストニア国立交響楽団

(EESTI RIIKLIK SUMFOONIAORKESTER
= ESTONIAN NATIONAL SYMPHONY ORCHESTRA)

　バルト3国の中で最も北に位置するエストニア。同地にドイツ騎士団が入植を始めたのは13世紀初頭である。以後発展した同国の現在に至るTimelineは、以下の通りだ。

　　＊デンマーク統治下（北部＝13世紀前半〜14世紀前半）
　　＊スウェーデンに編入される（エストニア地域全体＝17世紀初頭）
　　＊ロシア帝国の支配下に入る（1700〜1721年の北方戦争の結果）
　　＊自治権が認められる（1917年のロシア革命による）
　　＊タルトゥ平和条約の下、独立する(1920年2月：ソヴィエト・ロシア間で締結)
　　＊ソ連を構成する共和国となる（1940年）
　　＊独ソ戦でドイツに占領され、傀儡政権誕生（1941年）
　　＊ソ連軍の侵攻でドイツ軍敗退、再度ソ連に占領され、以後ソヴィエト化
　　　（1944年）
　　＊ペレストロイカの進行に伴い、「歌による革命」（「歌いながらの革命」とも
　　　言われる）運動拡大始まる（1987）〜主権宣言（1988）〜独立移行宣言（1990
　　　年3月）〜ソ連が独立を承認(1991年9月)〜新憲法採択さる(1992年6月)
　　　〜EU,NATOに加盟（2004年）

　国家の正式名称は「エストニア共和国」。134万人の人口を持ち、タリンを首都(同市の人口は約43万人＝2013年度調査に拠る）に定めている。

　国民の言語構成は、エストニア語（50.1％）、ロシア語（46.7％）その他、となっており、人種のそれはエストニア人（54.9％）、ロシア人（36.5％）、そして残りがウクライナ人、ベラルーシ人、フィンランド人、その他、という具合である。

　そのような背景を持つ人々が、国家を共産主義から資本主義へ移行させ、経済状況を大きく変貌させて来たのだ。そしてそのような国情が、同国の楽壇に影響を及ぼさぬはずがない。

　そもそも同国の革命（＝ソ連からの独立）は、上述したように、歌を歌うことによって成就されたものである。具体的には、1980年代後半、ソ連崩壊の兆しと共に始まった独立の気運の中で、1988年30万の人々がタリン郊外の「歌の原」に結集、ソ連に禁止されていたエストニア民謡を歌い、その翌年にはタリン、リガ、ヴィリニュスのバルト3国の3都市を「人間の鎖」で結ぶ運動に100万人が参加、そして「歌いながら革命」を成し遂げたのだ。

現在のエストニアは、情報技術（IT）産業を中心に（同国は「バルト海のシリコン・バレー」と呼ばれているほどで、首都タリンはカリフォーニア州シリコンバレーの都市ロス・ガトスと姉妹都市の関係を結んでいる。また Skype＝スカイプ＝が開発されたのもタリンで、e ストニアと呼ばれるほど、ソフトウエアの開発が盛んだ。）、観光産業、海運業等を基にした国作りで知られる。

さて同地で最初にクラシカル音楽が登場するのは、今から約 100 年程前の頃だ。早くも作曲家の活躍が見られ、クラシカル音楽作品では、ルドルフ・トビアスの「ジュリアス・シーザー」やアルトゥール・カープの「ドン・カルロス」等の傑作が書かれ、タリン市内の劇場で上演されるなど、国民の演奏芸術に対する関心は高かったようである。

しかし常設楽団の誕生までにはまだ至っておらず、劇場でのオペラ伴奏を務める小編成のバンドを除き、一般の聴衆を対象にした定期公演を提供できるプロ団体の誕生は、ロシア革命後のことである。

具体的な記録としては、まず 1926 年 12 月 18 日、後の ENSO（エストニア国立交響楽団）の基となる弦楽トリオが創設され、同日その初公演（リーダーはヒューゴ・シュッツ）が、首都タリンのラジオ放送局から流された時だった。

以後同団は徐々にスケール・アップを遂げ、1939 年までには 39 人の楽員を抱える組織となり、名称もラジオ放送交響楽団（RSO）と変え、放送用の演奏録音（当時指揮を執ったのは、主として地元出身のライモンド・カル、ジュアン・アーヴィク等であった）に従事する。

更にそれから RSO は、市内のエストニア劇場に属するオーケストラと合同公演を行うようになり、活動の範囲を広げながらレパートリーを増やした。

そして 1939 年、同団はついに常設化を目指して、当時地元楽壇の中心人物だったオラフ・ルーツを初代シェフに招き、大戦中であるにも拘らず、放送出演の他に一般の聴衆を対象にした公演を提供する。

また戦火を避けてタリンからヤロスラフ市へ移住していた RSO の楽員達が、1942 年同地で楽員を募り、シンフォニエッタの名称で楽団を組織した。そのシンフォニエッタは終戦まじかの 1944 年秋、古巣のタリンへ戻って RSO と合流する。

そして同団は「エストニア放送交響楽団」（ERSO）と名称を変え、再び従来通りの放送用演奏録音に従事する事となった。それは 1975 年に ENSO へと変更されるまで、正式な名称となった。

さて世界大戦、革命が引き起こした内戦と、多くの障害を乗り越えて、ENSO のポディアムを守った歴代シェフ達は、以下の面々である。

1. オラフ・ルーツ（1939 〜 1943）
2. ポール・カープ（1944 〜 1950）

3. ロマン・マツォフ（1950～1963）

4. ネーメ・ヤルヴィ（1963～1979）

　　＊客演指揮者の時代（1979～1980）

5. ペーテル・リリエ（1980～1990）

　　＊客演指揮者の時代（1990～1991）

6. レオ・クラマー（1991～1993）

7. アルヴォ・ヴォルマー（1993～2001）

8. ニコライ・アレクセイエフ（2001～2010）

9. ネーメ・ヤルヴィ（2010～　）

　初代シェフとして戦前戦中の混乱期をリードしたルーツは、1910年2月26日生まれのエストニアン作曲家及び、パリでアルフレッド・コルトーに師事したピアニストでもあった。

　20代末期にERSOを引き受けた彼は、ウィーンで指揮をワインガルトナー、ザルツブルグでニコライ・マルコに師事、更に同団のシェフに就いてからも、再びザルツブルクに赴き、クレメンス・クラウスに師事するという研鑽ぶりを見せる。

　その情熱はERSO在任中も変わらず、おかげで同団は短期間のうちに、水準を挙げることが出来た。驚くのはERSO退任後の活動ぶりである。彼は乞われて何と南米コロンビアへ赴き、同地の大学で教鞭を執ったり、首都ボゴタの交響楽団の指揮者となってアンサンブルを育成し、同地に骨を埋めている。

　2代目のカープは、ひたすら戦後の揺籃期をアンサンブルの再建に費やした。ソヴィエトの圧力をかわしながら組織を守り、放送出演で水準の向上ぶりを絶えず確認したのである。

　続くマツォフは、本名をロマン・ヴォリデマロヴィチ・マツォフという、ペトログラード生まれ(1917)のヴァイオリニスト兼ピアニスト、そして指揮者でもあった。

　ドイツ・バルティック系の家系の出で、クーレンカンプ、ギーゼキングらに師事する等、華々しいキャリアの持ち主だった。

　最初はERSOのコンサートマスターを務めていたが、のち指揮に転向、1948年の全ソ指揮者コンクールを制し、1950年までにはエストニア放送交響楽団の常連として活動を続けた。

　ERSO就任後、彼はまず楽員数を増やし（1956年度シーズンまでに、同団の楽員数は90人にまで達している）、定期公演を多彩なものにして、聴衆の支持を得た。即ち、それまで楽団は当局の指示により、多くのロシアン・レパートリーを演奏していたが、マツォフはその方針を大きく転換する。

　即ちバッハの声楽曲をはじめ、ベートーヴェンやブラームス、出来るだけ多く

の作曲家の作品を紹介したのであった。

マツォフの後任は、名実共に ENSO の大黒柱となる N・ヤルヴィ。息子二人（パーヴォとクリスチャン）が指揮者、娘（マーリカ）は器楽奏者という、奇蹟的な音楽一家の主でもある父ヤルヴィは、母国のタリン音楽在学中（1960）にエストニア放送響（現 ERSO）に入団、その打楽器奏者として音楽家としてのキャリアを始めている。

その後レニングラード音楽院でムラヴィンスキーに指揮を学び、本格的なデビュー後は、世界を股にかけた八面六臂の活躍を展開するわけだが、ENSO のシェフを 2 度務めることになった。

そしてその合計在任期間は、今シーズン（＝ 2015 〜 16）を含め、21 年になる。いずれの在任も、ERSO の発展を促す、強力なものとなった。

最大の特徴はやはり、録音点数の多さである。それに楽旅、放送出演、そして特別公演（例えば、エストニア・ソング・フェスティヴァル等が挙げられる）の多さだ。それらの試みは全て、聴衆と常に繋がろうとする、彼の考えに基ずくものである。

2 期目の今も、「カラヤン以後の世代で、最も録音点数の多い指揮者」という評価は変わらず、逆にますます強まっているが、ENSO の今日的発展は、彼の存在抜きには語れないものだ。

5 代目リリエ（エストニア人）、6 代目クラマー（ドイツ人）、そして 7 代目ヴォルマーの 3 人のうち、楽団への貢献度が最も高かったのは、地元タリン出身のヴォルマーである。1962 年 11 月 4 日生まれの指揮者だが、在任 8 シーズンの中でかなりの実績を残した。

特に注目されるのは、知名度の低い地元あるいは北欧出身の作曲家の作品（主として交響曲）を積極的に録音したことだ。中でも、リーヴィ・マデトリ、エドアルド・トウビン、そしてシベリウスらの交響曲全集は出色の出来栄えである。

8 代目のアレクセーエフは、1982 年のカラヤン・コンクールの覇者。ENSO では予想通り、ロシアン・プログラムで勝負した。彼の持ち味は、簡単に言うと「脱ローカル色」。ENSO 在任中も世界各地へ客演に出かけ、いわゆる「国際派」として活動。

また国内外への楽旅を推進し、特にイタリアと北米へのそれは成功を収め、ENSO の声価を急激に高めた。

そして 2015 〜 16 年度シーズン現在のシェフは再び父ヤルヴィ。彼の占めるポストの正式名称は、芸術監督兼首席指揮者だ。それに首席客演指揮者のオラリー・エルツ、芸術顧問としてパーヴォ・ヤルヴィが控えている。

　＊推薦ディスク

1. 交響曲全集（トウヴィン）：A・ヴォルマー指揮
2. ペール・ギュント組曲（グリーグ）：P・ヤルヴィ指揮
3. カンタータ（ショスタコーヴィチ）：P・ヤルヴィ指揮
4. レミンカイネン組曲（シベリウス）；P・ヤルヴィ指揮
5. ピアノ協奏曲第 1 番（チャイコフスキー / リスト）：(Pf.) インデレク・ラウル、
   A・ヴォルマー指揮

26. ヨーロピアン・ユニオン青少年管弦楽団
(EUROPEAN UNION YOUTH ORCHESTRA)

　2016 年の今、ヨーロッパは中東（シリア等）からの難民、そして IS（ISLAMIC STATE＝イスラム国）の卑劣極まるテロリズムの波状攻撃で、揺れに揺れている。

　状況は今と少々異なるが、1992 年 9 月 20 日も揺れていた。理由は、EC 統合、すなわち、一つのヨーロッパを創出するために、当時フランスの大統領だったミッテランをはじめ、欧州各国の指導者たちが、それぞれの内部事情の対応に苦慮しながら、その実現を目指していたから、である。

　しかし状況はかなり否定的で、これまた当時 Japan Money を懐に、世界の経済界で驚異的な地位を築き上げ、しかも留まるところを知らぬ勢いさえ見せていた日本に、対抗して行くため EC 創出は不可避だ、とミッテランは主張し続けていたのだった。

　EC，それはまず、国境線を自由に越えることを可能にし、通貨を制定し、更には共通語の創出まで、その構想には入っていた。が、それを実現するまでの道程は、予想をはるかに超えた厳しいもので、（政治的決着は、何を決めるにしろ、時間のかかるものとはいえ）討議開始早々から通貨問題で破綻を来しそうな雲行きであった。

　ところがそんな中で、芸術の分野は流石に異なっていた。「芸術に国境なし」というキマリ文句が、極めてスンナリと、EC（現在は EU）のアイディア、を実現したのである。

　すなわち、ヨーロッパ共同体青少年管弦楽団（ECYO ＝現在は European Union Youth Orchestra=EUYO）が、まずその結晶体として登場する。同団はいわば、ヨーロッパ 12 か国の若い才能を結集し創設した、「ALL STAR ORCHESTRA」と、言うことになった。

　勿論、それぞれの国によって、演奏水準あるいは音楽教育のレヴェルは異なるが、

演奏者の選抜には「最善と次善をうまく使い分けて」、楽員数が特定の国に偏重しないよう、配慮されてきた。

従って、当時混迷の極にあった EC 統合への話し合いを見るにつけ、ECYO（以下 EUYO）が成し遂げた仕事の見事さが、一層光り輝いていたような感じがした。

更に素晴らしかったのは、同団の指揮スタッフであった。クラシカルはヨーロッパなり、本家の力を見よ、と言わんばかりに世界の指揮界を牛耳る面々が、実に易々と若いアンサンブルを鍛えに馳せ参じている。

しかもその纏め役は、ベルリン・フィル（BPO）、ウィーン・フィル（WP または VPO）を手中にしたアバドであった。（換言すればアバドは、世界演奏サーキットの頂点にある前記 2 つの楽団と、更にヨーロッパの若手ベスト・メンバーの集団、EUYO をも手に入れたわけであった。極めたポジションの計量だけで判断すれば、アバドはカラヤン以上の成功を収めた、とは言えないだろうか？）

彼がシェフを務めたことにより、EUYO には更に第一級のソロイストが続々招かれ、その陣容は各国の主要楽団のラインアップと比べても、大差のないものとなった。

付言すれば、生前のフォン・カラヤン、そしてバーンスタインも、EUYO と深く関わっていた。特にカラヤンは、殊の外熱心に指導した、といわれている。

ちなみに過去現在を合わせ、EUYO との関係に熱心な人々の例を挙げると、まず G・ショルティ、B・ハイティンク、C・M・ジュリーニ、R・ムーティ、Z・メータらがいる。

そして同団はこれからも、こういった"超"の付く、名流指揮者達に鍛えられ、そのグレードを益々高めて行くに違いない。（と思っていたところ、悲劇的なニュースが飛び込んで来た。本稿に取り掛かってから間もなく＝ 2016 年 5 月 12 日、同団は何と、これからの財源確保が不可能になった、という理由で、2016 年 9 月 1 日を以て活動を中止（要するに解散）する決定を下したのである。それはまさに、栄えある創立 40 周年を記念し、4 年がかりで行われている全欧州楽旅を終える時、となる模様だ。）

しかし筆者は復活を信じて、またこの「まさに国境を越えて、全ヨーロッパが才能を送り込んで結成した EUYO」の沿革、及びその歴代シェフ達について述べておくことにしたい。

理由は、「同団の存在が、限定的ではあるが、人類の英知が到達した一つの結晶体であり、そのような楽団こそ、ヨーロッパ楽壇のエキスを注入した共同体として価値がある」、と考えるからだ。

それではまず楽団そのものの創設に至る過程、についてから述べよう。同団の創設は、大英帝国国際青少年財団理事長のライオネルとジョイ・ブライアーの発案、

すなわち「ECYO（＝ EUYO）創設構想案」から始まったものである。

1974 年、同案は欧州の文化及び青少年問題を討議する委員会の席上、バロネス・エレスによって可決された。そして 1976 年 3 月 8 日、欧州議会の本会議期間中に於いて、同案は正式に圧倒的多数で承認され、同年 4 月 22 日、エドワード・ヒースを楽団理事長に選出。本格的に活動を開始したのであった。

EUYO の創設目的及びその理想を端的に言うと、ヨーロッパの理想——すなわち、「A United Community of Nations Working Together for Peace, Harmony, Social Justice and Human Dignity」（＝平和と調和、そして社会正義と人間の尊厳のための、共同作業を実現する国家共同体）——を実現するための団体である。

メンバーの選考作業が早速始められ、それが終わると本格的なトレーニングに入った。

集められたメンベーの演奏水準は流石に高く、リハーサルの時から音作りは熱気に溢れるものとなった。

そしてトレーニングの成果を世に問うため、1978 年には創設後初の世界楽旅が行なわれた。同楽旅の指揮を執ったのは、言うまでもなく C・アバドと、E・ヒースの二人である。以来、EUYO は今日まで、録音、TV 放送、更には大好評の楽旅と、大活躍を続けてきた。

草創期の同団にとって、何よりの強みだったのは、音楽監督（MD）のアバドが、激務のスケジュールを割いて、精力的にトレーニングを施してくれたことである。おかげで同団は、草創期間もない頃から、DGG を始めとする主要レーベルとの録音契約を締結、しかも発表したディスクが、世界の主要な賞を軒並み受賞するという快挙まで付いて来る。

さて EUYO に集うのは、約 4 〜 5 千人の応募者の中から、厳格なオーディションで選ばれた 140 人の正団員である。応募資格は 14 歳から 23 歳までの、現在は 28 か国に上る EC（現在は EU）出身者だ。

最初の頃、楽員のファイナル選抜の指揮を執ったのは、教育担当主任ルッツ・ケラー博士、教育担当主任、そしてディヴィット・ストレンジ教授（英国王立音楽院チェロ科主任教授）の 3 人が担当した。

ところで同団楽員の契約内容を見てみると、全楽員毎年オーディションを受けねばならない、という決まりがある。すなわち楽員の契約は、たったの 1 年なのだ。

更に、同団の活動内容は、その構成メンバーの日常生活を考慮して組まれている。つまり、楽旅やリハーサルは学校の夏休みやイースター休みの期間を利用して実施する、という具合だ。

リハーサルの内容も、セクション別にプロの教師が付きっきりで指導し、グレード・アップにこれ務めている。特にオーケストラ後進国とも言えるギリシャ、ス

104　26. ヨーロピアン・ユニオン青少年管弦楽団

ペイン、ポルトガルの出身者に対しては、精力的にマスタークラスが提供され、レヴェル・アップに貢献してきた。まさしく EUYO ならではのプロジェクトである。

そして同団のメンバーとして活躍した後は、祖国あるいはヨーロッパ各国の主要楽団、そして室内楽団等に入団する（ちなみに、2015 〜 2016 年度シーズンまでに、EUYO 出身の奏者数は、約 3、000 人に上っている）ので、教える側の責任も極めて重大なのだ。

ちなみに EUYO の元メンバーを中核体として、新楽団が続々結成されている。例えば C・アバドによって創設されたヨーロッパ室内楽団(ECO)、G・マーラー・ユーゲント管弦楽団、アウリーン四重奏団、ベル・ムジカ室内楽団、ブロッキー四重奏団、ヨーロッパ木管ソロイスツ、イタリア新管弦楽団等々がそれである。

いずれもヨーロッパ各地でかなりの活躍を展開しており、特に ECO のそれは既に、名流楽団に比肩する人気と実力を備え、DGG 等の主要レーベルから、かなりの点数に上るディスクを連発している。

本家の EUYO は当初、パトロンに EC（現在は EU）12 カ国の首脳（現在は 28 か国の首脳）を擁していた。その関係で各国の親善大使を務め、その公演内容を詳述した 1 シーズン 2 回発行されるブックレットは、それぞれ 40 ページ近くの大冊になっている。

同団は、当然のことだが、これまでにヨーロッパ全域はおろか、4 大陸、43 か国、177 都市、224 会場を巡演しており、将来もそのスタイルは変わらないと思うが、現在 EU と改められた加盟各国（2016 年 5 月 1 日現在 28 か国）の状況を見ると、国家からの援助だけではやがて、運営が破綻を来す可能性がある。

国際級の企業数社からスポンサーシップを得るようになったのも、おそらく将来を見据えた、いわば延命策であった。

目立たないが、そのような企業努力は他の面でも進められてきた。例えば、同団のコンサート用ユニフォームは、デザイン専攻の学生から募集し採用されたものである。

出来る事なら何でも若者を主役に！という思想、意気込みが随所に見られ、一種の推進力を作り出しているところも、普通の同種組織では見られないユニークな点だ。

メンバーは 23 歳で退団しなければならない、というシステムは、アンサンブルを高度に保つ際、かなりの努力を強いるものである。しかし既に述べた様に、その部分は一流指揮者との集中的リハーサル、マスター・クラス等で補完されており、これまで問題はなかった。

さて 2016 年度で EUYO は創設 40 シーズン目を迎えたが、その間同団のアンサンブルを集中的に磨き上げた歴代シェフ達（音楽監督、首席指揮者）は、以下

105

の通りである。

　＊音楽監督
1. クラウディオ・アバド（1976 ～ 1994）
2. ベルナルド・ハイティンク（1994 ～ 2000）＊桂冠指揮者（2015 ～ ）
3. ヴラディーミル・アシュケナージ（2000 ～ 2015）
　＊首席指揮者
1. ヴァシリー・ペトレンコ（2015 ～ ）

　EUYO の未来は即 EU のそれと言っても過言ではないほど、両者の関係はあらゆる面で緊密化している。

　財政問題は勿論だが、ヨーロッパ以外の国々、すなわちアメリカは言うまでもなく、アジアそしてアフリカでさえ、才能ある若手が続々育ち、今や世界の演奏界をリードし始めているからだ。

　指導者のライン・アップを見ると、確かに他には真似のできない布陣ではある。しかし前述の大陸にある諸国（特に南米ベネズエラの「エル・システマ」の育成方法は、驚異的な成果を上げている！）でさえ、そのような Big Name なしで今のレヴェルに到達したのだ。

　EUYO はその点、既に述べた様に、空前絶後とも言える理想的な条件下（2014年からはオーストリアのグラフェネッグ市に夏季の本拠を構え、「ヨーロッパ・ミュージック・キャンパス」を設置して、アンサンブルの練磨に励むことになった。）夏季にある。EU の未来に対する期待と同様、同団の未来への期待、すなわち世界のユース・オーケストラ界でもリーダーの地位を継続すること、を求められて当然だと思う。

　そういう意味で、同団の将来計画を盛り込んだプロジェクト、"Towards 2020"と名付けられたプログラムが始動したことは、大いに注目される。（しかし既に述べたように、同団は閉鎖へ向かって動き出した。一日でも早く、同団を存続させる方法、あるいは資金援助団体、そして個人が現れて欲しいと。切に願わずにはいられない！）

　＊推薦ディスク
1.「テ・デウム」（ベルリオーズ）：(T).F・アライサ、C・アバド指揮
2. ヴァイオリン協奏曲（ブラームス）：(Vn.) 五嶋　龍、V・アシュケナージ指揮
3. 交響曲第９番（マーラー）：B・ハイティンク指揮
4. 交響曲第101番「時計」、第93番（ハイドン）：C・アバド指揮
5.「ピーターと狼」、「古典交響曲」、「軍隊行進曲」、「ヘブライの主題による変奏曲」
　（プロコフィエフ）：(語り) 坂東玉三郎、C・アバド指揮

27. フィンランド放送交響楽団
(RADION SINFONIAORKESTERI
= FINNISH RADIO SYMPHONY ORCHESTRA)

オーロラと白夜の国フィンランドの国土面積は 33 万 8400 平方キロメートル。即ち、我が国のそれ（37 万 7500 平方キロメートル）とほぼ同じである。

しかし同国の人口は、わずかに 533 万。その人数からして、文化面で特にクラシカル音楽が群を抜く勢いにあるとは考えにくい。ところが同国楽壇は現在、世界有数と言えるほどの活況を呈しているのだ。

これまでフィンランドのクラシカル音楽界を象徴し、かつ世界の楽壇にその名を刻印されている作曲家と言えば、1957 年に没したヤン・シベリウスのみである。彼と同時代、あるいはその後に続く作曲家達の大半は、残念ながら彼ほど多くの活躍の場を、国際的な音楽サーキットで与えられては来なかった。

トイヴォ・クーラ（1883 ～ 1918）、エルック・メラルティン（1875 ～ 1937）、ヴァイノ・ライティオ（1891 ～ 1945）、ヴァイノ・ライティオ（1891 ～ 1945）、レーヴィ・マデトヤ（1887 ～ 1947）、セリン・パルムグレン（1878 ～ 1951）、アールレ・メリカント（1893 ～ 1958）、ユリオ・キルピネン（1892 ～ 1959）、そしてウーノ・クラミ（1900 ～ 1961）らの大家達が、その優れた作品を国際的に殆ど知られぬまま没している。

更に第 2 次大戦後も同国楽壇は、目覚ましい発展を見せ、エイナール・エングルンドから始まった新古典主義は、エリック・ベルイマンらのモダニズム、ヨーナス・コッコネンらの多元主義を招来して行く。

現在、フィンランド作曲界で精力的に作品を発表し続け、演奏サーキットで紹介される作曲家は、ザッと挙げてみただけでも 30 人以上はいる。

加えて同国には人口に比して演奏団体の数が多く、クラシカル音楽への国民的支持は強い。従って音楽教育の充実ぶりには目を瞠るものがあり、そのことから将来のクラシカル音楽界で、同国出身の才能の台頭が著しくなることは充分に予想されると思う。

否、今や、クラシカル音楽の時代は「フィンランディア」、と言えるかもしれない。特に指揮界ではそれが顕著になりつつある。

2015 年に惜しくも亡くなった P・ベルグルンドを筆頭に、O・カム、J・パヌーラ、L・セーゲルシュタム、E・P・サロネン、J・P・サラステ、O・ヴァンスカ、P・ペッカネン、S・オラモらがグローバル・スケールで活躍しているからだ。

これだけの人材と国策、そしてそれを後押しする国民の支持が融合すれば、演

奏芸術が発展しない方がおかしい。フィンランド放送交響楽団（以下 FRSO）が成功裏に、毎シーズンを乗り切っているのも、当然そのような背景があるからだと思う。

さてその世界最古の放送用楽団 FRSO が創設されたのは、フィンランド放送（YLE）開局後の翌年、すなわち 1927 年である。創設の目的は、自国音楽文化の育成及び発展の一助となること、であった。

当初は 10 人の楽員で構成され、ピアニストのエルキ・リンコが指揮を執った。リンコはその後、24 シーズンに亘ってバトンを握り、アンサンブル作りに尽力する。ヘルシンキ音楽院でピアノを学んだ彼は、レストランや映画館の専属バンドに参加したり、YLE の音楽ライブラリーで勤務する等、草創期の FRSO には不可欠な存在だった。

彼を含め、FRSO のポディアムに登場した歴代シェフ達は、以下の通りである。

　　＊創設者兼指揮者＝エルキ・リンコ（1927 ～ 1952）

　1. トイヴォ・ハーパネン（1929 ～ 1950）

　　＊常任指揮者＝エリク・クロンヴァール（1944 ～ 1969）

　2. ニルス・エリク・フォグシュテット（1944 ～ 1950 ＝常任指揮者、1950 ～ 1961 ＝首席指揮者）

　　＊客演指揮者の時代（1961 ～ 1962）

　3. パーヴォ・ベルグルンド（1962 ～ 1971）

　4. オッコ・カム（1971 ～ 1977）

　5. レイフ・セーゲルシュタム（1977 ～ 1987）

　6. ユッカ・ペッカ・サラステ（1987 ～ 2001）

　　＊客演指揮者の時代（2001 ～ 2003）

　7. サカリ・オラモ（2003 ～ 2012）

　　＊客演指揮者の時代（2012 ～ 2013）

　8. ハンヌ・リントゥ（2013 ～ ）

リンコ時代の初頭、オーケストラの体裁とは程遠かったバンドも、初代シェフにハーパネンを迎え、1935 年には初の商業録音を行い、それから 50 年代突入を前にする頃には、かなりスケール・アップを遂げて活動を本格化。また 1940 年代からは、国内外への楽旅をも開始した。

そのハーパネンは、1917 年までヘルシンキ・フィルのヴァイオリニスト、として活躍した人物。更にヘルシンキ大学でも教鞭を執っていたが、指揮に転向後は FRSO に集中、アンサンブルの練磨に没頭した。

2 代目のフォグシュテットは、1938 年に YLE へ入局。専属の合唱団を組織し、FRSO 首席指揮者に昇格後は、シベリウス・アカデミーで音楽理論、合唱指揮を教

えながら、同団の定期公演に声楽曲を多数加味してレパートリーを広げ、深化させていく。　──

　3代目のベルグルンドは元放送オーケストラのヴァイオリン奏者。ヘルシンキ生まれの彼は、約10シーズンに亘り、持ち前の粘り強さで緻密な音作りを進め、FRSOのフレキシビリティを格段に向上させた。

　そのベルグルンドの後任に招かれるのは、2シーズン前の1969年、カラヤン国際指揮コンクールを制した期待のカムである。そして彼は、ベルグルンドの手法を踏襲するものと期待されたが、長期在任を望まず、僅か7シーズンで降板した。

　それからセーゲルシュタム、サラステと、割合安定的な治世が続き、そのためFRSOは、ベルグルンドの築いた高水準のアンサンブルを維持することが出来た。（ちなみにセーゲルシュタムは同団で205回、サラステは342回のコンサートを指揮している。＝出典＝Antero Karttunen著「A historical survey of the Finnish Radio Symphony Orchestra 1927〜2002」）

　ところが同団はサラステ後の人事に手間取ってしまい、2シーズンの間、サウンドに多少乱れが生じ始める。そしてそれを救ったのが新シェフ＝オラモであった。

　そもそも彼は、1991年からFRSOでコンサートマスターを務めていた人物。その傍ら指揮法を、名教師ヨルマ・パヌーラに師事、1992年ディプロマを得て、指揮のチャンスを待っていた。

　すると1993年1月、チャンスが到来、急遽FRSOで指揮を執ることになった。そして結果は大成功、オラモは直ぐに1994年の秋のシーズンから、指揮者として契約を申し込まれ、それを受諾する。その後彼のキャリア・メイキングはトントン拍子に進み、FRSOの他にもストックホルム・フィル、バーミンガム市響、BBC響のMDを次々と歴任してきたのは承知の通りだ。

　在任中から、世界各地で引く手あまたとなったオラモは、FRSOのみに集中することが出来ず、その面では少し不満が残る。だが、かなりの点数の録音を残しており、彼の成長の後を辿るには好都合だ。

　増々多忙を極めることになったオラモの後任は、タンペレ・フィルから転出したこれまたフィンランド出身のハンヌ・リントゥ（1967年10月13日生まれ）。

　シベリウス・アカデミー在学中の1994年、27歳でベルゲンのノルディック指揮者コンクールを制し、トゥルク・フィル首席（1998〜2001）、ヘルシンボリ響芸術監督（2002〜2005）、タンペレ・フィル芸術監督兼首席指揮者（2009〜　）を経てのFRSO入りである。

　同団と早くも挙行した来日公演で、そのダイナミックな指揮に魅了されたファンは多いと思うが、両者のコンビネーションによるディスクは既に何枚か世に出ており、勢いは今後増々加速しそうだ。

＊推薦ディスク
1. 交響曲全集（ブルーレイ・ディスク）（シベリウス）：H・リントゥ指揮
2. チェロ協奏曲（エルガー）、同（ドボルザーク）：(Cello 独奏) A・ノラス、J・P・サラステ指揮
3. ヴァイオリン協奏曲、「Nyx」（サロネン）：(Vn 独奏) L・ジョゼフォヴィッツ、E・P・サロネン指揮
4. 管弦楽のための協奏曲、二台のピアノのための協奏曲・他（バルトーク）：(Pf) H・カルッカイネン、P・ユンパネン、(Perc.) R・エルッキラ、T・ファーシェン、S・オラモ指揮
5. ヴァイオリン協奏曲（シベリウス）、同（リンドベルイ）：(Vn 独奏)L・バティアシヴィリ、S・オラモ指揮

28. ヘルシンキ・フィルハーモニック管弦楽団
(HELSINGIN KAUPUNGINORKESTERI
= HELSINKI PHILHARMONIC ORCHESTRA)

スカンジナビア半島の東端に位置するフィンランド共和国（人口約 533 万人）は、陸地の 71％を占める森林と、周囲 200 メートル以上の湖が 6 万余もある国だ。北緯 70 度の地域では、夏の間 73 日も白夜となり、冬には 51 日間も夜が続く。

1 ～ 7 世紀頃、中央アジアから移住してきたフィン人が作った国だが、13 世紀以降はスウェーデン人の支配下に入り、1808 年ロシアの自治領となった。独立を宣言して共和国となったのは、1917 年即ちロシア革命の時である。

第 2 次世界大戦ではソ連に敗れ、国土の 12％を割譲するという屈辱を味わった。それ以来、非同盟中立政策を採り、現在は高水準を保ちつつ、充実した社会保障制度を誇っている。

首都ヘルシンキは人口 61 万 6 千人（但し市域人口は約 140 万人＝いずれも 2013 年度調査に拠る）を抱え、フィンランド最大の都市である。同地で初のアンサンブル（楽員数は 36 人）が結成されたのは、フィンランドが帝政ロシアの一部だった 1882 年。そのリーダー役を務めたのは、当時 25 歳の若き音楽家、ロベルト・カヤヌスであった。

カヤヌスは 21 歳でライプツィヒ、そしてパリに留学。作曲をカール・ライネケ、指揮法をハンス・リヒターに師事。帰国後は、自らの出身地ヘルシンキの楽壇を盛り立てようと意図し、「ヘルシンキ・オーケストラ協会」を創設。自らその

付属楽団の指揮者となって、その後50年という長期在任でアンサンブルの基礎を作り、固め、そして飛躍させたのであった。

彼は計画的に動き、楽員補給基地を目指してオーケストラ学校（1885年）、および付属合唱団（1886年）を次々と創設。そしてその約10年後には「ヘルシンキ・オーケストラ協会」から「ヘルシンキ・フィルハーモニック協会」（HPS）へ名称を変更。HPSは同年を境に、大幅なスケール・アップを遂げ、演奏活動を本格化させていく。

カヤヌスは同団の進歩発展のために、様々な方策を講じた。その中でも特に力を入れたのは、国内外への楽旅プロジェクトである。まず1900年にはパリの万国博覧会で公演、大成功を収めた後、続いてスカンジナビア諸国、ドイツ、オランダ、ベルギーを巡演、次々と大成功を収めたのだった。

カヤヌスの活躍でHPSは俄然注目を集めるようになり、名実共にフィンランドの看板楽団として認知される。そしてその盛況ぶりは更に続くものと期待されたが、そこに立ちはだかったのが、ロシア皇帝ニコラス2世の「ロシア化政策」であった。

既に述べたように、フィンランドは当時ロシアの属領であり、1899年から始まったニコラス2世の同政策で、文化面でもロシア的なものを無理矢理押し付けられた。危機を感じたカヤヌスは早速セントペテルスブルグへ赴き、フィンランド文化に対するロシアの介入を止めるよう、皇帝へ直訴する。

しかしロシア側は強硬な姿勢を崩さず、そのためフィンランドではロシア化政策への反対運動と、ナショナリズムの運動が渦巻くこととなり、20世紀初頭同国の楽壇は総じて混迷の時代となった。

更にHPSにとって最大の危機は、イエオリ・シュネーヴォイクトがヘルシンキ交響楽団(HSO)を創設したことであった。そのためヘルシンキには二つのメジャー楽団がしのぎを削ることになり、カヤヌスはピンチに立たされてしまう。彼はHPSを守るべく必死にロビーングを続け、同時に同団のアンサンブルに練磨をかけ続けた。

しかし1918年、フィンランドが独立を勝ち取ると、ヘルシンキ市はその翌年、経済的な理由から、HPSとHPOの合併を発表。新楽団は、ヘルシンキ・フィルを名乗ることになり、カヤヌスとシュネーヴォイクトの2人が、常任指揮者の地位を分け合うことになった。

以後、HPOの歴史を築くシェフ達は次の通りである。

1. ロベルト・カヤヌス（1882～1932）

2. ロベルト・カヤヌス // イエオリ・シュネーヴォイクト (1919～1932)

3. イエオリ・シュネーヴォイクト（1932～1941）

4. アルマス・ヤルネフェルト（1941 〜 1945）
　　＊客演指揮者の時代（1945 〜 1946）
5. マルッティ・シミーラ（1946 〜 1950）
6. タウノ・ハンニカイネン（1951 〜 1965）
7. ヨルマ・パヌーラ（1965 〜 1972）
　　＊客演指揮者の時代（1972 〜 1975）
8. パーヴォ・ベルグルンド（1975 〜 1978）
9. パーヴォ・ベルグルンド // ウルフ・セーデルブルム（1978 〜 1979）
　　＊客演指揮者の時代（1979 〜 1981）
10. オッコ・カム（1981 〜 1990）
11. セルジュ・コミッショーナ（1990 〜 1994）
　　＊客演指揮者の時代（1994 〜 1995 ＝ヤーノシュ・フェルスト＝首席客演指揮者）
12. レイフ・セーゲルシュタム（1995 〜 2008）
13. ヨン・ストゥールゴールズ（2008 〜 2015）
　　＊客演指揮者の時代（2015 〜 2016）
14. スザンナ・マルッキ（2016 〜 就任予定）

　創設後直ぐに将来計画を固め、それに沿う形で組織拡大を図る一方、1914 年からは行政（ヘルシンキ市）による継続的援助を勝ち取って経営を安定させ、HPSとの合併によって組織力を盤石にしたカヤヌス。彼の努力なしでは、HPO の今日的発展は考えられなかった、といえるだろう。

　また同団にとって幸運だったのは、シベリウスとの緊密な関係を保ったことである。彼の作品の大半が、カヤヌスとシベリウス本人の指揮で紹介された。

　更に HPO は、1963 年のシーズンまで「フィンランド国立オペラ」のピットにも入っており、フレキシビリティに一層磨きをかけていた。

　さてカヤヌスの後任を務めたシュネーヴォイクトだが、彼も前任者同様、情熱的なリードでアンサンブルを向上させている。彼はアメリカをはじめ、国外での活動をも精力的に展開した指揮者だが、HPO では特に新作及びオペラ作品を数多く取り上げてレパートリーを拡大し、教育プログラムと国外楽旅を推進（彼は同団をイギリスやスウェーデンに連れ出した）、楽員の士気を大いに高めた。

　しかし第 2 次大戦の勃発でフィンランドを離れ、バトンはヤルネフェルトに引き継がれて行く。ヤルネフェルトの起用は、いわば戦中の混乱を乗り切るための策、であった。

　ところがフィンランドは大戦でドイツ側についたため、HPO のコンサート・ホール（ヘルシンキ大学講堂）は連合軍の猛爆撃を受けて破壊され、同団も壊滅的な

打撃を蒙った。

　それでもヤルネフェルトはコンサート会場を転々としながら、細々と演奏活動を継続する。そしてその中でシェフの座はシミーラ、それからハンニカイネンへとリレーされて行く。そのハンニカイネンは戦争勃発と同時に渡米、市民権を得ている。

　彼はフィンランド南部のユヴァスキュア生まれ（1986）で、当初は HPO のチェリストを務めていた。指揮活動を本格化させたのは 1922 年頃からで、HPO のシェフに招かれてからは、学校コンサートをはじめとする新企画を次々と実施。市民の期待に大いに応えた。

　更に楽旅にも熱心で、1960 年にはスイス及び東独を訪れ、大成功を収めている・HPO は彼の治世下で大戦前の活力を取り戻し、戦後ヘルシンキの看板オーケストラとしての地位を確立したのだった。

　しかし彼の後任パヌラの時代は低調に推移、せいぜいジョン・バルビローリと組んだヨーロッパ楽旅の成功、が眼を引く程度である。その勢いの低下傾向に歯止めをかけ、再び上昇への道筋を付けたのがベルグルンドだった。

　彼はまず 1972 年に完成した本拠地、フィンランディア・ホール（フィンランディア・タロ）での定期公演を充実させ、次いで録音プロジェクトを積極的に推進。更に自らは国際的キャリアの構築を優先させ、彼の国内での演目を若手（カムやセーデルブルム）に任せた。彼としては若手の育成を図る目的だったが、思わしくない結果に終わる。

　カムの後任はコミッショーナ。アメリカに移住し、ボルティモア響、ヒューストン響の音楽監督（MD）として成功を収めたあと、ビヴァリー・シルズの後任として NY 市立オペラの MD に就任。しかしそこで管理中枢と対立、その後活動の中心をカナダのヴァンクーバーと、ヘルシンキへ移したのだった。

　彼への期待は大きく、そのバトンで HPO は大飛翔するものと思われたが、結果はまたもや不調に終わった。原因はコミッショーナの「アメリカン・スタイルによるアンサンブル育成法であった」と言われている。

　12 代目のシェフに招かれたのはセーゲルシュタム。作曲家でもある彼は、12 シーズンに亘って HPO に君臨。まさしく、中興の祖、的な役割を果たす。彼は持ち味である細密なアプローチと、それまでのシェフ・キャリアで鍛えた知識を融合し、HPO に再々浮上への道を拓いたのだった。

　そしてそのスタイルは次のシェフ、ヨン・ストゥールゴールズに継承される。録音の中にその片鱗が詰め込まれているが、それが更に熟成へ向かおうとする時期に、彼が降板するニュースが流れた。

　後任に決まったのは、同団史上初の女性指揮者、スザンナ・マルッキである。

113

1995 〜 98 年にはヨーテボリ（エーテボリ）響の首席チェリストとして活躍し、その後は指揮に転向、2016 年冬のシーズンからはいよいよ HPO にシェフとして登場する。

これまでの主要なポストには、スタヴェンガル響 MD（2002 〜 2005）、アンサンブル・アンテルコンタンポラン MD（2006 〜 2013）、グルベンキアン財団管首席客演指揮者（2013 〜 2016）等があり、指揮者としてのキャリアは既に十分だ。

＊推薦ディスク

1. 交響曲第 5 番、第 6 番、第 7 番（シベリウス）：P・ベルグルンド指揮
2. 交響曲全集 (シベリウス)：L・セーゲルシュタム指揮
3. 交響曲第 1 番、第 4 番、第 7 番、「悲しきワルツ」（シベリウス）：渡邉暁雄指揮
4. 交響曲第 2 番（マデトヤ）：ヨルマ・パヌーラ指揮
5. チェロ協奏曲第 2 番「地平線に向かって」「呪文」他（ラウタヴァーラ）：(Cello Solo) =T・モルク、J・ストゥールゴールズ指揮

29. ラハティ交響楽団

(SINFONIA LAHTI = LAHTI SYMPHONY ORCHESTRA)

フィンランド（＝フィン人の土地）、パイヤト＝ハメ県の最大都市で、県庁所在地でもあるラハティ市。2015 年 12 月 2 日現在人口 10 万 2 千人 (フィンランド国内第 8 位) を擁する同市は、首都ヘルシンキの北約 100 キロに位置している。

世界的には「ノルディック・スキー」の国際大会が開かれる場所、として知られるが、文化面では最近、「フィンランド屈指のオーケストラ＝ラハティ交響楽団 (LSO ＝楽員数は現在募集中の空席も含め、2015 年 12 月 2 日現在で約 70 名＝定期演奏会場はシベリウス・ホール) の本拠地」、としても名を上げつつある。

同団は "Small-Town Wonder"（＝小さな街の奇跡）と呼ばれる存在だ。1910 年僅か 10 万の街で結成され、世界大戦の終了から 4 年後 (1949 年) に市営化、そして今日まで営々 65 年以上も維持されてきたからである。

しかもその間、BIS レーベルを中心に百点近くの商業録音を完成、国際的な演奏サーキットで堂々他の名流と渡り合い、決定盤の数々を世に送っている。（なお同団事務局が 2015 年度シーズンに発表したレジュメによると、BIS レーベルで録音した同団のディスク売り上げ総数は、2009 年度の秋までに、何と百万枚に達した。）

更に同団の歴代シェフの中からは、オスモ・ヴァンスカを筆頭に、グローバル・

スケールのキャリア、それも演奏サーキットで第一線の実績を積み上げている存在も出て来ている。

1910 年、市内の演奏家・好楽家を中心に結成された LSO が、105 年後の現在までに遂げた驚異的な発展の立役者は次の歴代シェフ達である。しかし創設から市の管轄に入るまでは、コンサートの回数も数えるほどしかなく、しかもそれも不定期なものだった。（いわば、アマチュアの集団である。）

そのため、以下の歴代シェフのリストは、市に移管されて後（つまりプロ化されたあと）のものである。

　　＊客演指揮者の時代（1949 〜 1951）
 1. マルティ・シミーラ（1951 〜 1957）
　　＊客演指揮者の時代（1957 〜 1959）
 2. ウルポ・ペッサネン（1959 〜 1978）
 3. ヨウコ・サーリ（1978 〜 1984）
　　＊客演指揮者の時代（1984 〜 1985 ＝オスモ・ヴァンスカ＝首席客演指揮者）
 4. ウルフ・ソーダルブロム（1985 〜 1988）
 5. オスモ・ヴァンスカ（1988 〜 2008）＝ 2008 年以降は桂冠指揮者
　　＊客演指揮者の時代（2008 〜 2011 ＝ユッカ・ペッカ・サラステ＝首席客演指揮者兼芸術顧問）
 6. オッコ・カム（2011 〜 2016）＝首席指揮者兼芸術監督
 7. ディーマ・スロボデニューク（2016 〜予定）

創設時から市の管理団体となり、ヴァンスカが着任するまでの期間は、LSO にとって、いわば本格的なプロ化に脱皮するための助走の時期であった。その中で組織的な整備および、コンサート・スケジュール等の編成を徐々に本格化し、グローバルな視点を固めつつ、アンサンブルの練磨に精を出しながら、飛翔の時を待っていたのである。

そしてヴァンスカが就任し、その時が到来した。彼は演奏家としてのキャリアをクラリネット奏者で始め、1979 年シベリウス・アカデミーで指揮法を修めたあと、1982 年のブザンソン国際指揮コンクールの覇者となり、その翌年から LSO との関係を深化させていく。

シェフ時代に彼が残した多数の録音は、まさしく活気の漲る瑞々しいものばかり。これから自らの時代を切り拓こうとする、青年指揮者の情熱が随所に感じられる。ヴァンスカは約 20 シーズンに亘って LSO に君臨、アンサンブルを磨き抜き、国内外の楽旅を積極化し、2000 年からは「国際シベリウス音楽祭」を開始（その狙いは「ワーグナー作品だけで固めた、バイロイト音楽祭と同様のスタイル、の創出である」）するなど、国内外から注目を浴び、かつ多くの音楽ファンをラハティ

115

市に呼び込んで経済的にも貢献し、当然なことだが楽員の士気をも一気に高めた。

　その財産はサラステそしてカムに受け継がれ、それらの成果はBISの録音となって世界のマーケットに登場する。(それらの中には、いずれも初稿版による世界初録音、シベリウスの「ヴァイオリン協奏曲、交響曲第5番、交響詩“エン・サガ”」等も含まれており、その3作品の全てが英グラモフォン賞をはじめとする栄誉に輝いている。)

　カムは2015年度の日本公演(LSO初の来日公演は1999年。その後、2003,2006そして2015年と回数を重ねてきた)を指揮、2016年度のシーズンを最後に降板することを発表した。

　それを受けてラハティ市当局のオーケストラ委員会は、早速2015年8月17日会合を開き、彼の後任(国際シベリウス音楽祭の芸術監督をも兼任)にモスクワ生まれのロシア人若手指揮者、D・スロボデニュークの起用を決定、公表する。

　最初はヴァイオンを修め、モスクワ音楽院、シベリウス・アカデミーでイリヤ・ムーシン、ヨルマ・パヌーラ、エサ・ペッカ・サロネンらに指揮法を学んだ彼は、ガリシア管弦楽団音楽監督(2013年度に就任)からの転出で、初回の在任契約は2019年度シーズンまで、となっている。

　既に国立リヨン管、エーテボリ響、オランダ放送管、ルツェルン響、ヘルシンキ・フィル、アイスランド響、フィンランド放送響等に客演実績を残しており、今後の活躍が期待できる精鋭だ。

　＊推薦ディスク

1. サウンド・オブ・シベリウス〜管弦楽曲集(シベリウス):O・ヴァンスカ指揮

2. 交響曲全集（シベリウス）:O・カム指揮

3. シベリウス・エディション（Vol.12）＝交響曲全集・異稿集（シベリウス）:O・ヴァンスカ指揮

4. 交響詩「タピオラ」「吟遊詩人」、劇音楽「テンペスト」（シベリウス):O・ヴァンスカ指揮

5. 交響曲第4番、第5番（ヴァレンティン・シルヴェストロフ）:J・P・サラステ指揮

30. ラムルー管弦楽団

(SOCIETE DES NOUVEAUX – CONCERTS
= CONCERTS LAMOUREUX = THE ORCHESTRE LAMOUREUX)

19世紀のパリでは、3つの楽団が市内の音楽世界を盛り立てていた。1828年に創設され、フランソワ・ハバネクに率いられたコンセルヴァトワールのコンサート、ジュール・パドゥルーが1861年に創設したポピュラー・コンサート、そして1874年エドゥアルド・コロンヌが始めたコンサートがそれである。

不定期に催されるとはいえ、これらのコンサート・シリーズはパリ市民の強い支持を集め、常設オーケストラによる定期的な公演の創出が、次第に期待されるようになって行った。

その期待に応えたのが、1881年に新楽団を編成してコンサート・シリーズを始めた、ヴァイオリニストのシャルル・ラムルーである。彼はコンクールでの入賞歴を持つヴィルトゥオーソであり、パドゥルー管弦楽団の元メンバーであり、パリ・オペラ座の指揮者として活躍した経験の持ち主だった。

彼の率いる楽団は、「ラ・ソシエテ・ヌーヴォ・コンセール」(新コンサート協会)の名称の下、テアトレ・ドゥ・シャトゥ・ドゥエ、共和国会館等を主会場に、ベートーヴェン、ベルリオーズ、ヘンデル、グリュック、チマローザ等の作品を演奏し、人気を集めていた。

ラムルーは1897年までの16シーズン、手兵を徹底的に鍛え上げ、アンサンブルのグレードを高めた。その一方、プログラム編成にも工夫を凝らし、私淑していたワーグナーやベルリオーズの作品を中心に、フランス人作曲家の作品を可能な限り数多く紹介する事も忘れなかった。特にシャブリエやショーソン、そしてガブリエル・フォーレらの作品がその評価を高めたのは、ひとえにラムルーの後押しによるところが大きかった。

パリでの評判が圧倒的なものになると、ラムルーは国外への楽旅を始める。まず最初(1893)の訪問地に選んだのはロシア、次いでロンドン(1896)、という具合に、そのアンサンブルはグローバルな活動を展開して行く。

ラムルーは自ら公演プログラムの指揮を独占し、ゲスト指揮者を招こうとはしなかった。その反面、数多くの客演ソロイストと契約、聴衆の期待に応えた。

しかしそのように八面六臂とも言える活躍を続けるうちに、さしものラムルーも病に斃れ、1897年女婿のカミーユ・シュヴィヤールにシェフの座を譲って引退。そしてその2年後の1899年、ラムルーは終に不帰の客となった。

同年楽団はそれまでの名称を「L'Association des Conserts Lamoureux」(コン

セール・ラムルー協会＝以下 OCL）に改称し、以後それが今日まで続いている。

そしてアンサンブルは、以下の歴代シェフ達によって受け継がれることになった。

1. シャルル・ラムルー（1881 〜 1897）
2. カミーユ・シェヴィラール（1897 〜 1923）
（注）第一次大戦中の 1914 〜 1918 年までは、戦時下の楽員不足のため、コンセール・コロンヌ（コロンヌ管弦楽団）と合同。シュヴィヤールが「コンセール・ラムルーの名称」で、ガブリエル・ピエルネが「コンセール・コロンヌ」の名称で指揮を分け合い、交互にコンサート活動を継続した。
3. ポール・パレー（1923 〜 1928）
4. アルヴェール・ヴォルフ（1928 〜 1934）
　＊客演指揮者の時代（1934 〜 1935）
5. ユジーヌ・ビゴー（1935 〜 1951）
6. ジャン・マルティノン（1951 〜 1957）
7. イゴール・マルケヴィチ（1957 〜 1962）
8. ジャン・バプティスト・マリ（1962 〜 1969）
　＊客演指揮者の時代（1969 〜 1979）
9. ジャン・クロード・ベルネド（1979 〜 1991）
10. ヴァランタン・コージャン（1991 〜 1993）
11. 佐渡　裕（1993 〜 2011）
12. フェイサル・カルイ（2011 〜 ）

ラムルーは引退した後も、度々指揮を執っていた。上述したように、そのラムルーはゲストに指揮を任せなかったが、シェヴィラールはゲスト指揮者の招請に熱心だった。

またフランス人作曲家の新作紹介にも積極的で、ドビュッシーの「夜想曲」（1901年）や、フォーレの「ペレアスとメリザンド」（ソロ管弦楽曲版＝ 1901 年）等、世界初演の例も数多い。

更にシェヴィラールは、フランス人作曲家による 3 本のバレエ作品（ラヴェルの「ダフニスとクロエ」他）をコンサート形式で上演し、大成功を収める等、当時としては画期的な試みにも挑戦し、パリ楽壇に刺激を与えた。

OCL はラムルーによって高度な基礎作りが為され、シェヴィラールの薫陶（彼はフランス物以外にも、マーラー、エルガー、そして R・シュトラウスの作品を頻繁に取り上げ、フレキシビリティをも高めた。）を受けて意欲的、かつ挑戦的なプログラム編成を断行し、芸術面では大躍進を遂げたということができる。

その一方で OCL は、フランチャイズを持たないため、経営面ではかなりの苦戦

を強いられた。創立以来、まるでジプシー楽団のように、市内各所のホール（イーデン劇場、ヌーボー劇場、サラ・ベルナール劇場、共和国劇場等）を転々として公演を続けて来たが、1907年にパリ8区に新築された「サル・ガボー劇場」を本拠に定め、以来同ホールで落ち着くことになった。

第1次大戦後、更に多忙さを増したシェヴィラールは、その実権を次第に若手のパレーに譲って行く。当時のパレーは彼の補佐役的な存在だったが、1920年には正式に指揮者の一人に昇格、1923年シェヴィラールが他界すると、今度は彼の後任に指名された。

就任当時37歳だったパレーは、独創的なプログラム作りで早くから人気を博し、新しい企画（土、日曜のマチネー・シリーズ）を実施したり、若手フランス人作曲家を発掘（G・ビゴー、J・リヴィエール、J・イベール等）する等、次々と注目すべき実績を上げて行った。

彼の後任ヴォルフの時代になると、OCLのレパートリーはガラリと変化する。それまでの特徴だったフランス人作曲家の作品の紹介から、古典のスタンダード作品の演奏へと方針転換がなされたのである。理由は新作の紹介を目的とする国立オーケストラ、フランス国立管が設立されたからだった。

OCLにおけるこのレパートリーの方針転換は、私設楽団の同団にとってかなりの冒険であった。

古典をプログラムの中心に据えると、市民の支持が低下し、かつ楽団はそれまであまり取り上げる機会がなかった大作を、積極的に取り上げて行かねばならなくなる。そして当然のことだが、そのような大作プロジェクトはOCLの財政を圧迫する原因となり、また聴衆動員の点でもかなりのリスクを伴うため、楽員側にもそれなりの覚悟を強いた。

それでもOCLは次々と新機軸を打ち出し、アンサンブルの活性化を図って人気挽回を狙う。その一つが作曲家自身に自作を振らせる、というプロジェクトだった。

その結果、OCLのポディアムには、レスピーギ、ダンディ、ラヴェル、プロコフィエフ等、大物作曲家達がバトンを握った。彼らはOCLで自作の世界初演を振り、内外の注目を集める。（その中には、1932年のシーズンに、ラヴェルが指揮したボレロやピアノ協奏曲＝独奏はマルグリット・ロン＝ロン・ティボー・コンクールの創設者の一人＝も含まれている。更にそのラヴェルは、1932年ボレロをOCLと録音し、大評判となった。）

OCLはヴォルフの後任選びに1年をかけ、その結果、ビゴーが招かれる。彼もフランス人作曲家の作品を重視、フローレン・シュミット、フランソワ・プーランクらを発掘した。

ビゴーの在任期間は記録上は16シーズンという長期のものだが、その内実は世

119

界大戦やその後の混乱の時期に当たっており、更に活動休止状態も頻発したため、実績と呼べるものはごく僅かである。

そして戦後の OCL には、現役作曲家の活動を支援する余裕はなく、プログラムには大衆受けするベートーヴェン、ブラームスそしてワーグナーらと、他のロマン派作品を並べて勝負するしかなかった。

しかしマルティノンが現れると、OCL の様相は一変する。彼は同団の伝統とも言える自国作品を再び重視する方針を貫き、更にバルトークやプロコフィエフ等、同時代の作曲家達に発表の場を提供して行く。また名流指揮者（ショルティやクリップス等）を続々客演させ、動員力を高めた。

マルティノンの尽力で OCL は勢いを取り戻したが、楽団財政は悪化の一途を辿る。そして楽員は結束し、自らの身分保障を勝ち取るため、楽団の運営委員会に楽員代表を送るなどして、経営にも直接参加するようになった。

そんな中でもマルティノンは数多くの録音を敢行、OCL の知名度を更にグローバルなものとして行く。彼の時代は、OCL の歴史の中で、1 つのピークを築くものとなった。

彼の後任マルケヴィチも、前任者に劣らぬ成功を収めている。特に注目されるのは録音面だ。OCL と組んで 40 点以上のディスク（フィリップス・レーベル）を残しており、それらのいずれも完成度の高い物ばかりとなっている。

私設楽団でこれだけ大量の録音を残せる実力アンサアンブル OCL は、その後もドラティ、ミュンシュ、ベンツィらと組み、さらに多くの大ヒット録音を残すが、それを可能にしたのもまた、アンサンブルに容赦のない練磨を掛けたマルケヴィチの力であった。

マルケヴィチは楽旅にも積極的で、ヨーロッパ全域をはじめ、ギリシャ、イギリスそして北米への公演の全てを成功させている。加えてゲスト指揮者の出番を増やし、バーンスタイン、マゼールそしてハイティンクらを招いて、楽員のモラルを高めた。

ところが彼の後任マリは、一転守旧派然としたアプローチを取り、短期間のうちに楽団の上昇ムードを壊してしまう。そしてアンサンブルは、シーズンごとに水準を下げて行く。慌てた楽団側はベテランのパレーに、頻繁に客演を依頼、レヴェルダウンを食い止めようとしたが、時既に遅し、であった。

更にそのような否定的状況を更に悪化させたのが、楽員の高齢化、脆弱な保障条件、等である。楽団は生き残りをかけ、コンサート数を減らす等の方法を講じたが、有効な延命策にはなりえなかった。

そこで発足したのが「芸術評議会」（1979）である。同組織は OCL 存続へ向けての、様々な取り組みを展開することになった。そして決定された主な存続案には、

音楽監督をおかず客演指揮者制で通す事、楽員の若返りを図ること、大衆的に財政支援を求めること、そして創設百周年の祝賀行事の計画立案を行うことなどがあり、その大半が検討され実行された。

客演指揮者制のシーズンを通じ、大半の指揮を執ったのは、楽員の中から選ばれたJ・C・ベルネードとV・コジャンである。その2人の知名度は低く、我が国では殆ど知られていないが、しかしベルネードは注目すべき録音（特にフォーレやショパンの作品）を残す等、かなりの実力者である。

そして2人の尽力で曲がりなりにも存続の危機を脱した頃、楽団理事会は音楽監督制の再開を決め、佐渡裕を招請する。佐渡は8シーズン在任し、その間閉鎖の危機を乗り越えながらアンサンブルを鍛え、昔日の勢いを取り戻す。

彼の後任はフェイサル・カルイ。1971年パリ生まれの彼は、パリ音楽院でM・プラッソンに師事、卒業後はパリ管をはじめとする国内主要楽団をほぼ総なめ。順調にキャリアを伸ばしてきた。OCL着任前はNYシティ・バレエ団の首席指揮者として活躍。

今後彼が果たしてOCLの中興の祖となれるか、その動向が注目される。

＊推薦ディスク

1. 幻想交響曲（ベルリオーズ）：イゴール・マルケヴィチ指揮
2. 管弦楽作品集（イベール）：佐渡裕・指揮
3. 歌劇「ペレアスとメリザンド」（ドビュッシー）：ジャン・フルネ・指揮
4. ピアノ協奏曲第20番、24番（モーツァルト）:(Pf.) クララ・ハスキル、イゴール・マルケヴィチ指揮
5. 「ボレロ」他（ラヴェル）、「狂詩曲スペイン」他（シャブリエ）：佐渡裕・指揮

31. 国立リヨン管弦楽団
(ORCHESTRE NATIONAL DE LYON)

フランス南東部に位置し、49万1千人の人口（都市圏のそれは約165万人＝いずれも2011年度の調査に拠る）を擁するリヨン市。ローヌ＝アルプ地域圏の首府、かつローヌ県庁の所在地でもある同市は、フランス第2の規模を誇る都市だ。そしてフランスの大半の銀行の本店が置かれているほど、同国金融センターの1つでもある。

また我が国との関わりも深い。国家間のレヴェルでは、1855年スペインで蚕の

病が発生した時、大打撃を受けたリヨンの絹織物業者が、病に強い日本の蚕を買い付けに殺到したり、明治政府が1872年富岡製糸工場を建設する際に、リヨン近郊のフランス人技術者を招いて指導を仰ぐ、という交流があった。（1989年以降、国際刑事警察機構＝ICPO＝インターポール＝の本部が置かれているのも同市だ。）

　民間のレヴェルでは、特にリヨンを舞台にした作品「ふらんす物語」を書いた作家・永井荷風との関わりが良く知られている。彼は同市にある横浜正銀行の職員として勤務し、滞在していた経験を持つ。

　更に同じ文学面での出来事だが、これもリヨン大学に学んだ（1950～53）経験のある遠藤周作が、自作の中で同市をしばしば登場させていることは、広く知られている。

　その一方、リヨン市は歴史的に演奏芸術の盛んな所で、小中規模のアンサンブルの編成は既に、17世紀の中頃から見られた。具体的には王立音楽院で20人のヴァイオリニスト、ベーシストを主体にアンサンブルが組まれ、演奏会が行なわれていたのである。

　続いて1714年には、声楽グループ、弦楽合奏団、更にはコンサート協会が組織され、不定期ながらも各々活動を始めている。そしてその動きは、1736年にエチエンヌ・マンジャンが予約定期公演を組織するまで続いた。

　更にA・ル・コウ等の音楽出版社がリヨンに進出したため、フランス革命が勃発するまでの間、同市はさながら同国楽壇の中心地の様相、を呈する様になっていたほどである。

　革命後同市の音楽界は衰退したが、1905年にジョルジュ・マルタン・ヴィトコウスキが創設した「リヨン・グラン・コンサート協会」を中心に、再度盛り返す。そしてその勢いは、ヴィトコウスキが予約定期コンサート・シリーズ（1905～1943）を始めるまでに回復し、更にそれは彼の息子ジャン・ヴィトコウスキに受け継がれ（1943～1953）ていく。

　そのヴィトコウスキ親子が繋いだオーケストラ（これが実質的に、その後幾多の曲折を経て、現在のリヨン国立管弦楽団＝ONL＝の前身となる）のシリーズに対する市当局からの資金援助は、一貫してゼロであった。

　ONLが名実共にプロ楽団として大きな変貌を遂げたのは、1967年、当時の文化相アンドレ・マルローが、「フランス全土のオーケストラを、文化政策の一環として改組する」、という内容の政策を明示した時である。その時点で地方の主要楽団は続々国立（ストラスブール・フィルハーモニー管弦楽団等がその代表的な例）となり、長い間の懸案事項だった経済基盤の問題を乗り切ることが出来た。

　そしてリヨンでも、同市々長ルイ・プラデルや、国会議員のプロトン・デ・ラ・シャペルらの要請運動が実を結び、マルロー文化相の政策を導入。市当局がヴィトコ

ウスキ親子の楽団を取り込む形で新しい楽団、ローヌ＝アルプ・フィルハーモニー管を創設する。

　同団はその後、名称を1971年に現在のものへ変更し、更に1983年にはリヨン歌劇場管弦楽団を分離して、楽団の名称を再度「リヨン国立管弦楽団」へ改め、名実共にコンサート・オーケストラへの道を歩み出す。

　地方オーケストラとはいえ、目出度く常設となったONLが初代のシェフに選んだのは、国際的にも知名度の高い人物、ルイ・フレモーだった。そして以後、今日まで、ONLのポデイアムには以下の歴代シェフ達が君臨することになる。

1. ルイ・フレモー（1969 ～ 1971）
2. セルジュ・ボド（1971 ～ 1986）
  ＊客演指揮者の時代（1986 ～ 1987）
3. エマニュエル・クリヴヌ（1987 ～ 2000）
4. デヴィッド・ロバートソン（2000 ～ 2004）
  ＊客演指揮者の時代（2004 ～ 2005）
5. 準・メルクル（2005 ～ 2011）
6. レナード・スラトキン（2011 ～ ）

　期待された初代シェフのフレモーは僅か2シーズン在任しただけで、その間目立つような実績を残していない。

　彼とは比較にならない功績を挙げたのは、その後任ボドであった。ボドは主として、ONLのスケール・アップに尽力。また楽旅や録音にも積極的に取り組んだ。しかし同団を最後まで、グローバル・スケールのサーキットに乗せることは出来ず、唯一その点だけに不満が残る。

　その点を見事に補完したのが、彼の後を継いだクリヴヌであった。フランス国立放送フィルの副指揮者として腕を磨いた後、ONLを受け継いだ彼は、まずモーツァルト、そしてベートーヴェンの交響曲録音で名を上げる。

　次いで楽員数を増やして、アンサンブルのスケール・アップを実現。更に定期公演を充実させ、楽旅を頻繁に行い（特に北米デビュー公演は絶賛を浴びた）、ONLとのコンビネーションが好調であることをアピールした。

　彼の後任は、アメリカ人のロバートソン。ロバートソンは楽団史上初の、音楽監督（ONL）と芸術監督（リヨン歌劇場）を兼務する人物となった。

　が、在任期間はわずかに5シーズン。目立つ実績と言えば、これまた楽団史上初めて、手兵を帯同してロンドンのPROMS（2002）に登場したことくらいである。

　続くシェフは日独混血のメルクル。そのコンビネーションのユニークさが注目されたが、芸術的には「圧倒的な成功」を収めた、とは言い難い結果に終わった。

　彼の時代より興味深いのはむしろ、その後任スラトキンである。そのスピーディ

でオープンなリードは、これまでの指揮者・アンサンブルには無かったことで、今さらながら、老獪なスラトキンの音作りに感嘆するばかりだ。

彼は母国ミシガン州のデトロイト響をも監督しており、今後の問題は専ら、欧米二大陸を忙しく駆け回ることで生じる体力、健康面でのものとなる。

　＊推薦ディスク
　1.「レクイエム」（フォーレ）：ロワ（S）、ル・ルー（Br）、E・クリヴヌ指揮
　2. 交響曲第1番、組曲「アルルの女」（以上ビゼー）：E・クリヴヌ指揮
　3. 弦楽合奏版＝「ディファレント・トレインズ」（ライヒ）：D・ロバートソン
　　 指揮
　4. 交響曲第9番「合唱付き」（ベートーヴェン）：準・メルクル指揮
　5. 交響曲第3番「英雄」（ベートーヴェン）：準・メルクル指揮

32. フランス国立管弦楽団
(ORCHESTRE NATIONAL DE FRANCE)

1920年代、新旧のクラシカル音楽作品は、ますます盛んになって行くラジオ放送と直結し、それに伴って各国の放送局は、楽団の経営にも本腰を入れ始めた。

1923年、フランスでもアメリカと協力して音楽放送に力を入れ出し、1926年までには、国内にある全ての放送局が統合する。その結果「フランス国立放送」が誕生、エッフェル塔から全仏の家庭へ、電波を送ることになった。

そしてその際、クラシカル音楽放送の重要性を指摘し、放送局専属楽団の創設を唱えたのが、1933〜34年に郵政大臣を務めたジャン・ミストレル。熱狂的なクラシカル音楽ファンだった彼は、高度な演奏技術を持つ楽員で構成する楽団を設立し、かつその経営を聴取料で賄うべきだと主張し、提唱した。

彼の案は採択され、フランス全土から若年層を主体とする優秀な楽員が集合。厳正なオーディションが行なわれた。そしてその結果、楽員80人を選抜。ここにフランス国立放送は、初の専属楽団を持つ事になった。

初代のシェフに選ばれたのは、デジレ・エミール・アンゲルブレシュト。猛烈なトレーニングを科した後、彼は華々しくデビュー・コンサートを開くことになった。

会場はパリ音楽院の大ホール。日時は、1934年3月13日。発足時、新楽団の名称は、「国立管弦楽団」（Orchestre National）、以後1945年に「ラジオ・フランス国立管弦楽団」（Orchestre National de la Radiodiffusion francaise）、そ

して 1949 年になると「フランス・ラジオ・テレビ国立管弦楽団」(Orchestre national de L'Office de radiodiffusion –television francaise ＝ 略 称 ORTF) となり、1975 年 1 月から現在の名称、「フランス国立管弦楽団＝ Orchestre National de France ＝ONF」へ変更されたという歴史を持つ。(同年、ORTF の組織改編が行われ、同組織が 7 つに分割されて、同団の管理運営がラジオ・フランスに移管されたことによるもの)

　フランス国立放送はその翌年（1976）にも、新楽団（フランス国立放送新フィルハーモニック＝現在のフランス国立放送フィルハーモニック管弦楽団）を創設し、2 つのアンサンブルに凌ぎを削らせてきた。

　名称はフランス国立管（ONF）だが、同団の実体はあくまでも、放送局の専属オーケストラである。楽員数は 115 ～ 117 名、9 月から翌年 6 月までの間に、約 55 ～ 60 回の定期演奏会を行う。

　また経営形態もこれまでに変化を繰り返し、現在は全運営資金のうち約 85 ％をフランス文化省による助成金、10 ％を切符の売り上げ、そして残り 5 ％を民間企業からの寄付金で賄っている。

　フランス全土では、同じ国立のパリ管とあらゆる面で首位争いを展開してきた。そんな同団のポデイアムに君臨した歴代シェフ達は、以下の通りである。

1. デジレ＝エミール・アンゲルブレシュト （1934 ～ 1944）
2. マニュエル・ロザンタール （1944 ～ 1947）
3. ロジェ・デゾルミエール （1947 ～ 1951）
4. デジレ＝エミール・アンゲルブレシュト （1951 ～ 1958）
　＊客演指揮者の時代 （1958 ～ 1959）
5. モーリス・ル・ルー （1959 ～ 1967）
6. ジャン・マルティノン （1967 ～ 1973）
7. セルジュ・チェリビダッケ(1973 ～ 1975 ＝首席客演指揮者、1975 ＝音楽監督)
　＊客演指揮者の時代 （1975 ～ 1977 ＊但し 1975 ～ 76 年度シーズンの音楽監督は、アラン・バンカルトが務めた）
10. ローリン・マゼール （1977 ～ 1990）＊但し 1977 ～ 1988 ＝首席客演指揮者、1988 ～ 1990 ＝音楽監督
　＊客演指揮者の時代 （1990 ～ 1991）
11. シャルル・デュトア （1991 ～ 2001）
　＊客演指揮者の時代 （2001 ～ 2002）
12. クルト・マズア （2002 ～ 2008）
13. ダニエル・ガッティ （2008 ～ 2017）
14. エマニュエル・クリヴィヌ （2017 ～）

約80年の歴史の中で14人の歴代シェフ達。しかも途中には常任不在のシーズンも数回あるため、実質的には80年より少ない年数の歴史である。

大まかに言って、シェフの平均在任期間は約6シーズンほど、という少なさだ。これではアンサンブルに磨きをかける余裕などない、と思われて当然である。

ところが同団の水準は大崩れせず、これまでかなり高度な演奏力を保ってきたのだ。その理由は、節目節目に、グローバル・スケールで活躍する実力者を、シェフ又は首席客演指揮者として招き続ける一方、放送局の専属楽団の長所を生かした企画（例えば現代曲のみで構成したプログラムや、自国の作曲家特集を組む等）を連発してきたからである。

それはこれから順次言及されるが、まず初代シェフのアンゲルブレシュトも、その実力をグローバル・スケールで認知された指揮者の一人だった。彼はオペラ、バレエ、そして交響管弦楽と、新旧どのジャンルを振らせても安定した水準を実現。特に「リング全曲盤」は、オーケストラこそ違え、彼の実力を集大成した記念碑的なものだし、ONFでは主として「放送を通じた啓蒙活動」に重点を置いたこと、が高く評価される。

数多くの新旧作品（ラヴェル、ドビュッシー、ルーセル、フランクやベートーヴェンにメンデルスゾーン等）を取り上げ、1983年までに何と通算500回に上る放送出演記録まで作っているからだ。

TVのなかった時代、ラジオを通じて、全仏にいる生のコンサートを聞く機会に恵まれない人々へ、大戦中活動中止に追い込まれた日まで、クラシカルの演奏を届け続けた彼の業績は、より高く評価されるべきだと思う。

大戦中楽員は、最初はレネ、そしてそのあとはマルセイユへ疎開した。活動が再開されたのは1944～1947年度の3シーズンからである。指揮を執ったのは二代目シェフのロザンタール。

ONFは1945年から始まっていたTV放送にも出演、以後ラジオとの両方をカバーするようになった。そのため局側は教育用プログラムの制作を増やす。それに伴いONFは演奏の機会が増え、ロザンタールはオネゲル、ミョー、バルトーク、ストラヴィンスキーら新しい作曲家達の傑作を頻繁に取り上げ、視聴者の期待に応えた。

戦後早くも活動を軌道に乗せたロザンタールは、次の段階としてONFを同団初の楽旅に連れ出す。楽旅は成功を収め、ONF楽員の士気は上がり、1948年今度はミンシュを帯同し、北米への初楽旅を敢行した。

3代目のシェフ、デゾミエールに治世下では、数多くの世界初演が行われている。主なものだけでも、ミョーの交響曲第2、第3、ジョリヴェのオンド・マルトノの協奏曲、プーランクのピアノ協奏曲、等が挙げられる。

次のシェフ＝デゾミエールは、同時代及びプレ・クラシカルの作品紹介で、かなりの実績を作り、その後任には再びアンゲルブレシュトが招かれた。

　新作の演奏が多く、巨匠指揮者あるいはそのようなステータスを追求する向きには、あまり魅力のない存在だった当時のONF。2期目のアンゲルブレシュトはそれを改善すべく動き出し、名流ゲストを多数招くことにした。その結果、アンセルメ、クーセヴィツキー、セル等の大物が登場し、ソロイストもD・オイストラフをはじめとしたスター・プレイヤーが陸続と出演する。

　彼の後任ル・ルーも同じ路線を守り、新作の初演でも「オンド・マルトノ協奏曲（シャルパンティエ）や、「アンティフォニー」（ジルベール・アミ）くらいのものだった。

　ル・ルーの後を継いだのは、シカゴ響から転出したマルティノン。新旧いずれをも高水準でこなす彼の登場で、ONFは活気を取り戻す。新作初演、録音（エラート・レーベル）と、マルティノンは快進撃を続けた。

　ONFが組織の改編を断行したのも、マルティノンの体制下（1973）に於いてである。すなわちそれまでとは異なり、音楽監督職と首席指揮者を別々の人間にやらせる、という新しい方式を導入したのだ。

　その結果、チェリビダッケがマルティノンの後任に就く。そしてこの新しいコンビネーションは、ONFに楽団史上例のない高水準の演奏芸術、を展開させることとなった。

　しかしそれは同時に、不幸な結果をも齎す。ONFの楽員が、エキセントリックなチェリビダッケについて行けず、両者はしばしば対立。最後には破局を迎えてしまったのだ。後に残されたのは、劇的な「アルティザンの戦いの刻印」すなわち録音、であった。

　その完璧主義者チェリビダッケの後を急遽継ぐことになったのは、アラン・バンカルト。しかし彼の起用は明らかに、次期シェフが決まるまでの中継ぎ的なものであった。

　チェリビダッケ降板の後で問題となったのは、レヴェル・ダウンを如何に防ぐか、であった。そして楽団の管理中枢は、楽員の入れ替え、大物ゲストの招聘（バーンスタインやマゼール等）、新コンサートマスターの採用（1976年パリ・オペラ座より、パトリス・フォンタナローザを引き抜いている）等、手を尽くす。

　音楽監督のバンカルトは1シーズンで退任、その後はアラン・モーネ（1977＝83）、マルク・トムソン（1983〜　　）が就いていた。そして一方の首席指揮者には、ローリン・マゼールが招かれる。

　その辣腕マゼールが着任したことで、ONFはまた息を吹き返すことになった。極論だが、マゼール時代になって同団は、名実共にグローバル・スケールの演奏サー

キットへ参入出来た、と言える。理由は、プログラム・ビルディング、商業録音、楽旅、そして勿論放送出演等々、あらゆる面で急上昇を遂げたからだ。

チェリビダッケの内向的なアンサンブルの練磨とは対照的に、マゼールのそれは「努力の結果を即確認する」、いわば外交的な方式であった。すなわち、自らの練磨したアンサンブルを、他の指揮者にも出来るだけ多く振らせて楽員のフレキシビリティを向上させ、かつそこで得たものを即聴衆に披露する、といった音作りを貫徹したのである。

聴衆はマゼールを歓迎した。何より魅力は、彼の持つ膨大なレパートリーであった。そしてそれは、放送局専属楽団のシェフとしては、まさしく理想的な形だったのである。

しかしそのマゼールも、多忙を理由にONFを去って行く。彼の後を継いだのは、モントリオール響を大躍進に導いたデュトア。マゼールの後任としてはまさに適役、と思われた。

しかし彼は就任早々から、主力楽員の相次ぐ退団攻めに遭い、出鼻を挫かれた格好となる。そして10シーズンもグレード・アップに尽力したが、最後まで聴衆の支持を得られず、結局モントリオール響時代程の成功を納めることはできなかった。

デュトアの後任はマズア。彼もデュトア同様、水準を維持するのが精一杯という感じで、多くを客演者に頼っていた。それでも録音には優れたものがあり、特にベートーヴェンの交響曲（第6番「田園」）は出色の出来栄えだ。

そして現在のシェフはイタリア出身のガッティ。暫くは（彼の在任契約は、目下2016年度シーズンまで、である。）アムステルダムのコンセルトヘボウ管との兼任だが、その音作りは既に貫録十分、我が国の音楽ファンもその一部を、衛星放送（パリ祭祝賀コンサート）で楽しむことが出来る。

ところが本稿脱稿直後、楽団管理中枢はガッティとの契約を延長せず、エマニュエル・クリヴィヌを新MDに招くと発表。これで同団は久方ぶりに、フランス人指揮者との新時代を築くことになった。

＊推薦ディスク

1. 管弦楽作品集（ラヴェル、ドビュッシー）：J・マルティノン指揮
2. 交響曲第3番「英雄」、ヴァイオリン協奏曲（以上ベートーヴェン）：(Vn.)A・グリミョー、C・シューリヒト指揮
3. ピアノ協奏曲第5番「皇帝」（ベートーヴェン）、「悲劇的序曲」（ブラームス）：(Pf)　A・B・ミケランジェリ、S・チェリビダッケ指揮
4. 組曲「惑星」（ホルスト）、「ボレロ」（ラヴェル）：L・マゼール指揮
5. 「春の祭典」「ペトルーシュカ」（ストラヴィンスキー）：D・ガッティ指揮

33. フランス国立パリ管弦楽団
(ORCHESTRE DE PARIS)

いきなり私事で恐縮だが、筆者の故郷沖縄県の宮古島（人口約5.5万人）では、畑のことを「パリ」と呼ぶ。2015年、島のどこかで誰かが「パリでテロが起きた！」と大声を放った時、島の至る所で親兄弟又は親戚の誰かが慌てふためき、「アガンニャ、ダイズ！」（島の方言で、「大事件だ！」の意）、と叫んだものである。

その日の夕刻、TVにかじりついた全島民は、ニュース番組のアンカーマンの速報を聴き、島中の畑は無事で、しかし海の向こうの、そのまた遥かなるフランスの地にある大都市では、多数の犠牲者を出す卑劣なテロ事件、が起きた事を知った。

おりしも宮古島の近海では中国船籍の「COAST GUARD」が周回し、我が国との海の領有権を巡る暗闘が、まさしく水面下で激化している。

そのあおりを受け、この平和な宮古島でも、数千人規模の自衛隊が配備されるという計画が進行中で、今島の至る所で迎撃態勢を整えるための基地施設工事が着手寸前だ。

都市圏人口12、292、895人（2011年度センサスによる）を数える大都市パリでは、テロ事件の後、100万人規模の抗議集会が開かれた。一方、我が故郷の島で基地建設の反対集会に集まったのは、わずかに7〜80人程度である。

島全体が要塞化しかねない国家プロジェクトの進む中で、パリ市民の勇気と行動力には羨ましさを覚えるのみだが、その前に「演奏芸術」を木端微塵に破壊するこの種の無差別テロ事件に対して、激しい怒りを覚えるのみだ。

「平和無くしてClassical音楽なし」・・・。

そんな言葉を呟きながら、中国監視船のいる遠い洋上と、その遥か先にあるパリの都に目を向け、嘆息を繰り返す時代を迎えてしまった。

しかし我々はどんなことがあっても、人類が作り続けるそのClassical(=最高の、意)の宝、演奏芸術を守らねばならない。誰が何と言おうと、それはテロリズムとは共存できない性質のものなのだから。

とはいえ、まさしくそのTerror(恐怖)は始まったのである。それを抑えるには、憎悪し合う敵対者同士が、妥協を目ざして根気よく対話を続ける事しか方法はない。力で、武力で抑えるには、どちらかを根絶やしにせぬ限り解決には至らない、というのが現実だからである。

良く考えてみると、その紛争は、指揮者とアンサンブル全体との「音作りの現場」に似ていると思う。そこで大事なのは、互いに一致点を見出そうとする凝集力の有無、そしてその強さだ。その姿勢がない限り、互いに破滅への道を歩むしかない。

今度のパリ・テロ事件で音楽関係者が最も危惧したのは、「Mass Murder」（大量殺人）の舞台に、ついに「劇場」が選ばれそしてそれがいつか恒常化して行くのではないか、ということであったと思う。

　そうなると、（話が飛躍するのを承知で言うと）、次は百人余の楽員を一度に運ぶ「Chartered Flight」（チャーター便）がテロの標的となる恐れが出て来る。

　テロではないが、かつて人類は、一楽団を丸ごと失う海難事件に遭遇する直前まで行った、という経験をしている。その楽団（何とロンドン交響楽団であった！）は幸い、乗船を予定していた「タイタニック」号に乗らず、危機を免れ今日に至っている。

　そして今度のパリ事件後、同市の音楽ファンの心を過ったのは、新しくシェフに指名されたばかりのダニエル・ハーディングの動静であった。もしかすると、第2、第3のテロを恐れて、パリ管への就任を断るかもしれない・・・。そんな危惧に襲われても当然である。

　しかしハーディングは、敢然と契約を履行。同団に新しい時代を切り拓くことになった。

　フランスの歴史は、改革と進化のそれである。国民の圧倒的な行動力、群を抜く個性的な思想、発想、そして独自性。その民族的特質のどれをとっても、我が国の国民性には希薄な点が並ぶ。

　しかしそれらの称賛されるべき側面は、特に集団で作る音楽、すなわちオーケストラ音楽になると、問題を孕んでくる。ハーモニーは、フィルハーモニーではなくディスハーモニーとなり、アンサンブルではソリスティックに出たがる管楽器が、どうしても目立ってしまう。

　また合わせることが下手なため、楽員は勢い練習嫌いとなり、オーケストラのレヴェル維持が当然至難の業となっていく。

　従って各楽団は、当初から名人奏者を揃え、高度なレヴェルを保持するか、あるいはそのシェフに、楽員のワガママアを許さぬ強烈な個性と、圧倒的な音楽性の持ち主を招くか、しなければならない。

　フランスを代表するオーケストラに、人名を冠したもの（例えば、「ポール・ケンツ管弦楽団」「ラムルー管弦楽団」あるいは「パイヤール室内管」等）が多いのは、まさしくそのせいである。

　すなわち、自分の思うが儘に動かせる人だけを集めて作った楽団、というわけだ。個人プレーを阻むには、それしか方法がない。

　従って乱暴な言い方をすると、フランスの楽団は概ね、結成時にそのレヴェルが定着し、途中から伸びるのは余程の辣腕指揮者を迎えた楽団のみ、ということになる。

130　33. フランス国立パリ管弦楽団

何はともあれ、フランスのオーケストラほど、調教するのに難儀苦労をするアンサンブルは、存在しないのかもしれない。

　さてその極め付きの個性派集団、ともいえるフレンチ・オーケストラの中で、最高にして最大、かつ知名度の点でも群を抜く団体といえば、1967年に結成されたパリ管弦楽団（ODP）である。

　同団はフランスが、世界に冠たるアンサンブル」にすべく、国を挙げて創設した団体。それまで良くも悪くもパリ（と言うよりフランス国内の楽壇）を牛耳っていた、由緒ある音楽院コンサート協会（Societe de Concerts du Conservatoire=SCC）付属の楽団（＝パリ音楽院管弦楽団）より規模が大きく、かつ優れた演奏水準に達したオーケストラの創設が、同団と市内の音楽関係者にとって、長年の懸案事項であった。

　つまり時代が進むにつれ、ますます大型化し増加する演奏会の規模や数に、SCCが対応できなくなってきたからである。

　更にいつまでもSCCに頼っていては、急ピッチで上昇する世界的な演奏水準に、ついて行けなくなる恐れもあった。そしてこれは勿論だが、新しいオーケストラの創設計画に対して、国民からも大きな期待が寄せられていた。

　残された問題は、旧弊とはいえ、これまでフランス演奏芸術界の発展に寄与してきたのみならず、パリ音楽院の教授スタッフで編成された、管弦楽団の扱いをどうするか、である。

　国家の威信もよいが、フランスの文化人たちは、厳しい現実問題に、まず直面しなければならなかった。そしてその難問をたちどころに解決したのが、当時の文化相でかつ文学者のアンドレ・マルロー。彼はかつてのバスティーユを焼き討ちし、フランス革命に雪崩をうって進撃したパリ市民のごとく、フランス演奏芸術の最高レヴェルを現出するために、大英断を下す。

　すなわち、新楽団設立構想の発表に際し、全楽員を厳格なオーディションで選抜する、という方針を、音楽局長のマルセル・ランドフスキを通じて、明らかにしたのである。

　そしてそれは実行された。その第一歩は、まずSCCを発展的に解散し、その古参楽員を中核としたオーディションを行うこと、であった。

　当初の予想通り、腕利きメンバーはオーディションに受かったが、しかし不合格者も多く、結局新楽団ODPには全仏あるいは世界中の一流プレイヤーが集った。（SCCを解散し、新しい楽団を創設することに際しては、SCC内部でその是非を問うための投票が行われている。結果は、解散に賛成が51票、反対13票、そして棄権1票であった。）

　ODPの結成により、フランスは名実共に、世界の演奏サーキットで一流と認め

られるアンサンブル、を持つことになったのである。

そしてその ODP の歴史的オープニング・コンサートは、1967 年 11 月 14 日、フランスが生んだ世界最高の指揮者の一人、シャルル・ミンシュの指揮で行われた。

そのミンシュもかつては、祖国に世界第一級のアンサンブルがないことを、長い間嘆き続け、自己の芸術を忠実に写し出す鏡のような楽団を求め、北米のボストン響でシェフを引き受けていた指揮者の一人であった。

かくてフランスの音楽関係者達は、待望の新楽団が創立されたことを喜び、同団の初代シェフに、ミンシュを誇らしく迎えたのである。

ところで ODP の沿革を語る際、いつも問題になるのが、その ROOTS を 1967 年にするか、それとも SCC が創設された 1828 年にするか、ということだ。しかもそれは同時に、パリだけの問題ではなく、フランス全体にとっても大きな問題である。

ODP が SCC を前身とする楽団だと捉えるか、または全く新しく作られた楽団として捉えるか、という問題に関わって来るからだ。そして本稿では、前者を採ることにした。

それによると、SCC 〜 ODP 発展の歴史を作って来たのは、以下の歴代シェフの面々ということになる。

{SCC の時代}

1. フランソワ＝アントワーヌ・ハブネック（1828 〜 1849）
2. ナルシス・ジラール（1849 〜 1860）
3. セオフィーユ・ティルマン（1860 〜 1864）
4. フランソワ＝ジョルジュ・アンル（1864 〜 1873）
5. E・M・E ＝デルドゥヴェ（1873 〜 1885）
6. ジュールス・ガルサン（1885 〜 1892）
7. ポール・タファネル（1892 〜 1892 〜 1901）
8. ジョルジュ＝ユージン・マルティ（1901 〜 1908）
9. アンドレ・メサージュ（1908 〜 1918）
10. フィリップ・ゴーベール（1918 〜 1938）
11. シャルル・ミンシュ（1938 〜 1946）
12. アンドレ・クリュイタンス（1946 〜 1967）

{ODP の時代 }

1. シャルル・ミンシュ（1967 〜 1968）
   ＊ヘルベルト・フォン・カラヤン（1968 〜 1971 ＝音楽顧問）
2. セルジュ・ボド（1969 〜 1971）
3. ゲオルグ・ショルティ（1972 〜 1975）

4. ダニエル・バレンボイム（1975 〜 1989）

5. セミヨン・ビシュコフ（1989 〜 1998）

6. クリストフ・フォン・ドホナーニ（1998 〜 2000 ＝芸術顧問）

7. クリストフ・エッシェンバッハ（2000 〜 2010）

8. パーヴォ・ヤルヴィ（2010 〜 2016）

9. ダニエル・ハーディング（2016 〜 ）

＊ Chef Associe（共同首席指揮者）トーマス・ヘンゲルブロック（2016 〜 ）

F・A・ハブネックが 1828 年パリ音楽院協会（SCC）を設立してから 188 年（2016年現在）の間に、通算 22 人のシェフを迎えた。

そして ODP へと生まれ変わってからは、同団が「ベルリン・フィルに対抗できるオーケストラ、に成長することを目標としていた」、といわれるだけあって、世界楽壇の顔役ともいえる面々を招請、高度なレヴェルを維持し続けてきた。

それではこれから SCC 時代を含め、ODP のこれまでを俯瞰してみよう。

まず SCC だが、同団を創設したのは 1828 年 3 月、ヴァイオリニストの F ＝ A・ハブネックと、作曲家としても高名で、かつ当時音楽院々長の職にもあったルイジ・ケルビーニ、そして彼のスタッフ達である。

しかし当時の SCC とパリ音楽院との関係は、比較的非公式なもの（ただ SCC の管理中枢、および楽員は、同院の教授スタッフ、またはその弟子に限る、という内規が定められてはいた）であった。

創設当初の SCC メンバーは、弦楽器奏者 59 人、管楽器奏者 31 人、そして合唱団に 70 人（ただしこの組織は、第 1 次世界大戦直後に、経済的な理由から閉鎖された）という、大編成の布陣。しかもその数字は、1967 年まで殆ど変えられなかった。

当時の SCC は、いうまでもなく、ヨーロッパ初の、しかも発足当初から大編成を誇る、自主運営楽団の 1 つである。指揮者は SCC 会員の投票で選ばれ、初代シェフとなったハブネックは、同団楽員の 1 人であった。

就任後ハブネックは楽団の基礎固めに努める傍ら、ベートーヴェンの作品をフランス国民に積極的に紹介する。続くジラール、ティルマン、そしてジョルジュ・アンルの 3 人も、ハブネックの路線を踏襲。ベートーヴェンに加え、ハイドン、モーツァルト、そしてそれにフランスを代表する作曲家の作品をも続々紹介した。

SCC のレヴェルは、当時のヨーロッパにおける最高クラスのもので、しかも楽員の大半は、ソロイストとしても、第 1 線で活躍できる技量の持ち主が揃っていた。

さらに目を瞠るのは、ゲスト陣の豪華さである。ショパン、メンデルスゾーン、サン＝サーンス、クララ・シューマン、サラサーテ、マルグリット・ロンらが、常連として聴衆を惹きつけた。

133

SCC は 1860 年代まで、パリのみならず、フランス全土を代表するアンサンブルとしての地位を揺るぎないものにしたが、当然同団のライバルも活動も活発になった。

　ジュール・パスデルの主宰するコンサート・ポピュレーヌ定期演奏会、エドワルド・コロンヌの主宰によるコロンヌ管弦楽団コンサート・シリーズ、そしてシャルル・ラムルーによる、ラムルー管弦楽団のコンサート等がそれである。

　しかしレヴェルの点は言うに及ばず、スケールの面でも、SCC の敵ではなかった。SCC の各歴代シェフの中には、同団のパワー・アップに貢献はするものの、レヴェル・ダウンを余儀なくされたという人はいない。全員が精力的に SCC を鍛え、パリ市民の期待に応えている。

　その中では特に、9 代目のメサージュ、そしてその次のゴーベールの動きが注目される。

　前者はドビュッシーの傑作、」「ペレアスとメリザンド」の初演を指揮して大成功を収めたのをはじめ、1918 年 10 月には SCC を帯同して北米 50 都市を巡演、いずれも好評を博した。

　また後者は、2 つの世界大戦の間で活躍。アンサンブルのレヴァル・ダウンを見事に食い止めている。

　SCC はまさしく、向かうところ敵なし、という状況で躍進を続けていた。が、そんな好調の波に乗る同団にも、存続に関わるほどの深刻かつ最大の危機が訪れる。その理由は、第 2 次大戦の勃発だった。

　パリが独軍に占領され、楽員が戦場へ駆り出され、SCC はたちまち経営難および人材難に陥ってしまったのだ。そしてその危機を救ったのが、シャルル・ミンシュ。彼は戦時下で楽員を激励しつつ、なんとルーセル、シュミット、オネゲル、ストラヴィンスキー、そしてメシアンらの新しい作品を続々紹介、芸術が戦争に圧殺されぬよう、全力を尽くした。

　そのミンシュからバトンを受け継ぐのはクリュイタンス。彼は定期公演、録音、楽旅と、SCC のスケール・アップを図る。初の来日公演を果たしたのも、彼のリードによるものであった。

　が、そのクリュイタンスは 1967 年に病死。SCC は文化相マルローの肝いりで、ODP へと発展する。

　新楽団の初代シェフはミンシュで、彼のバトンにより、ODP は短期間で驚異的なグレード・アップを果たす。さらに国内外で意欲的な活動を展開。特に 1968 年のソヴィエト（4 月）、カナダ、アメリカ合衆国（10 ～ 11 月）、メキシコへの楽旅を次々に成功させた。

　ところが残念なことに、その途中の 11 月 6 日ミンシュが急逝、楽団管理中枢は

後任人事への着手を、急遽余儀なくされる。

ミンシュの後任を引き受けたのはフォン・カラヤン。しかし多忙な彼は、正式なシェフに就くことを望まず、音楽顧問に納まった。それでもカラヤンの影響力は絶大で、ODP には大きな魅力となった。

ところが実際には、カラヤンは手兵ベルリン・フィルハーモニックとの関係が絶頂期を迎えており、ODP との仕事に多くの時間を割くわけには行かなかった。

そしてその次に決まったショルティとのコンビネーションも、彼が当時の手兵シカゴ響と、これまた絶頂期にあった関係で、カラヤン同様、多くの時間を ODP に注ぐことができなかった。

それでもショルティは就任後、レパートリーを３倍に増す等、かなりのテコ入れを行い、先を見据える形で、愛弟子のバレンボイムを後任として強力に推薦、受け入れられた。

新シェフ、バレンボイムにとって ODP は、初めての大型マイ・オーケストラ。やる気満々の彼は着任早々、楽団の付属合唱団を組織。更に楽員主体の室内楽シリーズとジュニア・オーケストラを創設。楽旅を増化し、録音に積極的に取り組み、また管理中枢に更に上質の楽器購入を促したりするなど、全体的なスケール・アップを進めて行く。

バレンボイムのリードは内外から注目を集め、本格的な「Performer Conductor」としての力量を絶えず監視されたが、周囲の危惧を易々と乗り越え、在任末期には移籍先バスティーユ・オペラとの確執があったものの、ODP では見事に大役を果たして終えて、彼は次の任地 CSO（シカゴ響）へと赴く。

そして彼の後任には、ビシュコフが招かれた。しかし彼の 10 シーズンに亘る在任は、ODP にとって可もなく不可もなし、という感じに終わった。録音こそ残してはいるものの、これといって目を引くような実績は見当たらない。

それと同様なことが、彼に続くドホナーニ、エッシェンバッハ、そしてヤルヴィの３人にも言える。グレード・アップは当然としても、部分的にスケール・アップを加えた、という程度だと思う。

というより最早、その必要がない程、ODP は熟成の時期に入っているのであり、指揮者によっては「ベルリンやウィーンのフィルハーモニカー」に比肩できるサウンドを出せる域に達した、のかもしれない。

そう言う意味からすると、新 MD・ハーディングとの時代が、俄然楽しみになって来る。歴史的にも、芸術の産出の点でも、イギリスとフランスは、いわば「宿命のライバル」関係にあるからだ。

Gentleman のブリット（イギリス人）＝ハーディングは、言葉は優雅だが、行動は激しいフレンチを相手に、これからスラヴ人ペトレンコ（ベルリナー・フィ

135

ルハーモニカーの新シェフ）、イタリア人ガッティら（コンセルトヘボウ管の新シェフ）の、ベルリン、アムステルダムの Big Ensemble に挑む。

しかも今度は、Chef Associe（共同首席指揮者）なる新ポストを創設。その Chef Associe の権利がどの範囲までなのか、ODP は明確にしていない。北米メジャー楽団でのトロイカ体制は、完全な音楽監督業務の分業システムだが、もし同団の Chef Associe と称するダブル体制の目的もそうであるなら、初の試みだけに注目を集めそうだ。

そしてその Assoie を務めるのは、ドイツ出身のヘンゲルブロック。2015 年度「ヘルベルト・フォン・カラヤン音楽賞」に輝いた彼は、グローバル・スケールで躍進中の人物である。

その彼が若きハーディングをタッグを組み、ヨーロッパ楽団に旋風を巻き起こすことになった。考えただけでも、ワクワクゾクゾクしてくるではないか。

＊推薦ディスク

1. 幻想交響曲（ベルリオーズ）：C・ミンシュ指揮
2. バレエ「春の祭典」他（ストラヴィンスキー）：P・モントゥ指揮
3. ピアノ協奏曲第 1 番、第 4 番（ベートーヴェン）：(Pf) ラン・ラン、C・エッシェンバッハ指揮
4. 「管弦楽曲集」（プーランク）：G・プレートル指揮
5. 「管弦楽曲全集」（ラヴェル）：J・マルティノン指揮

34. トゥールーズ・キャピトール国立管弦楽団
(ORCHESTRE NATIONAL DU CAPITOLE DE TOULOUSE)

フランス南西部に位置し、ミディ＝ピレネー地域圏の首府で、オート＝ガロンヌ県の県庁所在地トゥールーズ市は、市内の建物が独特の外観（資材に適した石がないため、素焼きにしたテラコッタ・レンガを使っている）を持っている所から、「バラ色の都市」（La Ville Rose）とも呼ばれている。

またスミレの群生地がトゥールーズあるため、「スミレの街」（Cite des Violettes）とも呼ばれる。

市自体の人口は約 45 万人、都市圏までを含めると約百万人に上るという、フランス第 5 の規模を持つ大都市で、地中海と大西洋を往復する海上輸送の重要路の途上にある街、としても知られている。

同市に初のオーケストラ（市営）が誕生したのは 1737 年。草創期にはトゥー

ルーズ市立管弦楽団の名称で活動したが、その後キャピトール劇場の再建に伴い同劇場の専属楽団となった。(同団が現在の名称の一部「トゥルーズ・キャピトール」を持っているのは、歌劇場が再建された際、同じ建物の中にキャピトール(市庁の意)部分が組み込まれていたから、と言われている。)

　従って当時の活動内容は、劇場のピットに入りオペラやバレエの伴奏をすることが主であった。

　そして現在のように、一般の聴衆を相手に交響管弦楽の演奏を始めたのは、1945年すなわち第2次世界大戦後になってからである。

　そのためトゥルーズ・キャピトール管(以下 ONCT)の創設年は、その1945年と考え、本稿では同年度に従うことにする。

　ただそこで一つ断っておきたいのは、アンドレ・クリュイタンスの果たした役割である。彼は大戦前の1932年、僅か27歳でトゥルーズ・キャピトール歌劇場のシェフに招かれており、戦前戦後を通じて、ONCT のアンサンブル作りに巨大な足跡を残しているからだ。

　従って ONCT が本格的な活動を開始した初期に、彼の存在があったことを忘れてはいけない、ということを強調しておきたいと思う。

　さて一部不明な点もあるが、1945年以降、交響楽団としての活動を本格化したONCT の、歴代シェフ達は以下の通りだ。

　　＊アンドレ・クリュイタンス(1932〜)
　　＊不明(1945〜
　　＊ジョルジュ・プレートル(1951〜1955)
　　＊不明(1955〜1968)
　　＊ミッシェル・プラッソン(1968〜2003)
　　＊客演指揮者の時代(2003〜2005)
　　＊トゥガン・ソヒエフ(2005〜2008：首席客演指揮者兼音楽顧問)
　　　(2008〜)：音楽監督

戦後間もなく、活動を本格的に再開した ONCT。再開当時の活動内容は、本拠地での交響管弦楽のコンサートを主体に、地元ミディ・ピレネー地域での公演、トゥルーズ・キャピトール劇場でのオペラ・バレエの伴奏、そして国内外の音楽祭への出演等々、現在同様のスタイルに似たものだった。

　大まかに言うと ONCT は、創立当初は市営、次に県営、そして最後は国営(1980年に国立管弦楽団＝ Orchestre National ＝の名称を付加する運びとなった)へと経営形態が変わって行くが、演奏面での特長には戦後一貫して変化はない。

　さてクリュイタンス、プレートルと、戦前戦後の混乱期に巨匠名匠の薫陶を受けた ONCT だが、コンサート・オーケストラとしての同団を、実質的に破天荒な

成功へと導いたのは、1968 年にシェフとなった当時 35 歳のプラッソンである。

彼は 35 シーズンの長期在任期間の中で、アンサンブルを磨き抜いた。また 1974 年には、アール・オ・グラン（元は市場だった建物を、オーケストラのコンサートコンサート用に改装したホール）を本拠に、数多くの公演を提供。市民の圧倒的な支持を得た。

更に勢いに乗る彼は、その成果を世界に示すべく、世界有数のレーベル＝ EMI から、数多くのディスク（百点以上）を世に送る。それらはいずれも評判となり、プラッソン＝ OCNT のコンビネーションは、瞬く間にグローバル・スケールの成功を収めて行った。

プラッソンが同団で試みたのは、アンサンブルのグレード・アップだけではない。彼は組織の管理運営面にさえ企画力を発揮、「AIDA」なる運営資金造成グループを作り、財政面への協力さえ惜しまなかった。

また内外への楽旅を積極的に進めたことも、彼の業績の 1 つである。彼は OCNT をトゥールーズ市の音楽大使にして国内外へ出かけ、楽員・市民双方のモラルを大いに高めた。

しかし彼は最後には残念ながら、自らの意思で OCNT を辞任する。理由は彼が望んだ楽員の待遇改善要求を、当局が拒否したからであった。給与交渉でも常に楽員の側に立っていた彼にしてみれば、要求が容れられないことを不服としての辞任は、当然と言えば当然の成り行きではある。しかし楽団側にとっては、その後任を見つけるのは容易ではなかった。

結局その後任のリクルートに、管理中枢は 5 シーズンをかけることになる。そして決まったのは、それまで首席客演指揮者というポストに招き、アンサンブルを任せているソヒエフだった。

当初は彼の起用に慎重な構えを見せていた管理中枢は、シーズンが進むにつれ、そのリーダーシップに対して次第に満足度を高めて行く。その結果双方ともに理解を深め合い、そして新しい首席指揮者が誕生する運びとなった。

ソヒエフは最初から、期待以上の成果を挙げる。その成果は 2011 年、早くも具体的なものとしてフランス全土に知れ渡った。即ち同年、同国を代表するクオリティ・ペーパー「Le Figaro」紙が、「全フランスのオーケストラ上位 25」ランキング特集を組んだところ、OCNT は何と上位 3 傑にランク・インしたのである。（ちなみに他の 2 楽団は、パリ管とフランス国立管）

オーケストラ・ランキングは、楽団に刺激を与える為、特にアメリカではよく行われる手法だが、フィガロ紙のそれは、OCNT にとって刺激以上のインパクトがあった。

その結果、楽員（現在の楽員数は 125 人）のモラルは更に上昇し、ソフィエフ

体制に一層充実度を高める結果を齎した。

そして 2015 年のシーズン、ソヒエフは在任契約を延長し、彼の体制は 2019 年度のシーズンまで続くことになった。

＊推薦ディスク

1. 歌劇「カルメン」全曲（ビゼー）＝シュダンス版：A・ゲオルギュー（S）、R・アラーニャ（T）、T・ハンプソン（B）、：M・プラッソン指揮
2. 「ラ・メール」「ノクターン」他（ドビュッシー）：M・プラッソン指揮
3. 歌劇「ミレイユ」全曲（グノー）：M・フレーニ（S），M・プラッソン指揮
4. 交響曲第 5 番（チャイコフスキー）、祝典序曲（ショスタコーヴィチ）：T・ソヒエフ指揮
5. 「春の祭典」「火の鳥」組曲（ストラヴィンスキー）：T・ソヒエフ指揮

35. フランス放送フィルハーモニック管弦楽団
(ORCHESTRE PHILHARMONIQUE DE RADIO FRANCE)

独裁国家ならまだしも、民主主義を基幹思想とする共和国に於いて、演奏芸術フォームの最高結晶体とでも呼ぶべきオーケストラが、いずれも放送局専属のものとはいえ、一度に 3 つも統廃合されて 1 つに纏められるなど、大胆極まる形の文化政策を断行してきた国は、フランス以外に見当たらない。

人口約 6,070 万人、首都をパリ（市の人口は 225 万人、同じく都市圏のそれは約 1,230 万人＝いずれも 2011 年度調査に拠る）に定めたこの国には、現在プロフェッショナルの楽団が大小合わせて 34 団体ある。そしてその上位グループを構成するのが、パリでは「国立パリ管弦楽団」「フランス国立管弦楽団」「ラムルー管弦楽団」そして「フランス放送フィル」の 4 つだ。

その中で、冒頭の統廃合の主役を演じたのが、四つ目に挙げた放送局専属のオーケストラ、正式名称が「Orchestre philharmonique de Radio France」（フランス放送フィルハーモニー管弦楽団＝ OPRF）である。

同団は現在、パリにある放送局＝ラジオ・フランスに付属しているが、元々は 1937 年に創設されたオーケストラだった。創設当時の名称は、「Orchestre Radio-Symphonique」（放送交響楽団）。

そしてそれが 1976 年、フランス公共放送フィル（Orchestre philharmonique ）、リリック放送管（Orchestre radio-lyrique）、フランス公共放送室内管（Orchestre de chamber de ORTF）の 3 団体が合併、フランス放送新フィルハーモニー管弦

139

楽団（Nouvel Orchestre philharmonique de Radio France）という名称の下、1つに集約され活動を始めたのだった。

更に現 OPRF の名称は、合併へ至るまでにも以下の通りに変わって来ており、そのことからだけでもフランス人の決断力、実行力の優秀さが窺えるようで実に興味深い。

　　＊創設後から現在に至るまでの名称の変遷＊

　1. 1937 ～ 1960 = Orchestre Radio-Symphonique
　2. 1960 ～ 1964 = Orchestre Philharmonique de la Radiodiffusion Francaise
　3. 1964 ～ 1975 = Orchestre Philharmonique de l'ORTF
　4. 1976 ～ 1989 = Nouvel Orchestre Philharmonique de Radio France
　5. 1989 ～ 現在 = Orchesstre Philharmonique de Radio France

さて、創設以来同団は、1976 年の合併前までコンテンポラリー（同時代の）作品演奏を主たる目標に掲げ、数多くの新作を世に送り出して来た。

しかし合併以後は、自国作品主体のレパートリーという枠を取り除き、他の団体同様、新旧作品を分け隔てなく取り上げる形に変わった。そのため、活躍の場が一気に広がり、加えて名流指揮者や独奏者を定期公演に招いたことで、フレキシビリティも格段に向上。同団の水準は、今や上述した通りとなった。

創立年度は合併した年（1976）となるのが最適だと思うが、本稿ではその前の人事体制に遡ったところから始めたいと思う。

その形に拠れば、OPRF の歴代シェフは以下の通りとなる。

　　＊客演指揮者の時代（1937 ～ 1947）

　1. ウジェーヌ・ビゴー（1947 ～ 1965）
　2. シャルル・ブリュック（1965 ～ 1970）
　　＊客演指揮者の時代（1970 ～ 1976）
　3. ジルベール・アミ（1976 ～ 1981）
　　＊客演指揮者の時代（1981 ～ 1984）
　4. マレク・ヤノフスキ（1984 ～ 2000）
　5. チョン・ミョン・フン（2000 ～ 2015）
　6. ミッコ・フランク（2015 ～ ）

初代のビゴーから 3 代目のアミまでは、フランス現代作曲界のキー・パースン達ばかりである。そのため演奏現場は、新作の初演、特集、あるいは実験場にも似た雰囲気で満ちていた。

極端すぎる言い方、比較の仕方かもしれないが、当時の OPRF はいわば現代の IRCAM（現代音楽研究所）のような機能を持つ演奏団体である。

その運営スタイルを激変させたのは、ヤノフスキであった。彼は猛烈な勢いで

アンサンブルを磨き上げ、国外への楽旅へ連れ出し、更に録音を連発して楽員を鼓舞し続けた。

　彼の在任期間は6シーズンという短いものであったが、その成功を見れば内容が如何に充実していたか、を理解出来ると思う。

　そしてその勢いを更に高めたのが、彼の後任チョンであった。チョンはフランスの新旧作品に通じているばかりではなく、底知れぬほどの幅広いレパートリーを持つオールラウンド・プレイヤーの代表格であり、かつ次代の巨匠候補の1人と目される人物。

　とはいえ、彼の十八番の1つ「メシアン作品」は、いわばグローバル・スタンダードと呼んでも可笑しくないほどの完成度である。そんな新旧の解釈に秀でた彼が、しかも15シーズンの長きに亘って在任したのだ。アンサンブルの切れ味が突出したものにならない筈はなく、同団はたちまちパリ管の地位さえ脅かす程の水準に到達した。

　そしてそのメシアンはもとより、マーラーの交響曲サイクルなどもパリ中を興奮の坩堝に巻き込み、チョン時代はかくして楽団史上稀有の成功を収めることになった。

　しかしチョンはやがて祖国で名手を揃えて編成されたソウル・フィルハーモニックや及びアジア・フィルハーモニックの育成向上に力を入れる為、M・フランクに後を託してパリを去る。

　ロサンジェルス・フィルの副指揮者時代、当時の音楽監督C・M・ジュリーニの薫陶を受け、北米アンサンブルの機能美と鍛錬のメソードを微細に吸収したチョン。

　チョン時代のOPRFはそれを余すところなく仕込まれ、フレンチ・タッチの色彩美と巧みに融合して、目の覚めるような音色のヌーヴェルバーグが誕生した。

　後任のフランクが、それに何を加味して新しい魅力を作り出すか、期待は膨らむばかりである。

　＊推薦ディスク

1.「トゥーランガリラ交響曲」、「ほほえみ」（メシアン）、「管弦楽のための協奏曲」（ルトスワフスキ）：M・ヤノフスキ指揮

2.「峡谷から星たちへ」（メシアン）：チョン・ミョン・フン指揮

3.「神の降臨のための3つの小典礼」「天国の色彩」「聖体秘蹟への賛歌」（メシアン）：チョン・ミョン・フン指揮

4.バレエ「ダフニスとクロエ」（ラヴェル）：チョン・ミョン・フン指揮

5.交響曲第3番「カディッシュ」、「チチエスター詩篇」（バーンスタイン）：佐渡　裕・指揮

36. ストラスブール・フィルハーモニック管弦楽団
(ORCHESTRE PHILHARMONIQUE DE STRASBOURG
= STRASBOURG PHILHARMONIC ORCHESTRA)

　前世紀における植民地政策の影響から、それを推進していたヨーロッパ各国は今、難民やそれに類する越境者、およびかつ自国の領土だった国の政争と、宗教対立が生み出したテロリズムの頻発などで、非常な困惑の中にある。

　その一方で、人間が生み出した知性と感性、そして圧倒的な技術の練磨で到達した演奏芸術も、そのような社会的カオスの中では行き場を失い、未来へ延命が図れるか否か予測が不透明、という状況下におかれている。

　Classical(「最高の」意)音楽は、この先どこへ向かうのか？　あるいはこの混沌の世の中で、それは依然として Classical のままでいられるのか？

　そのような考えを思わず揺蕩させてしまうのは、ついにというか、予想通りというか、2015 年の末に、パリの劇場がテロの標的となったからである。

　「因果応報」という言葉通り、昔日の対立は「Revenge」としていつかは具現されるか、あるいはそのような予測、そして怖れを生み出すものだ。その最も良い最近の例が、上述のパリ事件に加え、1990 年前後の湾岸戦争時と、2001 年 9 月 11 日のアメリカで起きた同時多発テロ攻撃であった。

　湾岸戦争について述べると、イスラエルを支援するため Gulf Coast に派兵したアメリカは、全米に援助金拠出のキャンペーンを展開。当時筆者が住んでいたマンハッタンの街も、イスラエル支援を呼びかける声で溢れた。路線バスは言うに及ばず、停留所や人の集まりそうな場所に、巨大なポスターが貼られ、フライヤー(チラシ)が積んであるのを連日目にした。

　そして人の集まるカーネギー・ホールやリンカーンセンター内の各施設(NY フィルハーモニック・ホール、メトロポリタン・オペラそして NY 市立劇場やジュリアード音楽院等)に、武装警官そして警備員が立ち、入場者をガイガー・カウンターでチェックするというモノモノしさである。

　更にそれから十余年後のいわゆる 9・11 では、それこそ悪夢のような地獄絵図が出来した。そこでは最早、警備に守られて芸術を鑑賞する、というレヴェルを飛び越え、命と引き換えにそれを楽しむ、という覚悟が必要だった。

　そんな雰囲気に接すると、戦時の戦場の緊張感が一気に襲って来るだろう。そしてなるべく心を沈め、演奏芸術の粋を楽しもうとするが、テロの恐怖でうまく行く筈がない。

　そのような目に遭う機会がこれまで極小だったわが国民には、流石に対処法等

思いもつかないと想像する。

　ここでいきなり話が飛躍するが、フランス北東部にある街ストラスブールは、17世紀以降、常にドイツとフランスの間で起こる血の戦いの中で、緊張を強いられてきた歴史を持つ。

　そもそも同市の名称の始まりはドイツ語で「Strasburg＝シュトラスブルク」（「街道の街」の意）であり、それがフランス語の「Strasbourg」と表記されるようになったに過ぎない。現在アルザス＝シャンパーニュ＝アルデンヌ＝ロレーヌ地域圏の首府であり、バ＝ラン県の県庁所在地である同市は、これまでに独仏間で戦争が起こる度に、勝利者側の領土として、上述の2つの呼称を使い分けて来たのだ。

　すなわち大まかに纏めると、同市の変遷は次のような具合である。

　　(1)　ローマ領として出発。のちドイツの神聖ローマ帝国領となる。

　　(2)　カトリック教会がシュトラスブルク司教座を設置。（ドイツ領のまま）

　　(3)　1697年レイスウエイク条約によりフランス王国領となる。

　　(4)　晋仏戦争の結果ドイツ帝国領に復帰

　　(5)　第1次大戦の結果フランス領となる。

　　(6)　1940年独仏戦の結果ドイツ領となる。

　　(7)　1944年連合軍が奪還し、フランス領に復帰。

　同市の歴史を俯瞰すると、まるで離婚した夫婦が、2人の間に出来たストラスブール（あるいはシュトラスブルク）という子を、交互に奪い合っているような感じだ。

　冗談はさておき、独仏間の所有権争いの的にされたにも関わらず、同市の住人達はフランス有数の音楽文化（特に演奏芸術）を守り育てて来た。その事実はいくら強調しても、それのし過ぎということはない。

　そして同市で常設楽団が誕生したのは何と1855年、というから恐れ入る。2005～2006年度には、創立150周年という堂々たる、まさしく世界に冠たる実績をアピールした「祝賀シーズン」を挙行したのだ。

　市を2分する血戦の歴史を繰り返しながら、今やスーパー・オーケストラに成長を遂げたストラスブール・フィルハーモニー国立管弦楽団（OPS）を、この街は保持しているのである。

　しかし実をいうとこの街の楽界には、そのことより驚嘆する事実があるのだ。それは1730年から既に、「音楽アカデミー」シリーズとして本格的なコンサートが開かれていた、ことである。

　もともと演奏芸術には熱心な街だったとはいえ、その頃からF・ザナヴィエ・リシャールや、イグナツ・ブレイエルらの作曲家を輩出し、特に後者はジョアン・P・ショーンフェルトによって組織（1781年）されたコンサート・シリーズに参加、初の音楽祭の形態をとったイヴェントを展開して、市民の人気を集めるという具

143

合であった。

当初からそのように熱心な取り組みがあったお蔭で、同市の音楽関係者および音楽ファンの市民は、早くから常設オーケストラの必要性を感じていたのである。

そして1848年、ストラスブール音楽院が開設され、間もなく同院のスタッフを中核体として、ストラスブール・フィルハーモニー管（SPO）が誕生した。が、同団は現在のOPSの前身ではない。年々高まるアンサンブルの需要に対応するため、組織された楽団であった。

そんな状況下で、当初から高水準の演奏を提供するアンサンブルを目指し、そして創出したのがJ・ハッセルマン。当時ストラスブール楽壇の盟主の一人だった彼は、先行のSPO同様、ストラスブール音楽院の教授スタッフを中心に、市内および近郊から精鋭奏者を集め、1855年ついにOPSの前身となるストラスブール市立劇場の専属楽団を創設する。

同団はそれ以来1972年に現在の名称へ変わるまで、ストラスブール市立管弦楽団という名の下、オペラ伴奏（具体的には、アルザス地域圏のストラスブール、ミュルーズ、コルマール3市が共同経営するラン国立歌劇場の一つ、ストラスブール歌劇場での演奏のこと）とコンサート・オーケストラ（ストラスブール市のみでのコンサートに限ると、その公演数は30回程度である＝2015〜2016年度シーズン）の両方をこなすことになる。

両大戦で交互に独仏の領土となる未来（1872年まではフランス領、1873〜1917年はドイツ領、1918〜1940年がフランス領、1940〜1945年がドイツ領、1945年以降はフランス領）を強いられるストラスブール市民に、ハッセルマンが創設した楽団は、音楽を通して精神的安定を齎そうと奮闘してきたのである。

そして結果的にそのような姿勢が、大都市パリにある大アンサンブルには出来ない、きめ細かくしかも充実した地域住民への音楽サービスとして顕在し、それが今も変わらずに同団の最大特長となることを促したのだ。

そして同団のポディアムに君臨した歴代シェフ達は以下の通りだ。

1. ヨゼフ・ハッセルマン（1855〜1871）
2. フランツ・シュトックハウゼン（1871〜1907）
3. ハンス・プフィッツナー（1907〜1915）
4. オットー・クレンペラー（1915〜1918）
5. ハンス・プフィッツナー（1918〜1919）
6. ガイ・ロパルツ（1919〜1929）
7. ポール・パレー（1929〜1940）
8. ハンス・ロスバウト（1940〜1945）
9. ポール・バスティド（1945〜1950）

10. エルネスト・ボウア（1950 ～ 1964）
11. アルチェロ・ガリエラ（1964 ～ 1971）
12. アラン・ロンバール（1971 ～ 1983）
13. テオドール・グシュルバウアー（1983 ～ 1997）
14. ジャン・レイサム・ケーニヒ（1997 ～ 2003）
   ＊客演指揮者の時代（2003 ～ 2008）
15. マルク・アルブレヒト（2008 ～ 2011）
   ＊客演指揮者の時代（2011 ～ 2012）
16. マルコ・レトーニャ（2012 ～ ）

　近年になるに従い、後任のリクルートに間が空くようになったことを除けば、シェフの交替は順調である。

　それでは早速、主要な歴代シェフ達の足跡を辿ってみよう。まず草創期で注目されるのは、プフィッツナーである。作曲家でもあった彼は、代表作のオペラ「パレストリーナ」でも知られる通り、OPS のフレキシビリティを一気に高め、特にベートーヴェンの交響曲で秀演を連発した。

　それに対し、もう一人の巨匠クレンペラーの功績はあまり見られず、その関心が既に他のスーパー・バンドに向けられていたことが窺える。ただ彼の後に続くロスバウト以前、楽団の音色にドイツ風の味付けをしたのは当然である。

　OPS は創設時から約 50 人編成の中規模団体だったが、それを常時 80 人以上という伝統的なドイツ風編成にスケール・アップしたのは、そのロスバウトの時代（1940）であった。（2015 ～ 16 年度現在の楽員数は 110 人に増員されている。）

　しかしアンサンブルは常にフランスの香りを漂わせ、同国の楽団であることに固執し続けた。（特にパレーの時代は戦時ということもあり、より一層熱気を帯びたコンサートを提供し続けた、と言われる。）

　このように、領土が替わっても、OPS の音色が独仏どのシェフになろうと不変を貫徹したのは、楽員の持つある種の演奏家魂が感じられるようで、頼もしい気がする。

　さて芸術的には仏国楽壇の中心地パリに追いつき追い越せを目指していた OPS が、創設以来飛躍への一大転機を迎えたのは、ロンバールの体制下 1972 年に於いて、である。同国文化相は、文化政策の一環として OPS を改組、国立の楽団へ昇格させ、本格的な資金援助を始めたのだ。

　これで同団は若きシェフ・ロンバールの下、パリの各アンサンブルと競える体制固めが出来上がる。そしてロンバールは OPS を仏国の看板オーケストラにすべく、ライン歌劇場のシェフを兼務しながら、12 シーズンに亘って録音（エラート）、楽旅、定期公演と、精力的な活動を展開、市民の期待に応えた。

145

しかし彼の後任グシュルバウアーは、在任期間こそ長かったものの、メジャー・レーベルとの録音契約に恵まれず、地味なアプローチも災いして、爆発的な成功を収めることが出来なかった。

そして続くケーニヒ、アルブレヒト共に、客演指揮者制を中に挟み、かつ在任期間も短期に終わっていることからも察しられる通り、低調なシーズンを送った。

現在のシェフは、スロヴェニア出身のマルコ・レトーニャ。祖国のリュービアナ音楽院でアントン・ナヌート、ウィーンの音楽院でオトマール・スイトナーに師事した逸材。オーストラリアのタスマニア響MDとの兼務で、オペラ、交響管弦楽作品と、幅広いレパートリーを持つ彼に、市民の期待は大きい。

＊推薦ディスク

1. 幻想交響曲、序曲「ローマの謝肉祭」（ベルリオーズ）：A・ロンバール指揮
2. 交響詩「海」「夜想曲」「牧神の午後への前奏曲」他（ドビュッシー）：A・ロンバール指揮
3. 「春の祭典」（ストラヴィンスキー）：A・ロンバール指揮
4. 交響曲第7番（ブルックナー）：T・グシュルバウアー指揮
5. 交響詩「ドン・ファン」、「死と変容」、「ティル・オイレンシュピーゲルの愉快な悪戯」（R・シュトラウス）：M・アルブレヒト指揮

37. アンサンブル・アンテルコンタンポラン
(L'ENSEMBLE INTERCONTEMPORAIN)

サダム・フセインがイスラエルに打ち込むスカッド・ミサイルが、湾岸戦争を激化させる引き金となり、イランの直接の対戦相手アメリカは、不退転の決意で戦争に臨む。

当時NYマンハッタンに住んでいた筆者の住居のある1番街26丁目から、徒歩で15分の42丁目にある国連本部では、連日反戦デモが渦を巻いていた。

戦争の本格化と共に、アメリカ国内はテロリズムのチェックが日々厳しさを増す。カーネギー・ホールでも入場者の私物検査が行われ、戦争を知らない世代の筆者も、否応なく戦時体験をさせられてしまうのだった。

そんな物騒な世情のせいだろうか、ピエール・ブーレーズに率いられ、カーネギー・ホール開館百周年記念シリーズに招かれた、アンサンブル・アンテルコンタポラン（EIC）と共演する筈のマウリツィオ・ポリーニはキャンセルした。

ポリーニが弾くウルトラ・モダーンを楽しむために集まった聴衆（筆者も含め）

は、戦争を呪いつつも、それでも新作の出来に期待しながら座席にいた。

聴衆の入りは約8割。2800席のCapacityを持つホールにしては、しかも超の付く現代作品ばかりで構成されたコンサートでの聴衆の数、とすれば、かなりの大入りである。

更に、ホール前では、いわゆるダフ屋との、いつもと変わらぬ「熾烈な駆け引き」が展開されているのだ。流石はポリーニ（否、ブーレーズ！）と、嬉しい心内語を繰り返しながら、筆者は開演を待っていた。

そして結果は？　期待以上の素晴らしさ、楽しさ、発見と興奮の連続であった。

それにしても、ブーレーズの使命感には胸を打たれるばかりで、更に彼の熱意を受け止めるマンハッタンの聴衆にも感心する。

演奏中、ジュリアード音楽院やどこかの大学で作曲を専攻している学生達の、ブーイングや、無意味な嫌がらせのような矯正を立てる行為が気になったが、それらの全てを忘れさせてくれる熱中度が、ブーレーズの指揮からはストレートに感じ取れた。

近くのCDショップや、通っていたワシントン広場内のNYU周辺にある古書店内で、アヴァン・ギャルドを本気を出して漁り始めたのは、その翌日からであった。

さてブーレーズが率いたEICは、1975年、当時のフランス文化相ミシェール・グイと、そのブーレーズの提唱によって創立されたアンサンブルである。創設に際してのアイディアの提供者は、イギリス人ニコラス・スノマウスであった。

続々発表はされるが、演奏される機会が滅多になく、大半が譜面に書かれたままの状態で忘れ去られる新しい作品。それを専門的に演奏紹介するのがEICである。

同様の思想の下で旗揚げした組織はアメリカにも存在（アメリカン・コンポーザーズ管弦楽団＝ACO）するが、EICはサイズやメンバー構成の各点で同団とは異なっている。

ブーレーズの構想では、管弦楽曲から様々な楽器の組み合わせによる新しい楽曲を、高度で洗練されたテクニックにより弾きこなす、ソロイスト集団31人で構成した常設アンサンブル、というものだった。

以前からポンピドー大統領の強力な後押しで、世界最先端の現代音楽センター設立を目指していたブーレーズ。しかし彼は当時NYフィルとBBC響のシェフを任されており、従って文化相と2人でEICを創立しても、演奏部門の直接責任者とはならず、楽団の理事長として、専ら側面から同アンサンブルと関わるという形をとった。

自らアンサンブルを率いる、演奏部門の最高責任者となったのは、NYフィル、BBC響との関係を一段落させてからである。

1977 年ブーレーズは更に、前述のポンピドー大統領に託された現代音楽セン
ター構想を練り上げ、今度は IRCAM(Institut de Recherche et Co-ordination
Acoustiqu/Musique=Institute of Acoustic Music Research and Coordination)
＝音響音楽合同研究所（略称＝ IRCAM・イルカム）を設立。EIC を同センター付
属の演奏団体に改組した。

　そしてブーレーズは 31 人のメンバー（当初はフランス全土から集められた「現
代音楽の演奏を得意とする奏者」で固められていたが、今では国際色豊かな人員
構成となっており、同団から世界の演奏サーキットへ飛び出す人々も増えている。
D・ロバートソン＝現セントルイス響、及びシドニー響音楽監督、J・ノット＝現
スイス・ロマンド管弦楽団、東京交響楽団音楽監督、スザンナ・マルッキ＝ 2016
年秋からヘルシンキ・フィル音楽監督）、そしてチェロ・ソリスト＝ジャン・ギア
ン・ケラス等がその例）の大半が、同研究所で教鞭を執ったり、研究を続ける傍ら、
演奏活動にも参加できるような体制作りを整える。

　楽員の勤務内容にも配慮が行き届き、全体の 3 分の 2 が EIC での演奏活動、残
りが他の室内楽グループやオーケストラとの演奏、そして IRCAM での研究生活
に割り振られている。その結果はめざましく、人々の現代音楽に対する関心を一
気に高めてきた。

　IRCAM ＝イルカムは当然のことながら、現役の作曲家達にも大いに勇気を与え
ることになった。なにしろ自作を紹介する機会が増え、しかもその内容を最高の
設備を使って録音できるのだ。

　選び抜かれたプロフェッショナル奏者による、「20 世紀に作曲された作品の紹
介」、という EIC の設立目標はこうして、予想以上の成果を収め始めている。加え
て IRCAM は、新作をも次々に委嘱してきた。

　そしてそれらの演奏を通じ、新作のファン層を拡大している。その牽引者役を
務めた歴代のシェフ達は、以下の通りである。

　　　＊創設責任者・運営理事長兼指揮者・ピエール・ブーレーズ（1975 〜 1978）
　　　＊音楽監督：ピエール・ブーレーズ（1975 〜 2016）
　　　＊ミシェル・タバチュニク（1975 〜 1979）
　　2. ペーター・エトヴェシュ（1979 〜 1991）
　　3. ディヴィッド・ロバートソン（1992 〜 2000）
　　4. ジョナサン・ノット（2000 〜 2003）
　　　＊客演指揮者の時代（2003 〜 2006）
　　5. スザンナ・マルッキ（2006 〜 2013）
　　6. マシアス・ピンチャー（2013 〜 ）
初代シェフには創設者のブーレーズが就任したことになっているが、当時激務

だった彼は、かなりのプログラムを弟子のタバチュニクに任せている。

ところがそのタバチュニクの EIC に於けるキャリアについての記録は、何故か殆ど見当たらない。（2015 ～ 16 年度シーズンの、同団が発表している広報資料を見た結果であるが・・・。）

タバチュニク本人による BIOGRAPHY には勿論、そのキャリアが記載されているので、EIC で首席指揮者を務めたことは間違いない。（ただそれに関しては、彼が 1990 年代のキャリア円熟期に、カルト教団（Solar Temple ＝太陽寺院＝彼はその信者であった）の大量自殺事件と関わり、妻子を亡くして起訴されるという出来事（結局は無罪となった）があった。そのため、その事件との関連で EIC に於けるキャリアの記載を消去された、とも考えられる。）

タバチュニクの後を継いだエトヴェシュ体制になると、EIC のスケールは増々拡大、堂々たる定期公演シリーズを組み、それこそ世界中から聴衆を集めることになった。

創設間もない頃からのプログラム・ビルディングを見ると、20 世紀に発表された傑作群を網羅した内容に加え、新進の作品をうまく組み合わせているのが分かる。「新しさの中に、更に新しさを見詰めようとする姿勢」である。

古典のスタンダード作品が中心の、普通のオーケストラのそれとはかなり趣が異なるのは当然としても、客演者には堂々たる世界の名流指揮者（K・ナガノ等）、やソロイストを揃え、公演会場は常に満杯の状態なのだ。

EIC にとって、国営演奏団体という形態は確かに強みではあるが、しかしそれを支える好楽家の存在なしには成り立たない職業である。

上述したように、同団のシェフを務めた人々の大半が今では、伝統的アンサンブルのシェフへ転出している。その中には、初代のタバチュニクのように、作曲家としても名を成し、ベルリン・フィルやアムステルダムのコンセルトヘボウ、そして我が国の NHK 響等、数多くの世界的メジャー楽団へ客演し、成功を収めた作曲家兼指揮者も存在する。（なおタバチュニクは現在、ブリュッセル・フィルの首席指揮者の地位にある。）

EIC そしてイルカムはまさしく、現代作品に最も深い理解を示す人類史上初の団体である、と言えるが、そこから伝統あるアンサンブルを牽引する指揮者達が育っていくことも、新旧が確実に結びついていることを確認出来るようで、実に意義のあることだ。

政治と音楽が理想的な形で結びついた結果生まれた EIC とイルカム。それは現代に生きる我々が、音楽芸術のために為すべき一つの例を示すものでもある。フランスは国を挙げてそれを実践し、そしてこれからもそうし続けるという。

経済不況やテロの恐怖が声高に叫ばれる現在、カネ食う虫の、しかも現代音楽

に全面的な援助を続けて行こうとするフランス。我々はその点だけで、同国人の文化水準の高さを認めねばならないと思う。

イルカムと EIC はいわば、海のものとも山のものともつかぬ作品に対する、フランスの国家的投資である。新しい作品に賭けようとするフランス人の勇気は、いくら讃えても讃えすぎるということはない、と思う。

2013 年のシーズンから EIC をリードしているのは、1971 年ドイツ生まれの現代音楽作曲家兼指揮者 M・ピンチャーだ。

G・クレーベ、M・トロヤーンに作曲を学び、ヘンツェとの出会いで才能を開花させた彼は、数多くのコンクールで入賞を重ね、次代を担う才能の一人として認知されつつある。

その 10 ページに及ぶ Biography には、彼のキャリアの詳細が余すところなく紹介されているが、ブーレーズが生きていた時に EIC のシェフを引き受けたことを、ブーレーズ自身は喜んでいたに違いない。そう思わせるほどの、旺盛な創造エネルギーの持ち主である。

現在は EIC を牽引する傍ら、ジュリアード音楽院で教鞭を執ったり、世界各地のメジャー団体へ客演する等で、多忙な日々を送っている。

＊推薦ディスク

1. 室内協奏曲（ベルク）、グラン・パルティータ（モーツァルト）；(Pf) 内田光子、(Vn)C・テツラフ、：P・ブーレーズ指揮

2. ピアノ協奏曲、チェロ協奏曲、ヴァイオリン協奏曲（以上リゲティ）：P・L・エマール（Pf）、G・G・ケラス (Vc)　、ガヴリーロフ (Vn)、；P・ブーレーズ指揮

3. 「ル・マルトー・サン・メートル」「デリーヴ 1」「デリーヴ 2」（ブーレーズ）：P・ブーレーズ指揮

4. 「Xi」「ファンタジー・メカニック」「二重協奏曲」他、（チン・ウンスク＝陳銀淑）：D・ロバートソン、大野和士・指揮

5. 「カッサンドル」（ジャレル）：S・マルッキ指揮

38. ブダペスト祝祭管弦楽団

(BUDAPEST FESZTIALZENEKAR = BUDAPEST FESTIVAL ORCHESTRA)

1956 年のハンガリー動乱を、当時のソ連首脳部（フルシチョフ、ブルガーリン）は「反革命」と断定し、2000 台の戦車を投入して同国への軍事介入へ踏み切っ

た。そして首都ブダペスト（ブダペシュト）を制圧、首相のナジ＝イムレを解任し、スターリン派のカーダールを捉えた。それからナジ＝イムレはソ連に連行後処刑され、カーダールは改革派を大量処分し、ハンガリー反ソ暴動を終結させる。

1960～80年代のハンガリーは、そのカーダールが築いた長期政権の下で一定の経済政策を進め、民主化の基盤を作る。

そして1989年、東欧革命の先陣を切ったハンガリーでは、1956年のハンガリー動乱（ハンガリー反ソ暴動、ハンガリー事件、ハンガリー民主化運動、等とも呼ばれている）は再評価され、平和と自由が戻った今では「国民革命」と言われるようになった。

かくのごとく、ハンガリーの人々は、一旦「人間の尊厳をかけた闘い」が始まると、不退転の決意で走り出す、というマジャール人特有の歴史を築いている。

アンサンブルの世界でも、そのやり方は変わらない。ソ連の激烈な軍事介入を潜り抜け、国外へ脱出した演奏家も確かに存在した一方で、命を賭して祖国に留まり、伝統ある音楽院を死守して演奏芸術家を育て上げ、ついに「」音楽を、最善の形で再現する演奏団体を創出し続けて行く。

その結晶体の1つが、指揮者イヴァン・フィッシャーと、ピアニスト＝ゾルターン・コチシュが協力して設立した「ブダペスト祝祭管弦楽団」（BFO）である。

同団の沿革は、「BFO・30Years」というタイトルの下、楽団HPで詳述されているが、そこから読み取れるのは、理不尽な権力の抑圧を撥ね返しながら前進する偉大なるハンガリアンの、政治及び芸術を追求するための「闘争の歴史」だ。

さて同団は、「ブダペストの春」音楽祭で主役を務めるアンサンブルを創出する目標の下、ハンガリー全土からフリーランス及び現役に関係なく、腕利きの若い奏者を結集して組織した団体として船出する。

組織化の音頭をとったフィッシャーとコチシュは、BFO創設当時共に30代前半（前者は1951年生まれの32歳、後者は1952年生まれの31歳）である。

いずれも祖国楽壇の興隆を願いながら、鬱勃たるパトスを以て、楽団創設前から、運営に関する細部の方針について徹底討論を繰り返す。その結果、明確な活動の方向性を確認しながら、徹底した自主管理団体としての性格を保持し、「プログラミング、管理運営形態の確立、活動の方向性の明確化」等など、今後演奏活動の阻害要因となりそうな項目を列挙、その対応策を練り挙げながら、初代の音楽監督にイヴァン・フィッシャーを据えて、着実にスケール・アップを図って行くことになった。

1. イヴァン・フィッシャー（1983～ ）
＊首席客演指揮者（ ～1997）サー・ゲオルグ・ショルティ（1997～ ）
＝名誉首席客演指揮者

151

BFO が名実共に Full Season のスケールで、コンサートを提供するようになったのは、1992 年から 2000 年にかけての間である。

　それまでは 1 シーズンにつき 4 ～ 5 回程度のペースで、国内の主要音楽行事に出演する、いわばパートタイムのアンサンブルであった。

　しかし上述の期間に、ブダペスト市当局と、新たに設置された 15 人のハンガリー人で構成する BFO 財団、及び市内の大企業や銀行などが同団の支援を決めた。そして同団は、2000 ～ 2001 年度シーズンから、今度は BFO 財団の管理下に入ることになった。

　BFO 財団とは、ブダペスト市評議会が 5 年毎に支援の契約更改を行う組織で、いわば楽団の管理中枢である。

　ところが支援の輪は、そんな形だけには留まらなかった。2003 年になると、今度は何と文化省が、BFO の支援に乗り出す方針を発表したのである。

　そのため BFO はここに至って、創設当初の目標だった「完全自主管理運営団体」としての形態から、国立の演奏団体へと変貌を遂げたのだった。

　以来 BFO の躍進は留まるところを知らなくなる。豪華なゲストを並べた定期公演（会場は、バルトーク国立コンサート・ホール、リスト音楽院大ホール）の充実ぶり、特別公演（ハイドン・モーツァルト・コンサート等）、啓蒙プログラム（子供達のための「室内楽、管楽器等による、ココア・コンサート」）、特別定期公演（サマー・コンサート＝ 8 月、クリスマス・サイクル＝ 12 月、そして 3 月の「ブダペスト春の音楽祭」）、国内外への楽旅等など、引く手数多の録音のオファー、と、最近はまさにわが世の春を謳歌しているような盛況ぶりだ。

　しかも全楽員は毎シーズン、その間隙を縫ってオーディションを課せられるのだ。理由は、全員がソロイストとして契約をするなど、高水準の技巧を保持するよう求められているからだ。

　そのような厳格な方針で貫かれるアンサンブルの中心にいるのは、創設者であり、音楽監督でもあるイヴァン・フィッシャー（ハンガリー語では、「フィッツシェル・イヴァーン」）に他ならない。

　楽団の方針が間違っていないことを証明するものの 1 つは、例えばグラモフォン誌（2008 年 12 月号）が選んだ「世界のベスト・オーケストラ・ランキング」の結果である。同誌は BFO を「世界第 9 位」に選出したからだ。

　ウィーン音楽院で名伯楽ハンス・スワロフスキーに師事し、ノーザン・シンフォニア（1979 ～ 1982）のシェフを皮切りに、ケント・オペラ、北米のナショナル響、ベルリン・コンツエルトハウス管そして BFO と、キャリア作りは快調そのものである。父親のシャンドール、兄のアダム、そして従兄弟のジェルジも指揮者という、稀有の音楽一家に生まれた彼は、この先一体どれくらいの長さ BFO に留まり、ど

れくらいの高さまで芸術的到達点を伸ばすのだろうか。

＊推薦ディスク

1. 交響曲第4番、第6番「田園」（ベートーヴェン）：I・フィッシャー指揮
2. 「ショルティ・コンダクツ・バルトーク」（バルトーク）：サー・G・ショルティ指揮
3. 「春の祭典」「火の鳥」組曲、「ロシア風スケルツォ」（ストラヴィンスキー）：I・フィッシャー指揮
4. ピアノ協奏曲全集（バルトーク）：(Pf).A・シフ，：I・フィッシャー指揮
5. 交響曲第6番 "悲劇的"（マーラー）：I・フィッシャー指揮

39. ハンガリー国立管弦楽団
(HUNGARIAN NATIONAL PHILHARMONIC)

　齢90歳を目前に控えた朝比奈隆が、北米の名門シカゴ交響楽団（CSO）の定期公演デビュー(1996年5月16、17、18日)を果たした時、我が国の新聞はその快挙を大々的に報じたものである。

　世界指揮界最長老の1人・朝比奈の、遅すぎた同団へのデビューであった。とはいえそれは同時に、当時の世界の演奏芸術界が、日本人指揮者の水準を文句なしに認める最後の作業、でもあったと思う。

　すなわち朝比奈が、アメリカ最高というより、今や世界のサーキットでも先頭グループに属するCSOを指揮することで、Japan Originalは世界に認知されたのである。

　そして朝比奈のCSOデビューは、かつて同団の定期シリーズの常連となり、またラヴィニア音楽祭の音楽総監督まで勤めた小澤征爾が収めた成功とは、当然別の意味をもつものであった。

　（当時のCSO会長ヘンリー・フォーゲルの尽力が実現させたとはいえ）、朝比奈がアメリカで成功を収めたことにより、日本で指揮の教育を受け、日本でキャリアを積んだ人々が海外で認められていくケースは、その後増えて行くことになる。

　それが一般化して行くにはまだ時間が必要に思えるが、もし今後加速度的にそうなって行けば、日本人の優秀性はあらためて世界に認められていくと思う。

　さて、世界のメジャー楽団あるいはオペラ・ハウスを率い、演奏サーキットを席巻している日本人指揮者は、2016年度シーズン現在どれほどいるだろうか。ざっ

と数えても 20 人以上はいると思われる。

その中で 10 シーズン以上の長期間在任していたのは、小澤征爾（ボストン響、のちにウイーン国立オペラへ転出）と小林研一郎 (ハンガリー国立響) の 2 人だけである。

キャリア・メイキングの初期から世界へ飛び出して行った小澤を別格とすれば、小林の記録も、「我が国が音楽受信国から発信国へ転じたことを明確に証明するもの」として、音楽史に燦然と輝くものになると思う。

ところでその小林が活躍の場を持つハンガリーの楽壇には、音楽史的に見て非常に興味深い点がある。それは世界に冠たる大指揮者達を輩出しながら、同国最高クラスのアンサンブルは、そのシェフの座を（我が日本人＝小林研一郎＝を含め）外国人に任せてきた、ということだ。

ハンガリーが生んだ名流指揮者には、A・ニキシュ、F・ライナー、G・セル、サー・G・ショルティ、J・フレンチーク、F・フリッチャイ、I・ケルテス、A・ドラティ、そしてアダムとイヴァンの 2 人のフッシャー。

どの指揮者達も、後世に残る優れた実績を、自国のアンサンブルと組んで成し遂げたのではなく、全て外国の、それも第一級のアンサンブルに君臨して達成したのだった。

他にも同様の例は見つかるだろうが、このハンガリー国の楽壇を見ると、指揮者は「飛び抜けて優秀な輸出品」であった、という気がしてならない。

しかもその品の価値は、自国内では見抜かれず（あるいは故意に無視され、冷遇され）、外国に出して初めて理解される、というものだった。

我が国でも一頃問題視された、「才能の流出」、の一例と通じるものではあろうが、その気の毒な才能たちは、外国ではもてはやされ、自国内では疎んじられて、その結果「自らの才能に見合う専用の演奏団体」を組織しなければならなかった。明白な例として、小澤征爾の辿った足跡が挙げられるのでなかろうか。

そしてハンガリー楽壇でも、最近までは我が国同様の構図が存在していた。幾つかの例を挙げると、アダム・フィッシャーがシェフを務めた「オーストリア・ハンガリー・ハイドン管弦楽団」、それからイヴァン・フィッシャーが率いるブダペスト祝祭管等がそうである。

しかし幸いなことに、そのような状況はこの十数年で正常の形（すなわちハンガリー人が、ハンガリー国内の主要楽団のシェフを務めるということ）を取り戻すようになった。

その最もよい例（つまりハンガリー人が、シェフとしてハンガリーの看板楽団を率いること）が、1997 年シェフに正真正銘のハンガリー人＝ゾルタン・コチシュを迎えた、「ハンガリー国立交響楽団」（HNP）である。

世界的なストリング・プレイヤーの供給国としても知られるハンガリーは、その育成機関「リスト音楽院」を中心に、全方位型の音楽教育センターを国内各地に展開。いずれも世界最高水準の芸術的成果を挙げて来た。

　そしてその実質的体現団体であるHNPは、第1次世界大戦後の1923年、すなわちハンガリーがオーストリアから独立を果たして5年後のことであった。

　同団の名称は創設当初「ブダペスト市立管弦楽団」、デジェー・ボーアに率いられた「セミ・プロフェッショナル」の団体。創設後1937年までの16年間、活動を継続し、同年ベラ・チェシェリーを首席指揮者に迎えてプロ集団となった。

　それを後押ししたのが、ブダペスト市からの財政援助である。以後市民からの圧倒的支持を得て、同市のみならず、国家を代表するアンサンブルとして歩み出す。

　そして同団の発展を促進した歴代シェフ達は、前身となった時期からの人々を加えると、以下の通りである。

　1. デジェー・ボーア（1923 〜 1939）
　2. ベラ・チェシェリー（1939 〜 1944）
　3. フェレンツェ・フリッチャイ（1945 〜 1948）
　4. ラスズロ・ソモギ（1945 〜 1952）
　5. ヤーノシュ・フェレンチーク（1952 〜 1984）
　　＊客演指揮者の時代（1984 〜 1987）
　6. 小林研一郎（1987 ＝首席指揮者〜 1992 〜 1997 ＝音楽総監督））
　7. ゾルタン・コチシュ（1997 〜 ）

　断っておくが、HNPはハンガリー最高水準を誇るオーケストラだが、同国最古のそれではない。同国で最も古い歴史を持つ楽団は、1853年に創設されたブダペスト・フィル（ブダペストにある「ハンガリー国立歌劇場専属オーケストラ」のことで、コンサート活動時に「ブダペスト・フィル」＝ BPO ＝の名称を使う）である。

　さて自主運営の形で動き出したHNPは、創設後暫くの期間は、厳しい運営を余儀なくされ、芸術的にもライヴァル＝BPOとの間で、厳しい局面に立たされ続けた。

　しかし初代シェフのボーアは、そのような局面をモノともせず、常に不退転の決意で楽員を鍛え上げ、続く2代目のチェシェリーも同様のアプローチで、アンサンブル作りに励んだ。

　2人の厳格な訓練が奏功し、楽員は次第にプロ意識を育てて行ったが、その前に立ちたちはだかったのが、第2次世界大戦である。他のヨーロピアン・アンサンブル同様、HNPもままならぬ楽員の補強に苦労しながら、組織の再建維持に尽力しなければならなかった。

　そこで登場するのが、F・フリッチャイである。リスト音楽院出身で、15歳の

時に指揮者としてデビュー。戦後のベルリンに彗星の如く登場し、かつ国際的な演奏サーキットの常連として認知されつつあった当時の彼は、祖国ハンガリーの創設後間もない楽団で、その実力の一端を披露する。

噂に違わぬ彼の好リードで、HNP はメキメキ向上した。その結果同団は彼に、長期在任を期待する。だが彼は、RIAS 響 (1954 年以降は「ベルリン放送響」と改称した) のシェフを引き受け、僅か 3 シーズンで HNP のシェフの座を降りて行く。

4 代目のソモギは、7 シーズンに亘って HNP に君臨、グレードとスケール両面の向上に努めたが、効果の点ではあまり見るべきものがない。ただ一つ評価されるのは、フリッチャイの遺産を損なわずに継承していた、ということである。

更に彼は、国際的知名度という点で他とはかなり劣っていたものの、ビッグ・ネームが来るまでの中継ぎ役に徹し、また 1956 年のハンガリー動乱を期に祖国を離れるまでの間、HNP を守るという大役を果たしており、そのことも高く評価されてしかるべきだと思う。

ヨーロッパには彼のように、地味だがユーティリティ・コンダクターと呼ぶべき指揮者達が多数いる。そして彼らは各団体の水準を維持するための、いわば縁の下の力持ち的な役割を果たしてきた。ソモギもいわばその 1 人だが、彼が退任するシーズン、HNP はそれまでの名称「ブダペスト市管弦楽団」を現在の名称へと改め、いよいよ本格的な飛翔への体制固めに入ったのだった。

その推進役となったのが、ソモギの後任フェレンチークである。中興の祖と呼ぶべき彼は、在任期間 32 シーズンという途方もなく長い記録を打ち立てる。

今に至る HNP の方向性、サウンドの資質や団員同士のインターアクト (相互作用、影響し合うこと) のスタイルは、その 30 年に及ぶフェレンチークの時代に培われ、そして定着したものである。

彼は楽員のモラル向上を促すために、録音（国営フンガロトン・レーベル）と国外への楽旅を頻繁に行ない、レパートリーを拡大した。またハンガリー動乱に際しても、率先してアンサンブルを守り、楽員を勇気づけながら、公演を続けた。

しかし国情が安定するに従い、実力者の彼は、ブダペスト・フィル、ハンガリー国立オペラからもシェフへの就任要請が相次ぐ。お蔭で彼の指揮スケジュールは、次第に多忙さを増していく。

フェレンチークが祖国で 3 つの主要ポストを独占するのは、才能がそれだけ不足しているからであり、更に大戦中ハンガリー出身の大物指揮者達が、ナチ禍をはじめ政治的な理由で外国へ逃れ、戦後も帰国せずに国外で活躍の場を求めたからであった。

そのような状況を認識していたフェレンチークは、あくまでも自国内に活動の中心を置き、後進の育成にも熱心に取り組んだ。その結果、1962 年にはブダペス

ト出身のエルヴィン・ルカーチが、「ローマ国際指揮者コンクール」で優勝を遂げる。

ルカーチは指揮スタッフに迎えられ、アメリカ楽旅へも帯同、その後は次第に大役を任されて行く。そして彼は将来、フェレンチークの後釜として、HNP を牽引するものと期待された。

ところがその1984年、フェレンチークが他界すると、後任を任されたのはルカーチではなく、小林研一郎だったのである。しかもその人事が決定したのは、フェレンチーク逝去後3シーズンが経った後の事であった。

小林がHNP のポディアムに初めて乗ったのは、1974年のブダペスト指揮者コンクールに優勝した年、である。以来彼は同団との関係を緊密化し、ハンガリー楽壇に新風を吹き込むオリエンタルの感性、として注目を集めるようになった。

彼の芸術は、楽員そして聴衆の双方から厚い支持を集め、特に録音が活発に行われ、同団のディスコグラフィを充実させていく。

当時の小林は、北米ボストンを本拠にグローバルな活躍を展開する、小澤のキャリアを追走するメジャーな存在と思われるほどであった。

そしてその小林の後、ハンガリー屈指のメジャー楽団 HNP は、ここでようやく自国出身者に、シェフのバトンを託す。そのシェフとは、ブダペスト出身のZ・コチシュ。

5歳からピアノを始めた彼は、バルトーク音楽院、リスト音楽院で学んだ、正真正銘のハンガリー国産、だ。

かつてはラーンキ・デジュー、シフ・アンドラーシュと共に、「ハンガリーのピアニストの三羽烏」等ともてはやされた時期もあったが、今ではバトン中心の巨匠への道を歩んでいる。

名流ピアニストから指揮へ転向、1つの時代を刻んだハンガリー出身の先例と言えば、サー・ゲオルグ・ショルティである。コチシュ・ゾルターンが今後、そのショルティの達した地平にどれだけ達せられるか、興味を以て見守って行きたい。

＊推薦デイスク

1.「管弦楽のための協奏曲」、他（バルトーク）；Z・コチシュ指揮
2.「弦楽器・打楽器とチェレスタのための音楽」「ディヴェルティメント」「ハンガリーの風景」（バルトーク）：Z・コチシュ指揮
3.「管弦楽のための組曲第1番」（バルトーク）：J・フェレンチーク指揮
4.「幻想交響曲」（ベルリオーズ）：小林研一郎・指揮
5.「交響曲全集」（ブラームス）：小林研一郎・指揮

40. ハンガリー放送交響楽団

(MAGYAR RADIO ES TELEVIZIO SZIMFONIKUS ZENEKARA
= HUNGARIAN RADIO AND TELEVISION SYMPHONY ORCHESTRA)

　第2次世界大戦終戦の年の1945年、ハンガリー・ラジオ局が再開すると、ブ
ダペストに本拠を置く同局専属のオーケストラとして、ハンガリー放送交響楽団
(HRTSO) が創設された。目的は放送用業務の傍ら、商業録音を積極的に行い、
その間隙を縫って国内外への楽旅、及び定期公演を提供することで、第2次世界
大戦後の混乱期を生きるハンガリー人の精神面を、演奏芸術の側面から支えて行
くことである。

　同団は HRTSO 以外にも、独自の公演活動を展開し、その際にはブダペスト交
響楽団 (BSO) という名称の下でも活動することになった。

　そして初代シェフに招かれたのは、名匠ヤーノシュ・フレンチーク。既に堂々
たるキャリアを積み上げていた彼は、就任直後からアンサンブル作りに厳格な態
度で臨み、短期間でそれを実現する。

　加えて楽団の性質も、アンサンブルのグレード・アップに役立った。つまり数
多くの放送出演が仕事の1部（1960～80年代にかけて、ハンガリー国営ラジオ
放送は、放送時間の約6割を音楽番組に充てる、というプログラム編成方針を順
守していた）であるため、演奏する機会、レパートリーを増やす機会に恵まれた
からだった。

　お蔭で HRTSO (BSO) は創設当初から、楽員のモラルも高く、その活動範囲を、
早くもグローバル・サーキットに参加できるほど、広げていたのである。

　その勢いを止めるものがあるとすれば、戦後の混乱、特に危機を孕んでいた国
内の政治状況であった。そして不幸にもそれは、1956年の「ハンガリー動乱」(ハ
ンガリー民主化運動)の勃発で現実のものとなる。

　だがそれでも楽団は耐え抜き、危機を脱して、更に前進を続けることになった。
そんな時代を含め、同団を今日まで牽引してきたのは、以下の歴代シェフたちで
ある。

　1. ヤーノシュ・フェレンチーク（1945～1952）

　2. タマーシュ・ブロディ（1957～1961）

　3. ジョルジュ・レヘル（1962～1986）

　4. アンドラーシュ・リゲティ（1986～1993）

　5. タマーシュ・ヴァーシャリ（1993～2012）

　6. ペーテル・サーバ（2012～　）

＊小林研一郎（名誉客演指揮者：2014〜）

初代シェフのフェレンチークは衆知のように、ハンガリー楽壇の屋台骨を背負って立つ存在であった。

シンフォニー・コンサート、オペラの両分野で、まさしく八面六臂の大活躍を展開し、国外に活躍の場を求めた、自国出身の名流指揮者の穴を埋め続けた。

しかしハンガリー楽壇がグローバルな注目を集めたのは、せいぜい彼の君臨した時期だけである。続くソモギとブロディの治世になると、共に地味な音作りが災いしてか、その注目度は急落の一途を辿って行く。

ただ両者とも録音と楽旅にはかなり力を入れており、定期公演にも名流ゲストを欠かさずに招いて、市民の期待には応えている。

4代目のレヘルは、アンサンブルにとって、いわば中興の祖的な存在だった。24シーズンの長きに亘って在任し、フェレンチークに迫る実績を残している。特に高く評価されたのは、プログラムの中心に後期ロマン派の作品を据え、それに現代作品、特にハンガリー人作曲家の作品を内外に数多く紹介したことである。

そのためレヘルへの献呈作品は、後を絶たなかった。しかも彼は、それらを国外への楽旅（ヨーロッパ各地の音楽祭をはじめ、北米各国や日本など）でひっきりなしに演奏した。そのため、ハンガリー国民は勇気と自信を与えられ、楽団の人気はますます高まったのであった。

続くリゲティは、就任当初からハンガリー期待の若手、として注目を浴びた。F・リスト音楽院で学び、1980年にインディアナ州ブルーミントンで行われたレオ・ワイマアール・コンクールで優勝を飾り、最初はヴァイオリニストとしてキャリアを積んでいる。

指揮に転じた後は、ショルティ奨学金を支給されてウィーンへ留学、マルケヴィチに師事し、1985年にレヘルの下でHRTSOの補助指揮者を務めた後、1989年からは首席指揮者へ昇格した。

緻密な音作りを身上としており、またハンガリアンの指揮者らしく、オーケストラを鳴らす術に長けている。そのためか録音が多く、かなりのレーベルに70点近くのディスクを録音。更に客演も多く、特に生前のクラウディオ・アバドとは深い親交を結び、彼の率いるマーラー室内管へは何度も招かれ、コンサートやオペラ、そして90年代のウィーン・モデルンを指揮した。

HRTSO就任後は、特にリストの作品を精力的に録音し、また海外への楽旅を増やして、グローバルなスケールで勝負を続けた。

彼の後任ヴァーシャリは、スイス国籍を持つハンガリー出身のピアニスト兼指揮者である。リスト音楽院で学び、1948年にはリスト・ピアノ・コンクールを制し、作曲家のコダーイからスタインウエイのピアノを贈られたほどの腕前だった。

1956 年、ハンガリー動乱を避けて出国、スイスに落ち着いた。ピアニストとしても活躍を続け（ユーリ・アーロノヴィチ指揮によるラフマニノフのピアノ協奏曲全曲録音は出色）る一方、指揮をも継続した。

BPO 就任後は、ベートーヴェンとシューベルトの交響曲全曲録音に着手、目の覚めるような快速テンポ (特にベートーヴェンの交響曲第 7 番は、史上最速のテンポで有名。) で、音楽ファンを驚かせている。

そして現在のシェフは、指揮者兼ヴァイオリニストのペーテル・サーバ。（あるいはペーテル・サーバ・カルメスター、または、サーバ・ピーター・カルメスター）。1952 年ルーマニア・トランシルヴァニア生まれのルーマニア系ハンガリー人である。

スエーデン室内管のシェフ（1993 〜 2000）、フィンランドのクオモ・ヴィルトゥオージ室内管を創設後指揮者（1986 〜 ）となり、そしてブザンソン響音楽監督（1995 〜 2010）等で、指揮者としてのキャリアを確立した。

現在はフランスのリヨンに本拠を置き、同地の音楽院で教鞭を執りながら、ラップランド音楽祭（スエーデン）の芸術監督と HRTSO のシェフを兼務している。

A・シュニトケ、S・グバイドゥーリナ、G・アミ、G・クルターク、K・サーリアホ、そして H・デュトゥーら、現代音楽作曲家の錚々たる面々と深い親交を保つ彼は、HRTSO のプログラムに彼らの作品群を積極的に組み込み、定期公演や録音等で紹介している。

それらの一部は既に、アメリカ・ラジオ公共放送により「最優秀録音賞」(1995)に選出されたのをはじめ、高い評価を得ており、同団とのこれからの録音プロジェクトの充実が待たれるところだ。

＊推薦ディスク

1. ピアノ協奏曲（バルトーク）：(Pf)I・ヤンドー、A・リゲティ指揮
2. ピアノ協奏曲第 2 番、パガニーニの主題による狂詩曲（ラフマニノフ）
   ：(Pf)I・ヤンドー、G・レヘル指揮
3. 「荘厳ミサ（大祝典ミサ）」（リスト）：J・フェレンチーク指揮
4. 「ブダヴァリ・テ・デウム」、「ミサ・ヴレヴィス」（コダーイ）：J・フェレンチーク指揮
5. 交響曲全曲 (特に第 7 番)（ベートーヴェン）：タマーシュ・ヴァーシャリ指揮

41. ブダペシュト・フィルハーモニー管弦楽団

(BUDAPESTI FILHARMONIAI TARSASAG ZENEKARA
= THE BUDAPEST PHILHARMONIC ORCHESTRA)

　中央ヨーロッパに位置し、住民の大多数がマジャール人で占められる国ハンガリー共和国は、今日まで被占領、独立、革命運動を繰り返し、飽くことなく「自由」を求めて来た。

　19世紀からの歴史を大まかに振り返っただけでも、1848年（革命運動で、隷農解放とオーストリアからの独立）、1918年10月（民主主義革命で、共和国樹立を宣言）、1919年3月（革命で、ハンガリー評議会＝タナーチ政権発足）、1940年11月（三国同盟に参加し、ドイツ軍に占領される）、1945年4月（ソ連軍により全土が解放され、1949年以降「ソ連的経済体制」が移植される）、1956年（ソ連体制の改革を目指し、いわゆる「ハンガリー動乱」あるいは、ハンガリー民主化運動が起こり、ソ連軍に鎮圧される）、1990年（ソ連の崩壊に伴う、「完全自由選挙」が行われる）、1999年3月（NATOに加盟）、2004年5月（EUに加盟）、という具合だ。

　かくのごとく、権力に立ち向かうハンガリー一般大衆の勇敢さは、1956年のハンガリー動乱を描いた傑作映画「君の涙ドナウに流れ」（原題は「CHILDREN OF GLORY」）でも、余すところなく描写されている。

　しかしそれにも増して驚くのは、文化芸術全般(その中でも特に「クラシカル音楽の分野」だ)が、国家の危機的状況下にあっても、その向上・発展への勢いが衰えなかった、ということである。

　同国で最高水準にあると思われる4つの楽団のうちの3つ（ブダペシュト・フィルハーモニー管弦楽団＝1853年創立、ハンガリー国立交響楽団＝1923年創立、そしてハンガリー放送交響楽団＝1945年に創設）は全て、そのような政情不安の中を無事生き抜いて今日を迎えているのだ。

　自由を求めて政治体制と命がけで闘い、そして最高(Classical)の音楽(Music)を楽しむ環境を死守する。ハンガリアン・アンサンブルには、そのような「芸術が社会と密接に関わる」不屈の精神が、伝統として根付いていると思う。

　さてハンガリーでは、オーケストラの発足が早い時期から見られる。19世紀初頭には既に、数多くの演奏家達が活躍を始めていた。

　その中で中心的役割を担ったのは、作曲家兼指揮者、そしてピアニストでもあったフェレンツ・エルケル。彼は1838年にブダペシュト（ハンガリー）国立歌劇場を設立し、続いて1853年には同ハウス所属の演奏家46人を結集、楽団を組織する。

161

そして同年の11月20日、自らのタクトで同団の初公演を指揮。結局同団が現在のブダペシュト・フィルハーモニー管弦楽団の前身となった。

本体は「ブダペシュト（ハンガリー）国立歌劇場専属オーケストラ」だが、同団がオペラ以外のコンサートを提供する際に使う名称が「ブダペシュト・フィルハーモニー管弦楽団」（BPO）というわけである。そしてまた同団は同時に、ハンガリーで最も古い歴史を持つ楽団、ともなった。

エルケルはその後、60公演を指揮することになるが、そのコンサート・シリーズを管理運営したのは、彼が組織し育成したフィルハーモニック協会である。これは「ウィーン楽友協会」をモデルに組織したもので、国立劇場＝のちの国立歌劇場＝の楽員達による完全自主管理運営団体という性格を持つ。

そしてエルケルは、同団体の理事長兼指揮者を務めることになった。それからこの自主管理方式は、その後今日までの160年以上に亘り、継続されている。（具体的にその方式について述べると、3年毎に楽員総会を開き、その際楽員投票を行う。そして、会社組織なら Executive(総務部長又は) Director(理事長) に当たる Chairman(理事長兼)-Conductor(指揮者)1人、理事11人、を選出する。その際、理事長には指揮者が選ばれるため、その役職は自動的に「Chairman-Conductor」となる）

かくて長く待ち望んでいた常設楽団の誕生を市民は歓迎し、その尽力者エルケルを支援したのだった。その初代シェフ＝エルケルを含め、英語で表現すれば「Chairman-Conductor」（理事長兼指揮者）となった人々（つまり歴代シェフ達のこと）を古い順に並べると、以下の通りになる。

1. フェレンツ・エルケル（1853～1871）
2. ハンス・リヒター（首席指揮者＝1871～1875）
3. シャンドール・エルケル（1875～1900）
4. イシュトヴァン・ケルネル（1900～1918）
5. エルネー（＝エルンスト・フォン）・ドホナーニ（1918～1943）
   ＊BPOの広報資料をはじめ、幾つかの文献では、在任期間を「1918～1960」

としているが、正しくは「1918～1943」である。既にナチスの支配下にあったハンガリーで始まったユダヤ人楽員排斥。それを断固拒否し続けたドホナーニは、楽員を排斥するよりは、楽団解散の道を選び、自らもシェフの座を降りる。

そして1944年、武装親衛隊にガードされながら、家族と共に国外へ脱出。オーストリア、アルゼンチン、メキシコを経由してアメリカへ亡命する。

落ち着いた先は、フロリダ州のタラハッシーで、彼は同地にあるフロリダ州立大で教鞭を執り、1955年に市民権を得て、その五年後同地で没した。

＊なお彼の後任として、秘密裏にフェレンツ・フィリッチャイの招聘工作が行われたが、ユダヤ人のフリッチャイは就任を忌避。結局それから戦後、フェレンチークが就任するまでのBPOは、元楽員が不定期に集まり、単発の公演をどうにか行うという形の、殆ど活動停止状態と言ってもよい状況下に追い込まれていた。

6．ヤーノシュ・フェレンチーク（1960 ～ 1967）

7．アンドラーシュ・コローディ（1967 ～ 1986）

　＊客演指揮者の時代（1986 ～ 1989）

8．エリック・ベルゲル（1989 ～ 1994）

　＊客演指揮者の時代（1994 ～ 1997）

9．リコ・サッカーニ（1997 ～ 2005）

　＊客演指揮者の時代（2005 ～ 2011）

10．ジョルジー・ジョリヴァニ・レト（2011 ～ 2014）

11．ピンカス・スタインバーグ（2014 ～ ）

他に比べて国情が不安定であるにもかかわらず、ハンガリーのオーケストラがいずれも高水準を保ち、しかもメンバーの国際化が他に比べ拙速なのは、充実した音楽教育の実践、演奏家育成機関が整備されているからに他ならない。

例えば、リスト音楽院をはじめ、数多くの音楽学校があり、楽員補給基地としての機能を果たしているからだ。そのため優秀なシェフさえいれば、同国の楽団は常に、第一級のパフォーマンスが提供できる体制下にある。

さてエルケルは初代のシェフ（Chairman-Conductor）として基礎固めを行ったあと、息子のシャンドール・エルケルが独り立ちするまでの間、同じハンガリー出身の指揮者H・リヒターに繋ぎ役を任せた。

リヒターはハンス・フォン・ビューローに代わってワーグナーの助手を務め、第1回バイロイト音楽祭で、「ニュルンベルクの指輪」全曲を初演するなど、第一級の実力の持ち主。彼のバトンでBPOの水準は維持され、彼の体制下ではそのこと以外にも、大きな芸術上の収穫が相次いだ。

その中の1つが、フランツ・リスト指揮によるベートーヴェンの交響曲第9番「合唱付き」、の公演である。結局それは、BPO史上最重要な出来事の1つとなった。

エルケルの息子シャンドールは、後任シェフ就任後、父の偉業を意識しながら、BPOのレヴェル・アップを実現する。まずレパートリーを拡大、人気のある作品（バッハ、ドヴォルザーク、ブラームス、チャイコフスキー、サン＝サーンス等）を数多く取り上げ、名流ゲスト（リスト、ブラームス、クライスラー、ヨアヒム等）を次々と招いた。

しかしシャンドールは病弱であったため、シーズンの大半をゲスト指揮者（ニキシュ、マーラー等）に任せている。そのように思うようなディレクターシップ

を発揮出来なかった彼だが、祖国の演奏芸術を世界的レヴェルに引き上げようという使命感、に燃えたその努力は、多くの点で実を結んだと言える。

続くケルネルは、BPO 史上屈指のアイディア・マンで、次々と新しい企画 (例えば学生のための日曜日マチネー・コンサート、オール・ハンガリアン・プログラム等) を打ち出し、BPO の可能性を広げた。

また彼は第一流のモーツァルト解釈家として知られる一方、若きコダーイやバルトークらの作品をも精力的に紹介した。更に、1908 年から国内、1915 年から国外、への楽旅を始めたのもケルネルである。

5 代目の Chairman-Conductor ドホナーニは、指揮者、ピアニスト、作曲家、音楽教師、音楽院管理者という多彩な人物。2 人の息子のうち長男（ハンス・フォン・ドホナーニ）は高名な法学者で、義兄ディートリヒ・ボンヘッファーと並称される「反ナチス抵抗運動」の闘士。

ハンスの次男クリストフ・フォン・ドホナーニは、後にクリーヴランド管弦楽団の音楽監督を務める程の、国際的第一級の指揮者。その兄クラウス・フォン・ドホナーニは、元ハンブルグ市長。そして上述のように、BPO のシェフ＝エルネーは、反骨の指揮者で、常に弱者の味方を生涯貫いた人間である。

彼は自らも作曲家でありながら、自作の紹介には殆ど関心を示さず、他のハンガリー人の作品を数多く定期公演メニューに取り入れるという、人格者でもあった。

それに加えて、ストラヴィンスキー、ラヴェル、レスピーギ、プロコフィエフら、錚々たる現役作曲家達をポディアムに招き、自作を振らせ市民を熱狂させている。

更に彼は、フルトヴェングラーやカラヤンら、並み居るスター指揮者を継続的に招き、楽員の士気を高めることをさえ忘れなかった。そのため BPO の定期公演シリーズは空前の活況を呈し、同団のグレードとスケールは一気に上昇を遂げる。

しかしそれも、第 2 次大戦が始まる直前までの出来事であり、楽団を取り巻く状況は、大戦の勃発と共に急変する。戦争で楽団組織が危機に晒され、上述のようにユダヤ人楽員の排斥運動が起こり、その結果ドホナーニはユダヤ人楽員を守るため、楽団を解散した。そして其の解散（1943 年）後、BPO は上述のようにシェフ不在の時代が続く。その状況が元通りになるには戦後、それも 1950 年まで待たねばならなかった。

戦後復興の立役者になったのは、フェレンチークである。彼は自国出身の他の指揮者が次々と国を離れる中、あくまでも祖国に留まり、楽壇の再興を期してBPO の再結集、再整備に没頭した。

何しろ彼は、ハンガリー国立響（1953 〜 1984）、ハンガリー国立歌劇場（1957 〜 1963）そしてブダペシュト・フィル（1960 〜 1967）と、祖国の最重要演奏団

164　41. ブダペシュト・フィルハーモニー管弦楽団

体３つの音楽監督をほぼ同時期に兼任し、危機的状況を回避したのである。　もし彼の尽力がなければ、ハンガリー楽壇の復興は大幅に遅れていたに違いない。

　1953 年に創設百周年を迎えた BPO は、ゾルタン・コダーイを名誉会長に招き、盛大なカム・バック公演を提供して２つ目の世紀へ突入する。

　フェレンチークの後任はコローディ。彼はリスト音楽院で指揮法をフェレンチークに学び、1946 年にハンガリー国立歌劇場の合唱指揮者として、指揮の世界へ踏み出した人物。

　1956 年のハンガリー動乱の際にはソ連へ行き、翌年ハンガリー人指揮者として初めて、ボリショイ劇場で指揮した。BPO では 20 シーズン近く在任、任期途中に没している。

　コローディの後任はベルゲル。最初はフルーティストとして、キャリアを始めた。指揮に転向してからは、フォン・カラヤンに認められ、ヨーロッパ各地の中堅楽団への客演で腕を上げ、BPO へは「終身指揮者」として招かれた程の才能であった。

　BPO では長期在任と多数の録音が期待されたが、しかし在任したのは僅か５シーズンのみ。そして指揮者としても、キャリア半ばの 67 歳で死去した。

　９人目のサッカーニ、10 人目のレトのいずれも、短期間の在任で終わっている。実績と言えば、前者が録音面（特にベートーヴェンの交響曲等）で健闘したのに対し、後者には残念ながら見るべき部分が殆どない。

　そして現在の Chairman-Conductor は、アシュケナジム・ユダヤ人の P・スタインバーグ。父親はケルン生まれのウィリアム・スタインバーグである。派手さはないが、堅実な纏め方で人気を博しており、客演経験も多い。

　戦後 70 年を迎え、ブダペシュト楽壇も一段と安定度を増した。これからスタインバーグにメジャー・レーベルからの録音オファーが増えれば、BPO のフレキシビリティが増し、アンサンブルの精度も上がって行くものと思われる。

　＊推薦ディスク

1. 交響曲第９番「新世界より」（ドヴォルザーク）、「ロミオとジュリエット」（チャイコフスキー）他：西本智実・指揮
2. 「ハリー・ヤーノシュ」組曲・他（コダーイ）：J・フェレンチーク指揮
3. 「序曲集」（ゴルトマルク）：A・コローディ指揮
4. 歌劇「青髭公の城」全曲（バルトーク）：J・フェレンチーク指揮
5. ピアノ協奏曲第１番、第２番（リスト）：(Pf.)　J・ローズ、R・サッカーニ指揮

165

42. アイスランド交響楽団

(SINFONIUHLJOMSVEIT ISLAND = ICELAND SYMPHONY ORCHESTRA)

氷河と火山、そして温泉で知られる世界最北端の島国アイスランド。北極圏に近いが、メキシコ湾から流れて来る暖流のため、冬季にも平均気温が零度以下になることは少ない。首都レイキャヴィークの1月の平均気温は、マイナス0.5度。そして7月のそれは10.8度である。

島全体の8割が不毛の火山性地帯で占められ、農地は僅か1%しかない。牧畜が主に営まれ、産業の主体は漁業である。

無人島だったアイスランドに上陸し、874年から定住したのはノルウェイ人だった。930年にはアイスランド共和国が出来たが、1262年ノルウェイ領、次いで1380年にはデンマークに支配された。

その後アイスランドは、自治権獲得（1904）、独立王国（1918年、主権はデンマーク）、という歴史的変遷を経て、1944年に完全独立（アイスランド共和国）を果たす。

完全な非武装国家であるが、NATO加盟国であり、従って国内にはアメリカ空軍が常駐している。

人口は約32万（2013年度調査に拠る）、2016年度現在26の県に分割統治され、県の下には自治体（98）、市（14）がある。

人口も少なく、かつ歴史も浅い国家であるところから、同国楽団の低迷低調さが当然考えられるが、事実はその逆だ。

建国当初、音楽の発展を促す強力な基盤がなかったことは確かである。19世紀の中頃まで、同国で見聴きされた楽器そして音楽といえば、せいぜいラングスビルと呼ばれていた古代の弦楽器と共に歌われる、フォークソングくらいのものだった。

アイスランドにようやく各種の楽器が紹介され、ブラスバンド等が編成されたのは、19世紀後半のことである。

しかし19世紀初頭、島民の中には既に、演奏技術を学ぶため、海外へ飛び出す人々も、僅かではあるが存在していた。そしてそのような留学生たちが帰国し、母国の音楽教育に携わったため、それまで歌中心であった島の音楽文化は、次第に演奏面へも移って行ったのである。

バンドが作られ、コンサートが増えると、島の音楽演奏に対する期待は高まり、ついに大編成のオーケストラの登場を望む声も大きくなった。

日々充実の一途を辿るアイスランド楽壇で、同国史上初のオーケストラ創設が試みられたのは、1920年のことである。キッカケはデンマーク国王の歓迎式典で、

166 42. アイスランド交響楽団

急造の楽団が行なった公演であった。

　国中から腕利き奏者を結集して出来たその楽団は、見事な演奏を繰り広げ、それを聞いた市民を熱狂させた。そしてその出来事で、市民と演奏家達は、アイスランド楽団の可能性を認識するようになった。

　加えて当時は、アイスランドを訪れる外来演奏家の数も増え出しており、指導の面だけではなく、鑑賞の面でも、充実度及び刺激を増していた。

　1920 年代にアイスランドへやって来た外来演奏家の中で、最も注目しなければならないのは、独逸のハンブルグから来演したハンブルグ交響楽団である。アイスランド人指揮者ヨン・レイフスに率いられた、フル編成のアンサンブルが奏でる本格的なシンフォニー公演を聴いた聴衆は、たちまちその魅力にとりつかれ、アイスランド楽壇のオーケストラ創設運動に、一気に弾みをつける。

　そして 1930 年代に入ると、オーケストラ創設への動きが一層具体化した。そのキッカケとなるのは、1930 年の第 1000 回国会である。アイスランドはそれを記念して、50 人から成る楽団を編成し、カンタータの祝典演奏を行った。さらに同年、アイスランド国営放送が開局、また国内初の音楽院も創設される。

　かくて人々のオーケストラ創設への夢は、着々現実化の方向へ向かい、1932 年にはとうとう一足先に、レイキャヴィーク・フィルハーモニック協会と演奏家連盟が組織された。

　同組織の活発な取り組みと成功に勇気づけられた、国営放送局を中心とする支援団体は、1950 年（3 月 9 日）ついに 40 人から成るプロ・アンサンブル、アイスランド交響楽団（ISO）を結成したのである。

　同団はその後着実に成長を続け、1982 年には国家の財政援助を確保するまでに躍進を遂げる。そして 1983 年以降、その国家補助は 6 割近くにまで増額された。

　こうなれば残る問題は、演奏水準を如何に高め、そしてそれを保持するか、である。ISO はレパートリーの拡大と、海外遠征プロジェクトを組み、組織力をつけながら、1986 年には常勤楽員数を 70 人にまで増員(ISO 広報部の発表によると、2015 〜 2016 年度シーズンの常勤楽員数は 90 人)した。更にプログラムに応じて、常時百人の楽員を調達できる態勢を整えている。

　しかしその一方で ISO は、音楽監督（MD）を置かず、専ら首席指揮者制（1952 年度シーズンから）の下で活動してきた。その歴代シェフ達を列記すると、以下の通りとなる。

　1. オラフ・キーランド（1952 〜 1960）

　2. ボフダン・ヴォディチュコ（1960 〜 1970）

　3. カルステン・アンデルセン（1970 〜 1980）

　4. ジャン・ピエール・ジャキラ（1980 〜 1986）

5. ペトリ・サカリ（1986 〜 1993）

6. オスモ・ヴァンスカ（1993 〜 1996）

7. ペトリ・サカリ（1996 〜 1998）

8. リコ・サッカーニ（1998 〜 2002）

9. ラモン・ガンバ（2002 〜 2010）

＊客演指揮者の時代（2010 〜 2011）

10. アイラン・ヴォルコフ（2011 〜 2014）

＊客演指揮者の時代（2014 〜 2016）

11. ヤン・パスカル・トルトゥーリエ（2016 〜 ）

創立約 65 シーズンの間に 11 人のシェフ。平均在任期間約 6 シーズンという長さだが、それはやはり地理的な理由によるものだと思う。

とはいえ、客演指揮者の顔触れを見ると、かなりのスター揃いである。録音まであるアシュケナージを筆頭に、デ・ブルゴス、プレヴィン、ベルグルンド、アラム・ハチャトリアンらが並び、特に近年は、実力者のヴァンスカ、サカリ、サッカーニ、ヴォルコフ、そしてトルトゥーリエらがシェフを務めるのだから、いくら辺境にあるとはいえ、ISO は侮れない存在だ。

さて、歴代シェフの中に、アイスランド出身者がいないのは寂しいが、同国に移住して骨を埋めるまで ISO を指揮、影響を与え続けた人々は存在する。V・ウルバンチック、R・A・オットーソン、そして P・P・パルソンの 3 人がそれだ。

また ISO の特徴の 1 つとして、土地柄のせいで、伝統的にロシアおよび北欧の名指揮者、ソロイスト達との関係を深めて来た事が挙げられるが、その一方で興味深いのは、邦人音楽家との繋がりが深い事だ。（特に、指揮者の湯浅卓朗とピアニストの館野泉の 2 人は、定期公演の常連扱いである）

同団の定期公演会場は、アイスランド大学所有のハスコラビオ・ホール（1000 席）。また同団は定期シリーズのみならず、オペラ（アイスランド・オペラ団）のピットにも入る。それと楽員の大半が、数多くの室内楽チームを組織し、コミュニティとの演奏を通した密な連携を図る一方、12 の音楽学校でも教鞭を執っており、音楽の底辺を拡大するのに大きな貢献をしていること、を忘れてはならない。(ISO のアウトリーチ活動をもう少し詳しく述べると、特に注目されるのは、国内にある大小 60 の音楽学校との関わりだ。生徒の在籍数は全体で約 1 万人といわれ、ISO は常に、その組織と関わりを持っている。将来のアイスランド楽壇を担う若者を、現在担っている楽員が育成するというわけだ。楽員達は絶えず各地の音楽学校を訪れ、演奏会を提供し、音楽について語り合い、アイスランド楽壇の地盤固めを行う。ISO の長年に亘るそのような努力は、次第に実を結び始め、同国出身の作曲家が誕生し、指揮者になる人々も出て来た。)

ISO の発展史を紐解くと、クラシカル音楽の歴史がない場所で、それを紹介し、教育し、発展させるためのメソードのようなものが見えてくる。

つまりアイスランドは、例えば、これからオーケストラを作り、洋楽を発展させようと考えている人々にとって、実に格好のテキストになるといえるのだ。未来の演奏家を目指すアイスランダー達は、これまでの日本人がそうであったように、洋楽の本場であるヨーロッパやアメリカへ渡り、修業を積んで帰国する。そしてその後は、祖国のために教え、演奏するのである。

目下 ISO を支える定期公演（1 シーズンの公演総数は、平均約 60 回程度）のサブスクライバー（予約者）は、着実にその数を増している。同団にとって何よりの強みは、国家補助が保障されていることだ。その規模にしては広報活動も充実し、プログラムの構成面も大小作品をうまく取り混ぜており、意欲的なものばかりである。

ここで歴代シェフたちの足跡を俯瞰してみると、5 代目のサカリまでは流石に、いずれもアンサンブルのレヴェル維持に努めるのが精一杯、という感じで、飛び抜けて優れた実績の持ち主はいない。

初代のキーランドはノルウェイ出身。国際級ゲスト・ソロイストとの人脈作りには目もくれず、ひたすらアンサンブル作りに精を出した。

その後任ヴォディスコはポーランド出身。彼は自国の音楽と演奏家を次々と紹介、ISO のレパートリーに厚みを増す一方、新作を意欲的に取り上げ、フレキシビリティを植え付けた。

3 代目のアンデルセンは、ノルウェイ人で、特に ISO のスケール・アップに手腕を発揮し、自国のグリーグ作品を、同団のレパートリーの中心に据えている。

4 代目は、フランス人のジャキラ。プログラムには当然のように、フランス物を多く取り入れ、聴衆を喜ばせている。

5 代目のサカリはフィンランドの指揮者で、ISO のグレードを格段に上昇させた人物。海外楽旅（ファロー諸島、グリーンランド、ドイツ、デンマーク、オーストリア、フランス、フィンランド、スエーデン等）と録音にも熱心に取り組み、ディスクとライブの両面で、国際的な演奏サーキットへ本格的に乗り出した。

6 代目のヴァンスカはサカリと同じフィンランド出身。のちに北米のミネソタ管を率い、ベートーヴェンの交響曲全集の録音等で、グローバルな活躍を展開する。特に 1996 年の北米楽旅でカーネギー・ホール・デビューを飾った際は、NT タイムズの音楽評論欄で激賞（記者は同紙のアレックス・ロス）される等、ISO の実力を天下に示している。

彼の後任となったのは、再びサカリ・ペトリ。2 度目の就任では在任期間が僅か2 シーズンと短く、実績にも見るべきものはなかった。

169

彼に続くのは、サッカーニ（米）とガンバ（英）、そしてヴォルコフ（イスラエル）だが、特に目立った活躍をしたのはサッカーニとガンバである。前者とは 2000 年の北米、カナダへの楽旅、後者とは多数の録音を残し、ISO のグローバルな名声を高める一方、ディスコグラフィを豊かなものにした。

そして今シーズンからはいよいよ、大ヴェテランのトルトゥーリエが就任する。主として英、南北アメリカで MD を歴任してきた彼は、まだまだ発展途上にある ISO と、いかなるプロジェクト組むのだろうか。音楽ファンの期待が高まる。

＊推薦ディスク
1. オラトリオ「エッダ」第 1 部―天地創造（レイフス）：(T) G・グヴズビョルンソン、(B) B・ソウル・クリスティンソン、スコラ・カントルム：H・ボイマー指揮
2. Saga 交響曲（レイフス）：O・ヴァンスカ指揮
3. スウエーデン狂詩曲第 1，2，3 番、他（アルヴェーン）：P・サカリ指揮
4. 交響曲全集（マデトーヤ）：P・サカリ指揮
5. 管弦楽曲集第 3 集（交響曲第 3 番、地中海二部作、他）（ダンディ）：R・ガンバ指揮

43.RTE アイルランド国立交響楽団
(RTE NATIONAL SYMPHONY ORCHESTRA)

それまで自治領だったアイルランド自由国は、デ＝バレラの指導の下、1937 年アイレとして独立。第 2 次世界大戦後の 1949 年には、国名をアイルランド共和国に改めた。が、それからも同国に平和は訪れず、南北アイルランドの統一をめぐる流血が今も続いている。カトリック系過激派（中心は IRA）、プロテスタント系過激派、そしてイギリス軍という三つ巴の内戦である。

数百年に亘り繰り返されてきた民族対立が、一朝一夕に解決されるのは極めて難しい。そのため同国ではこれからも、現在の様な対立の構図が生き続けるのではないだろうか。

その一方で、芸術面の問題が、政治的なそれと並行して出て来るのも、間違いのないことであろう。イギリスの侵攻作戦、弾圧、種々の苛烈な統治政策に耐えながら、民族としての誇りを忘れず、徹底抗戦を貫き続けて来たアイルランドの人々。彼らは演奏芸術面に於いても、イギリスへの対抗心を崩さない。

そしてアイルランド国立交響楽団（NSOI）は、アイリッシュ演奏芸術の集大成

として、これまで英国と覇を競うために活動をしてきた、同国最高のアンサンブルである。

アイルランドの首都ダブリンに、本格的なアンサンブル創設への胎動が見られたのは、1925 年、アイレアン（アイルランド）・ラジオ放送（アイルランド国立放送局＝現在の RTE）に音楽部門が設置された時であった。

同部々長にヴィンセント・オブライエンが就任、1920 年代初期から演奏放送業務に参加していたオーケストラ・プレイヤーを結集したからである。

同団は 1948 年に、放送局専属のアンサンブル（REO＝アイルランド放送交響楽団＝ラジオ・アイレアン・シンフォニー・オーケストラ）として整備されるが、これが実質的な NSOI の前身となった。

話は前後するが、その REO が創設される前（すなわち 1948 年以前の楽団草創期）には、オブライエン自ら非常勤の MD（音楽監督）を務め、機会を捉えてオーディションを継続的に実施、ヨーロッパ中から優秀な楽員を補充する一方、次第にスケール・アップを図った。（当時は楽員の確保が容易であった。その理由は、大戦中アイルランドが中立国であり、そのため同地には、ヨーロッパ諸国から戦火を逃れてやってきた演奏家が多かったからである。そしてそんな状況が、本格的なオーケストラ＝ REO、の創設を促進したのだった）

オブライエンは 1941 年に MD の座を退くが、その後コンサートは不定期なものとなり、テリー・オコーナー、ジョン・F・ラーチェット、J・M・ドイルらが交替でバトンを握る。そしてボウルズが、上述の「REO 創設時」まで、フルタイムの音楽監督を務めた。

以後 REO 創設前後の首席奏者人事は以下の通りとなる。（なお、RED 創設後の初代 MD はホルヴァートであり、彼以前の人々（＊）は、創設へ向けての楽員確保や、アンサンブルの整備などの面で、楽団に寄与した存在である）

　　＊ヴィンセント・オブライエン（1925 ～ 1941）

　　＊キャプテン・マイケル・ボウルズ（1941 ～ 1947）

　　＊ファクティナ・O・ハンラチェイン（1947 ～ 1949）

　　＊ REO 創設される（1948）

　　＊客演指揮者の時代（1948 ～ 1953）

　　＊首席指揮者制を導入（1953）

　1．ミラン・ホルヴァート（1953 ～ 1956）

　　＊客演指揮者の時代（1956 ～ 1961）

　　＊ TV 放送開始と共に、楽団名称を「RTE 交響楽団」と改称（1961）

　2．ティボール・ポール（1961 ～ 1968）

　3．アルバート・ローゼン（1968 ～ 1981）

171

4. コールマン・ピアース（1981 ～ 1983）
   ＊客演指揮者の時代（1983 ～ 1984）
5. ブライデン・トムソン（1984 ～ 1986）
   ＊客演指揮者の時代（1986 ～ 1987）
6. ヤーノシュ・フュルスト（1987 ～ 1989）
7. ジョージ・ハースト（1989 ～ 1993）
   ＊客演指揮者の時代（1993 ～ 1994）
8. カスパーロ・デ・ロー（1994 ～ 1998）
9. アレクサンドル・アニシモフ（1998 ～ 2001）
10. ゲルハルト・マルクソン（2001 ～ 2009）
    ＊客演指揮者の時代（2009 ～ 2010）
11. アラン・ブリバエフ（2010 ～ ）

　1948 年ついに船出した REO は、翌 1949 年には楽員数 62 人を数えるまでに、スケール・アップを遂げていた。

　更にグレードの点も、ダブリン市を拠点とするダブリン・グランド・オペラから、度々の伴奏要請に応えたお蔭で向上し、同団との緊密な関係を軸に、その勢いは倍加した。

　それに拍車をかけたのが、近隣都市からの巡演依頼である。RED はそれに応えて、コーク、ゴールウエイ、ライムリックそしてウォーターフォードの各都市を巡回、楽員の士気も高まって行った。

　同団初の国内楽旅は 1950 年に行われたが。1958 年ホルヴァートの体制に入っている頃は、定期シリーズとしてすっかり定着するまでになっていた。（楽員数も、同年にはついに、71 人という堂々たる布陣に成長している）

　また同時期には TV 放送が開始され、それを機会に楽団名を RTE 交響楽団に改称した。そしてその後は、ポール、ローゼン、ピアース、トムソンと MD 達が続く。

　彼らは各々、組織の拡大（特に定期公演シリーズの整備）、楽旅の充実等を図り、同時にアンサンブルの緊密化を進めて行った。

　しかしいずれも残念なことに在任期間が短く、そのため期待したほどの成果を上げていない。（ひとりローゼンだけが 13 シーズン君臨し、ある程度の水準に引き上げている。従って彼の時代は、公演数及び楽旅プロジェクトもかなり増え、ファン層を最も拡大した時期となった）

　商業録音も 1956 年から既に開始されており、最近ではナクソス・マルコポーロ＝レーベルで、数多くのレコーディング・プロジェクトが目白押しの状態だ。

　既に世界中で話題となったマルコム・アーノルドや、ニールセンの交響曲全集は、同レーベルのベスト・セラーを記録。続いてマーラーや、ブルックナーの交響曲

などが次々と発売され、これまた評判を呼んだ。

REO の組織力が拡大し、かつレヴェル・アップが進むに従い、アイルランド国民の同団に対する期待も、ますます膨らんで行った。

そして 1981 年には新フランチャイズ・国立劇場（ナショナル・コンサート・ホール）を完成、1989 年には楽団の名称も変更（REO から NSOI ＝アイルランド国立交響楽団へ）され、楽員数は 88 人の堂々たる布陣となる。

更に NSOI は、国際音楽祭（1966 年以来同団は、香港のミッドサマー音楽祭の常駐オーケストラとして、シーズン中 6 ～ 7 回の公演を提供している）や、海外楽旅（ヨーロッパ全域及び北米等）を積極的に行い、国際的演奏サーキットへの本格参入をもくろんだ。そしてその結果、今では世界各地の拠点都市を、定期的に巡演するまでになっている。

また国内では、ウェックスフォード・オペラ祭の常連となっており、同地でのオペラ録音（特に「アイーダ」公演のライブ）は注目の的だ。

6 代目フュルストから 9 代目のアニシモフかけての 4 人の MD は、在任期間がいずれも僅か 2 ～ 4 シーズン年にしかならない。そのため楽団の中心的な活動プロジェクトは、大半が中途半端な内容に終わり、録音の面でもアニシモフを除き、ゲスト指揮者に頼るという形になった。

強固な組織力があるだけに、長期在任が可能なシェフに恵まれないのは残念である。7 代目ハーストのように、ドイツ楽旅（1992 年に行われ、10 都市で 10 公演を提供）で大評判を取るなど、アンサンブルの質及び楽員のモラルも高い NSOI。じっくりアンサンブルを育成するシェフ探しが望まれ、アニシモフへの期待には特別高いものがあった。

その彼はアイルランド放送局の 2 つのチャンネルとラジオ（アストラとギャラクシー・5 の通信衛星で中継）を通じ、NSOI のライブを全世界に紹介するなど、意欲的なところを見せたが、僅か 3 シーズンで降板する。

続くマルクソンはマルケヴィチとフェラーラに学び、主として 4 オペラ畑（アウグスブルグ、オレデンブルグ、フライブルグ等）を歩いて来た。NSOI では 9 シーズン在任、かなりの録音を残し、アンサンブルのスケール・アップを果たしている。

我が国での知名度は低いが、かなりの実力者であり、それは 35 点にも上るディスクの数からも容易に推測できる筈だ。

彼の後任は、カザフスタン出身のブリバブエ。1979 年生まれでまだ 30 代半ばの彼は、L・V・マタチッチ（ザグレヴ）、A・ペドロッティの各コンクールで入賞後、祖国のアスタナ響、ドイツのマイニンゲン劇場、スウェーデンのノールショッピング響等で首席指揮者を歴任、31 歳で NSOI に就任した。

年齢から推しても、長期在任が期待できるが、着任以来既に 2 期目の在任契約

173

(2015 シーズンまで) を結んでおり、更に延長するか否か結果の待たれるところだ。

　彼はまた我が国との関係も深く、2014 〜 15 年度シーズンには、日本センチュリー響の首席客演指揮者にも選ばれている。

　最後に、同団で最近大きな話題となったのは、アイルランドの第 9 代大統領マイケル・D・ヒギンズが、単独で NSOI のパトロンになったことである。

＊推薦ディスク

1. 交響曲第 1 番、第 2 番、「ゲッセマネの夜に」(松村禎三)：(Pf.) 神谷郁代、：湯浅卓雄指揮
2. 交響曲第 1 番、第 2 番、(別宮貞雄)：湯浅卓雄指揮
3. 交響曲第 8 番 (ノヴァーク校訂 1887 版)、第 0 番、(ブルックナー)：G・ティントナー指揮
4. 歌劇「アイーダ」全曲、(ヴェルディ)：(Sp.)M・ドラゴーニ、(T).K・ヨハンソン、他、R・サッカーニ指揮
5. 交響詩「ドン・キホーテ」、「ロマンス」(R・シュトラウス)：G・マルクソン指揮

44. サンタ・チェチーリア国立音楽院管弦楽団
(ORCHESTRA DELL'ACCADEMIA NAZIONALE DI SANTA CECILIA
= ORCHESTRA OF THE NATIONAL ACADEMY OF ST. CECILIA)

　紀元前 7 世紀頃の都市国家からローマが始まり、1861 年イタリア王国が誕生。1870 年統一を実現し、1946 年王制を廃止。1948 年に現在のイタリア共和国が誕生した。

　同国には今、首都のローマ (人口 286 万)、ミラノ (同 130 万)、ナポリ (97 万)、トリノ (91 万)、パレルモ (66 万)、ジェノバ (61 万)、ボローニャ (37 万)、フィレンツェ (36 万)、バーリ (32 万)、そしてカターニア (30 万) ＝いずれも 2014 年 1 月 1 日現在＝と、人口 30 万以上 (数字はいずれも 2007 年度のセンサス＝国勢調査＝によるもの) の都市が 10 ある。

　かつてヨーロッパ全域に広がり、様々な人種が混在したローマ帝国。またその後に栄えたフランク王国、神聖ローマ帝国、そして小都市国家群。国家の繁栄は文化の繁栄にも繋がって行く。

　特にイタリアは、文化面で常に世界を領導してきた国である。もしアメリカの調査会社や出版社がやるように、全人類を文化的貢献度という尺度で測り、ラン

ク付けをするのなら、イタリアは文句なしに、最上位グループの一つになるだろう。

　ところが不思議なことに、そのように文化の諸相が花開いたイタリアで、オペラ座付きの楽団を除くと、世界に冠たるコンサート専門のオーケストラは、ごく僅かしか見当たらないのである。

　あらゆる文化の中心に人間をおいたルネッサンスの国らしく、人声が中心のオペラを、音楽芸術、演奏芸術の中心においているからだろうか。国際的演奏サーキットに乗っているコンサート専門の団体と言えば、せいぜいイタリア国立放送響（2016年度より音楽監督はジェームス・コンロン）、パドヴァ管（同ペーター・マーク）そしてローマのサンタ・チェチーリア国立音楽院管（＝OANSC＝又は「サンタ・チェチーリア国立アカデミー管弦楽団、とも呼ばれる）の3団体しかない。

　それにオペラ座付きの楽団（ボローニャ、フィレンツェ、ジェノバ、スカラ座、サン・カルロ）5つと、1993年に創設されたばかりのミラノ・ジュゼッペ・ヴェルディ響を加えた合計9団体くらいが、イタリアン・アンサンブルの最高水準を競い合っているという感じだ。

　その中で先頭に立っていたのが、ムーティ時代のスカラ座フィルだが、それ以前にはOANSCが常に首位の座を占めていた。イタリア最古の歴史を持つコンサート・オーケストラOANSC。だが同団は首位の座を守れなかった。理由はやはり、経済不況を背景にした企業努力の不十分さ、に尽きる。

　その内容に言及する前に、同団の沿革史を俯瞰しておきたい。OANSCが属するサンタ・チェチーリア国立アカデミーは、1585年に創設された、名実共に世界最古の教育機関の一つである。同院に音楽学校が付設されたのは1872年、更に数多くの音楽関係資料を収蔵した付属図書館をも完成した。

　そして1895年には同音楽院の教授を中核メンバーとして、アンサンブルOANSCを編成。定期公演シリーズを始めて、一躍ローマの中心的演奏団体となった。

　音楽学校が開校した1870年代のローマでは、コンサート専門のオーケストラが散発的に編成され、オーソリーネ公会堂（サンタ・チェチーリア音楽院構内にあるホール）を会場に時折演奏活動を行っていたが、その中で最も注目されたのはアポロ劇場の専属楽員を主体にしたローマ管弦楽協会（1874年創設）であった。同団は他の団体に比べ割合活発に演奏活動を継続したが、1898年に解散してしまう。

　そしてその主力楽員達は直ぐにOANSCへ加入、同団の属する音楽院主催の定期コンサートやコーラスの発表会で活躍するようになった。

　やがてOANSCの活動内容に、ローマ市をスポンサーとする常設市営楽団としての活動も加わるが、その活動は1907年で終了した。翌1908年以降から同団は、

175

1シーズンに少なくとも25回、独自の定期コンサートを実施。名実共にコンサート専門のオーケストラ、としての行き方を模索し始める。(そのためOANSCは同年を、同団の正式な創立年としている。)

OANSCの楽員は、大半がサンタ・チェチーリア音楽院で教鞭を執る、いわば2足の草鞋を履いた人々である。そのため公演数を増やすことは出来なかった。

しかしOANSCの公演は好評だったため、行政側は定期公演会場として新たにコリア劇場を提供する。(同劇場はその後、アウグスティオ劇場と改称したため、楽団は一時期アウグスタン響とも呼ばれた。)

それを機に楽員の士気は高まり、加えて国際的な演奏サーキットの名流指揮者達が続々客演したため、楽団の水準は急速に向上した。そして楽団は更なるグレード・アップを目指し、1912年から正式に音楽監督の招聘を決める。初代シェフに指名されたのは、ベルナルディーノ・モリナーリであった。

以下は彼を含む歴代シェフの面々である。

* 客演指揮者の時代 (1908 ～ 1912)
1. ベルナルディーノ・モリナーリ (1912 ～ 1946)
* 客演指揮者の時代 (1946 ～ 1953)
3. フェルディナンド・プレヴィターリ (1953 ～ 1973)
4. イーゴリ・マルケヴィチ (1973 ～ 1975)
* 客演指揮者の時代 (1975 ～ 1976)
5. トーマス・シッパース (1976)
* 客演指揮者の時代 (1977 ～ 1983)
6. ジュゼッペ・シノーポリ (1983 ～ 1987)
7. ウート・ウーギ (1987 ～ 1992)
8. ダニエーレ・ガッティ (1992 ～ 1997)
9. ミュン・フン・チョン (1997 ～ 2005)
10. アントーニオ・パッパーノ (2005 ～ 2017)

初代のシェフ、モリナーリは、34シーズン在任するという偉大な記録を打ち立てたが、その間にOANSCのあらゆる面を整備した。その中で最大の功績は、ストラヴィンスキー、オネゲル、ヒンデミット、ミョー、ラフマニノフら、当時の現役作曲家達の作品を、積極的に数多く紹介したことである。

それと国内外への楽旅を頻繁に行ったことだ。おかげでOASNCは国際的な演奏サーキットの常連と見なされるようになり、多くの支持層を得ることが出来た。

繰り返しになるが、同団の基盤はモリナーリ時代に十分整備されたが、その前進を阻んだのは2つの世界大戦である。特に彼が去った後の暫くは、戦後の混乱期も手伝って、何と7シーズンも客演指揮者制で乗り切ることを余儀なくされた。

そのためレヴェル・ダウンが危惧されたが、そんな否定的状況を救ったのが、フルトヴェングラーをはじめとした豪華極まる客演陣である。彼らのお蔭でアンサンブルは高度に保たれ、2代目のプレヴィターリは着任後から意欲的なプログラムを組み、米ソ両大国への楽旅を実施、いずれも大成功を収めることが出来たのだった。

また戦後、楽団が直面した最大の課題＝本拠地となる定期公演会場の確保＝のため、陣頭指揮を執ったのもプレヴィターリである。彼は音響の良し悪しに関係なく、戦後は市内の各所を転々として演奏を行っていた楽団を、1958年「コンチリアゾーネ」に落ち着かせ、以後同所をOASNCの定期公演会場に定めている。

更に彼は、ストラヴィンスキー、レスピーギ、ヒンデミット、ベルクの作品群を集中的に取り上げ、増々評価を高めていく。

だがそのようなやり方ではレパートリーを拡大できないため、楽員と聴衆の双方に、一種のフラストレーションを生み出した。

そしてプレヴィターリの後はまたしても、客演指揮者体制の復活である。ゲスト指揮者達はプレヴィターリ時代の不満を解消するかのように、競って多彩なプログラムを組み、聴衆の期待に応えた。

3代目のシェフ・マルケヴィチは、前任者に劣らず新作の紹介に尽力する。しかしその一方で、新旧作品をバランスよく配したプログラムを提供し、評価を高めた。

彼の後任は、OANSCへ頻繁に客演した人々の中から選ばれた。その結果はアメリカ人シッパース。しかし彼は一度もシェフとしてバトンを振ることなく、1977年に急死。楽団の管理中枢は、その後6シーズンをかけ、シッパースの後任探しを行う破目になった。

そして決まったのがシノーポリ。彼が着任した1983年、OANSCはレナード・バーンスタインを楽団の名誉会長に指名する。この当時としては超大型の人事で、楽団は勢い付くかに思えたが、マルケヴィチ以降はメジャー・レーベルとの録音契約を打ち切られるなど、内情は厳しいものだった。

期待されたシノーポリも平凡な結果しか残せず、バトンはウーギ、ガッティ、そしてチョンへとリレーされる。いずれも短期間の在任が示すように、中興の祖にはなりえず、チョン以外は辛うじて、アンサンブルの水準を維持し続けただけであった。

ウーギはソロ・ヴァイオリニストとして既に一家を成しており、ガッティは着任当時30歳という若さだったゆえ、OANSCとのコンビネーションの録音をいきなり始めるにはリスキー過ぎると、メジャー・レーベルは判断していたのかもしれない。

その点チョンは就任前から既に、バスティーユ歌劇場のシェフとして成功を収

177

める等、堂々たる実績を引っ提げていた。従ってメジャー・レーベルとの録音契約を引っ提げての登場である。

OANSC のモラルは一気に上昇し、同団は彼の治世下でようやく第一線への復帰を果たしたのだった。

そしてその勢いに拍車をかけたのが、現在のシェフ＝パッパーノである。1959年ロンドン生まれの彼は、OASNC 以前オスロ歌劇場（音楽監督＝ MD、1990）, ブリュッセルの王立モネ劇場（MD、1991）、で実績を積み、更に 2002 年から現在まではイギリスのコヴェント・ガーデン王立歌劇場 MD を率いている。

承知の通り OASNC とは兼任といった形になるが、その理由はいずれの団体も彼との関係の継続を願っているからだ。今やオペラに、そして交響管弦楽にと、彼の重要度は増す一方であり、彼のタクトの下で OASNC は今や、イタリアン・コンサート・オーケストラの看板的存在に復帰している。

彼とのコンビネーションで連発されるディスクの数々が、その何より明白な証拠である。

＊推薦ディスク
1. 聖歌四編、他（ヴェルディ）：チョン・ミョン・フン指揮
2. 歌劇「アイーダ」全曲（ヴェルディ）：A・ハルテロス（Sp.）, J. カウフマン（T）他、：A・パッパーノ指揮
3.「戦争レクイエム」（ブリテン）全曲：A・ネトレプコ（Sp.）他、A・パッパーノ指揮
4. チェロ協奏曲（ドヴォルザーク）：(Cello Solo) マリオ・ブルネロ、A・パッパーノ指揮
5.「スターバト・マーテル」（ペルゴレージ）、「スターバト・マーテル」（ロッシーニ）：いずれも A・ネトレプコ（S）、A・パッパーノ指揮

45. イタリア放送管弦楽団（RAI）
(ORCHESTRA SINFONICA NAZIONALE DELLA RA
= RAI NATIONAL SYMPHONY ORCHESTRA)

RAI（イタリア国営 TV・RADIO 放送）はミラノ市に本拠を置き、その他ローマ、トリノ、ナポリの主要都市に支局を構えている。そして開局以来の長い間、順調に経営されていると思われていた。

しかし近年、職員の縁故採用を制度化する等、多くの点で公私混同の放漫経営

が見られるようになり、1993年度末には、ボーナス支給がひと月遅れるという経営悪化を招くに至った。

そのような不祥事に業を煮やした時の政権担当者ベルルスコーニは、内閣の総力を挙げて大掛かりなリストラ政策の断行を決定。早速凄腕の実業家レティツィア・B・モラッティ女史を、RAI史上初の女性会長として局の管理中枢へ送り込む。

当時45歳の彼女は、政府の目論み通り、再建へ大ナタをふるい、首脳陣の全面刷新、縁故採用の禁止、無駄遣いや使途不明金の徹底チェック等、財政健全化と職員のモラル向上を推進した。

更に1994年彼女は、それまで懸案事項だったRAI傘下の4つの交響楽団（RAIローマ響＝1936年創立、RAIミラノ響＝1950年創立、RAIナポリ響＝創立年不明、そしてRAIトリノ響＝1931年創立）を解体。それらを新しく1楽団に集約再編成するという、思い切った政策を実行する。

おかげで現場は大混乱の渦中へ引きずり込まれた。身から出たサビとはいえ、この再編事業は指揮者W・サヴァリッシュをはじめ、音楽家からの猛抗議を浴びたが、モラッティ女史は一歩も引かず、再編事業は強行された。

管理の杜撰さに加え、経済不況の波をまともに受けて経営が困難になった楽団事業。そのような不可抗力のせいで、イタリアは世界に誇れる3つのオーケストラ（例えばその中のRAIミラノ響だけを見ても、同団の歴代シェフのラインアップが初代C・M・ジュリーニ＝1950〜1951＝から始まって、N・サンツォーニョ＝1959〜1963、M・プラデッラ（サンツォーニョと共同監督）、F・カラッチオーロ＝1964〜1971、B・マデルナ＝1971〜1973、Z・ペシュコー（1978〜1983、C・メレス＝1983〜1988、V・ディルマン＝1988〜1994と、内外の実力者を揃えていたのだから、まさに壮観と言うしかない。）を失ったのである。

しかし全てはもう後の祭りであった。一本化されたオーケストラの中核体に選ばれたのは、高度な演奏水準と優れたホール設備を持っているという理由から、RAIトリノ響であった。

そして再編へ向けた厳しいオーディションが実施され、新楽団の名称を「イタリア国立放送交響楽団」（OSNDR）と決め、初代のシェフ（首席指揮者）にはイギリス人のフランク・シップウェイが招かれる。新楽団のメンバーは大半が旧RAIトリノ響楽員で、残りはオーディションを勝ち抜いた残りの3楽団のメンバーで補完した。

更にコンサートマスターには、カラヤン時代のベルリン・フィルで同ポストを務めたレオン・シュピーラーが招かれる。このように着々と、アンサンブルの充実を図った新生OSNDRは、リカルド・ムーティが率いていたミラノ・スカラ座フィルと双璧を成すイタリア屈指のアンサンブル、あるいはイタリアのオールスター・

オーケストラへと脱皮して行った。

　本格的なシーズンへの突入後は、以下の人々を歴代シェフに迎え、今日に至っている。

　1. フランク・シップウェイ（1993 ～ 1996）
　　＊客演指揮者の時代（1996 ～ 2001 ＝名誉音楽監督：エリアフ・インバル）、
　　　（1988 ～ 2002 ＝首席客演指揮者、2002 ～ 2011 ＝名誉音楽監督：ジェフリー・テイト）
　2. ラファエル・フリューベック・デ・ブルゴス（2001 ～ 2007）
　　＊客演指揮者の時代（2007 ～ 2009）
　3. ユライ・ヴァルチュハ（2009 ～ 2016）
　4. ジェームス・コンロン（2016 ～ ）

OSNDR の沿革を語る場合、本来ならその中核体となった RAI トリノ響（創設は 1931 年）から始めるのが筋だと思う。

　しかし同団は上述した RAI ミラノ響と異なり、創立以来音楽監督（あるいは首席指揮者）のポジションを設けず、各公演シリーズを振る指揮者を世界中から招いていたため（待遇は客演指揮者＝主な例を挙げると、フルトヴェングラー、カラヤン、ストラヴィンスキー、ストコフスキー、チェリビダッケ、マゼール、メータ、サヴァリッシュ、アバド、シャイー、ムーティ、シノーポリら他多数）、本稿ではその創設年を 4 楽団を 1 本化した年の 1994 年とし、歴代シェフの足跡の紹介もそれに従うものとする。

　さて本論に戻るが、再編後、同団を取り巻く諸々の状況は解決あるいは改善されたかに思えた。しかし実際には依然として問題山積の状態にあり、まず最大の課題は慢性的な財政危機であった。

　4つの楽団を 1 本化するという、いわばリストラ政策断行の当初の狙い、「正団員、期間契約団員の 2 本立てだった雇用契約からくる税法上の不備や煩雑さを解消するため」（来日公演時における記者会見での、楽団総支配人チェザーレ・タビーノの発言：日本経済新聞 1995 年 1 月 6 日付け）という構想は、実際には「人員整理を行いながら全員を正団員（現在の正団員の数は 110 人余）にして行く」という内容に変質している。

　しかも新生 OSNDR の予算規模は、モラッティ体制下で、旧 4 団体のそれを合計した額の半分程度にまで削られ、楽員は今なおリストラの最中にあるのだ。そのような状況が落ち着くまでには、以後今日まで先様々な困難が待ち受けていた。

　初代のシップウェイ、そしてその後に続く名誉音楽監督の 2 人は、演奏の現場で音楽作りのみに集中する、というわけにはいかなかった。つまり常に雇用条件の不安定さに動揺する楽員を落ち着かせ、演奏家魂のようなものを注入し続けね

ばならなかったのだ。

　シップゥエイは来日公演（独奏者にギター村治香織が起用された）を成功させ
るなど、意欲的なリードぶりを披露したが、惜しい事にメジャー・レーベルとの
録音契約に恵まれず、在任も短期間のものに終わった。

　続くインバルの功績で最も注目されるのは、ワーグナーの大作「ニーベルング
の指輪」ジークフリート全曲を、演奏会形式で上演したことである。かれの野心
的プログラム編成は随所で発揮され、聴衆から絶大な支持を集めた。

　彼とJ・テイトの時代は、1シーズン何と29人のゲスト指揮者を集めて乗り切
られたが、その間のアンサンブルは当然のように、質的劣化、独自性の創出失敗
等の深刻な問題を産んで行く。

　そんな状態を改善したのが、デ・ブルゴスだった。そのジャーマン・タッチを
基本にした精密かつ大胆なアプローチは、世界最高水準のオーケストラが育ちに
くいというイタリアのメンタリティを徐々に変え、同国の聴衆がこれまで耳にし
たことのない清新な粒立ちの良い音を創造する。

　そして彼は、その結晶体をベートーヴェン交響曲全集として完成。限定盤であ
るのが残念だが、音楽ファンなら必携の録音として購入を躊躇わない仕上がりと
なった。

　フリューベック・デ・ブルゴスの治世があと暫く続けば、イタリア楽壇の勢力
地図も変わっていたはず。しかし彼の後は2シーズンの客演指揮者の時代となり、
そのあとユライ・ヴァルチュハ（1976年スロヴァキア生まれ）の時代を迎える。

　名教師イリア・ムーシン、ヤーノシュ・フュルスト、そしてヨルマ・パヌラの
教えを受けた後、フランス国立管で指揮デビューを飾り、一気に欧米で活躍の場
を得た。近年（2011年10月8日）は急病のハイティンクに代わり、ベルリン・フィ
ルにデビューするなど、注目度を高めているが、OSNDRでは爆発的な成功を収め
たとは言い切れない。

　録音の少なさもその原因の一つだと思うが、ただ定期公演にじっくり取り組む
姿勢は高く評価されている。

　彼の後任に決まったのは、NY生まれのアメリカ人、J・コンロンだ。楽団初の
アメリカ人シェフである彼の起用は、合併前から数えて84年の歴史を持つ同団が、
いわば起死回生を狙うもの、である。

　コンロンは年齢的にも65歳（1950年生まれ）と壮年期にあり、何よりの魅力は、
オペラに、シンフォニーにと、全方位型のレパートリーを持っていることだ。

　更に彼はメジャー・レーベルとの録音契約にも恵まれ、それだけでもOSNDR
を飛躍させるバネになると思う。

　＊推薦ディスク

181

1. 交響曲全集（ベートーヴェン）：R・F・デ・ブルゴス指揮
2. 歌劇「椿姫」全曲（DVD）（ヴェルディ）：J・クーラ他、Z・メータ指揮
3. 「オーボエ協奏曲」（モーツァルト）他：(Oboe Solo)・C・ロマーノ、E・インバル指揮
4. スペイン交響曲（ラロ）、ロンド・カプリチオーソ作品28（サン・サーンス）(Violin Solo) ウート・ウーギ、R・F・デ・ブルゴス指揮
5. 「ヴァイオリン協奏曲」（エルガー）：(Violin Solo)　A・ミラーニ、ジェフリー・テイト指揮

46. イタリアのオペラ劇場専属楽団とコンサート主体の楽団
(SINFONIEORCHESTER DES SUDWESTRUNDFUNKS = SWR SINFONIEORCHESTER)

(1) ミラノ・スカラ座フィルハーモニー管弦楽団
(ORCHESTRA FILHARMONICA DELLA SCALA, MILANO)

(2) ミラノ・ジュゼッペ・ヴェルディ交響楽団
(ORCHESTRA SINFONICA DI MILANO GIUSEPPE VERDI = SYMPHONY ORCHESTRA OF MILAN GIUSEPPE VERDI)

(3) ルイジ・ケルビーニ管弦楽団
(ORCHESTRA GIOVANILE LUIGI CHERUBINI)

(4) モーツァルト管弦楽団
(ORCHESTRA MOZART BOLOGNA = BOLOGNA MOZART ORCHESTRA)

(5) アルトゥーロ・トスカニーニ・フィルハーモニー管弦楽団
(FILARMONICA ARTURO TOSCANINI)

オペラの世界ではあれだけの隆盛を誇り、世界に冠たる劇場を各都市に持っているイタリア。ところが不思議なことに、同国にはコンサート・オーケストラの数が非常に少ない。数多くの巨匠と呼ばれる指揮者を輩出してきた、にもかかわらず、である。

その理由を尋ねられ、「オーケストラ・コンサートより、ドラマ仕立ての歌曲が好みだから」、と答えてしまえばそれまでだが、しかし近年はそのようなお国柄に抗した新しい動き・・・すなわち「交響管弦楽コンサート」専門のオーケストラ（いわゆるコンサート・オーケストラ）の活動・・・が顕著になって来た。

オーケストラは未来に生き残れるか、という疑問も最近かまびすしさを増して

きたが、今のイタリアには、それに対する答えの1つが提示されているように思う。つまり同国にあるのは、「オーケストラは生き残れるか」という退嬰的な考えではなく、「生き残るための策を追求している」という発展的な行動なのである。

どのような文化運動にしても、「新しい試みへの挑戦無くして発展はおぼつかない」ものだと思う。オーケストラも、現状を維持するのみではいつかは枯れて行き、ついには消滅してしまう、といった運命を辿る。

そして最近のイタリアにおける、コンサート専門の新楽団の相次ぐ創設、あるいは既存の楽団に同分野を新たな活用域として参入させる形こそ、楽団経営の未来のモデルと考えてもよい程の成功を収めている。

まず同国で、オペラ劇場のピットからコンサート専用のステージへ、オーケストラを頻繁に連れ出したのはA・トスカニーニであった。オペラ座専属のオーケストラが、交響管弦楽のコンサートの分野に進出する例は、ウィーン・フィル、ベルリン国立歌劇場管、キーロフ歌劇場管、そして最近ではメトロポリタン・オペラ座の専属「MET」オーケストラ等が良く知られている。

しかしイタリアでは長い間その例は見られず、そんなスタイルを本格化させたのはトスカニーニ、そして彼がそれを実践するのに選んだのは、手兵ミラノのスカラ座オーケストラ（OFDS）であった。

だが正確に言うと、イタリアでもオペラ座専属の楽団が、オフの時間を利用して一般の聴衆を相手にコンサートを開いた例は、皆無ではない。その例の1つが1778年に開場した、スカラ座専属のOFDSである。OFDSは開場以来、規模は小さく、かつ回数も極小ではあるが、オペラ座以外の場所でオーケストラ独自の公演を提供していた。

特に1840年代から、そのような取り組み本格的なものとなっている。そういう意味からすれば、同団のことをオペラのみを専門に演奏する楽団、とは呼べないかもしれない。

しかしそのトスカニーニ以前に行われたコンサートを、規模そして頻度の点で比較すると、トスカニーニが始めた本格コンサートとは勝負にならない程度のものになる。トスカニーニとのコンビネーションはまさしく、「コンサート・オーケストラ」の名称を冠しても決しておかしくないほど、高水準に達した内容だったのである。

従ってそのOFDSをコンサート・オーケストラとして扱う場合、本来ならその創立年を、トスカニーニの在任時代（1898〜）とすべきかもしれない。しかし本稿では、それ以前に実際コンサート・オーケストラとしての公演実績（1840年代から）がある点を重視して、創立年をその年代に定め、かつ歴代シェフもそれに合せて行くことにしたい。

183

そのため OFDS の歴代シェフ達は以下の通りとなる。

1. アンジェロ・マリアーニ（1846 〜 1872）

2. フランコ・ファッチョ（1871 〜 1889）

3. アルトゥーロ・トスカニーニ（1 期目＝ 1898 〜 1908）
    ＊客演指揮者の時代（1908 〜 1909）

4. トゥリオ・セラフィン（1909 〜 1914）
    ＊客演指揮者の時代（1914 〜 1917）

5. トゥリオ・セラフィン（1917 〜 1918）
    ＊客演指揮者の時代（1918 〜 1921）

6. アルトゥーロ・トスカニーニ（2 期目＝ 1921 〜 1929）

7. ヴィクトール・デ・サバタ（1929 〜 1953）

8. カルロ・マリア・ジュリーニ（1953 〜 1956）

9. グィド・カンテルリ（1956 〜同年飛行機事故死）

10. ジャナドレア・ガヴァッツェーニ（1956 〜 1968）＝準常任指揮者待遇

11. クラウディオ・アバド（1968 〜 1986 ＝音楽監督、1977 〜 1979 ＝芸術監督）

12. リカルド・ムーティ（1986 〜 2005）

13. ダニエル・バレンボイム（2007 〜 2011 ＝客演指揮者、2012 〜 2017 〜音楽監督）

14. リカルド・シャイー（2017 〜　）

　大指揮者トスカニーニの英断で、コンサート・オーケストラとしての領域にも乗り出した OFDS。歴代シェフ（スカラ座のディレットーレ＝音楽監督＝は、即 OFDS のそれである）として君臨した面々は、いずれも世界の演奏サーキットで超ド級の実績を残している人ばかりだ。

　ただそこで唯一惜しまれるのは、第 9 代目のシェフ・グィド・カンテルリの存在。スカラ座（すなわち OFDS）のシェフに就任する直前、36 歳の若さで飛行機事故のため夭折した。

　そして歴代シェフのライン・アップから見て取れるのは、OFDS が一人バレンボイムを除き、全てイタリア人だけをディレットーレに迎えて来た、ということである。ゲストには勿論、世界の名流指揮者を揃えるが、中心部分は常にイタリアーノで守る。これこそまさしく、伝統のアンサンブル（いわばスカラ座サウンドとでも呼ぶべき音色である）を響かせるための、基本姿勢ではなかろうか。

　スカラ座のシーズンは恒例として、「聖アンブロジウス（ミラノの守護聖人）の日」（12 月 7 日）に始まり、OFDS のコンサート（同団はそれを「コンチェルティ・ネル・テアトル・スカラと呼ぶ」）は、オペラ・シーズン・オフの 11 月から、翌年の 6 月までに設定されている。

1982 年、OFDS は独立組織となり、独自の定期公演を開始したが、その回数は10 回前後である。そのため切符の争奪戦は激しく、音楽ファンは入手に苦戦を強いられる。

ところで同団（というよりスカラ座）最大のピンチは、第 2 次世界大戦であった。爆撃を受け、かなりの部分を破壊されたが、関係者及び市民の相互協力で立ち直り、今では世界有数と思われるほど充実した「Archive」を備えている。

そこでは勿論、OFDS の全公演プログラム、出演者のリストが閲覧できるが、それらを見るだけでも時が経つのを忘れてしまうほどだ。また直言居士の国イタリアの都市（しかもオペラの中心）だけあって、公演に纏わるエピソードの類（特に最近の出来事ではムーティ退任までの経過）も、Archives の中にドッサリ収められている。

さて経済不況の窮地からようやく脱した祖国に戻り、スカラ座史上初にして唯一の外国人シェフ＝バレンボイムの後任を引き受けたシャイー。彼の就任により、イタリアの楽壇は再び、グローバル・スケールで飛翔する機会を得たようだ。

そして彼の切り拓く時代のイタリアの演奏芸術界には、彼をはじめとする祖国の先輩指揮者達が育成した、コンサート・オーケストラの本格派 4 団体が、凌ぎを削ることになる。これで同国に欠けていた部分が見事に補完され、今度はその分野でも、世界の盟主的存在を狙える可能性が広がっていくと思う。

それら急成長を続ける四つの楽団を、創設年代順に挙げると以下の通りになる。

1. ミラノ・ジュゼッペ・ヴェルディ交響楽団（OSMGV：1993 年創立・現首席指揮者：シアン・ツエン）
2. アルトゥーロ・トスカニーニ・フィルハーモニー管弦楽団（FAT：2002 年創立：初代シェフ・ローリン・マゼール）
3. モーツァルト管弦楽団ボローニャ（OMB：2004 年創立・初代シェフ：クラウディオ・アバド）
4. ルイージ・ケルビーニ・ジョヴァニーレ管弦楽団（OGLC：2004 年創立・初代シェフ：リカルド・ムーティ）

まず OSMGV について述べると、ミラノ・イタリア国立放送響解散後、国内の若手を中核体として創設（自主管理団体）され、草創期には客演指揮者で凌いだが、1999 年初代シェフにシャイーを招いた（現在は桂冠指揮者）。

以後 2006 年にルドルフ・バルシャイを桂冠指揮者として招き、その後 2009 年まで客演指揮者制をとり、ヘルムート・リリング、ウエイン・マーシャルらを招請した後、同年からはシャン・ツェンを楽団初の女性シェフとして招請、現在に至っている。

国内外への楽旅、録音を積極手に行い、楽員のモラルも高い。

185

2つ目の FAT は、A・トスカニーニ財団が設立した楽団。エミリア＝ロマーニャ州パルマ市に本拠を置き、楽員は全員がソリスト契約で、平均年齢は 20 ～ 40 代までである。

　パガニーニ公会堂（パルマ市内）を定期公演会場に、頻繁に世界各地への演奏旅行を実施、その間隙を縫って、ドゥエ・アゴースト国際作曲コンクールの専属伴奏をはじめ、RAI3（＝ライ・トレ＝イタリア国営 TV）で放映される現代音楽作品の演奏、をも担当している。

　続く 3 つ目の OMB は言わずと知れた C・アバドが、ボローニャ市で創設した楽団。団員の年齢は 18 ～ 26 歳に制限され、創設以来の音楽監督はアバドが務めた。その後アバドは 2010 年に首席客演指揮者として、ベネズエラ出身のディエゴ・マテウスを指名。そして彼は後に、アバドの後任として首席指揮者のポストに就き、現在に至っている。

　創立当時から高水準を維持する OMB は、イタリア各地のオペラ座、音楽学校、音楽祭はもとより、ドイツ、オーストリア、イギリス等各地の音楽祭とも連携し、楽旅、録音（ドイツ・グラモフォン等）にも積極的だ。

　最後の 4 つ目は OGLC。ラヴェンナとピアツェンツアを本拠とするユース・オーケストラだ。設立者はリカルド・ムーティ、また彼は当初から音楽監督を務めている。

　財団組織の同団は、楽員採用の際、年齢制限を設けている。オーディションに応募できるのは、EU 加盟国の国籍を持つ 18 ～ 27 歳の人々だ。

　以上 4 つの団体に共通して言えることは、イタリア出身の大指揮者達が等しく、自国内に高水準のコンサート・オーケストラの必要性を強く感じてきたこと、そして後進のためにそれらを編成し、かつ早くからグローバルな活躍の場を整えて行こうとする意図である。

　これまでオペラ主導で発展してきたイタリア楽壇。世界の主要なアンサンブルに自国出身のシェフ達を送り込んだことで、同国はようやくコンサート・オーケストラの創出にも本腰を入れ出した。辿り着いた境地だと思う。以上挙げた 4 つのアンサンブルは、その結晶体に他ならない。

　しかし大事な事は、それらの 4 つが今後どのような発展を遂げ、これまでのイタリア楽壇で貧弱だったコンサート・オーケストラの分野に、隆盛を齎してくれるよう援助育成を続けて行く、ということである。

　＊推薦ディスク

1. 交響曲第 6 番「田園」他（ベートーヴェン）：C・M・ジュリーニ指揮 OFDS
2. 楽劇「ニーベルングの指輪」全曲（ワーグナー）：D・バレンボイム指揮 OFDS

3.「ヒロイン達」（ヴェルディ）（抜粋曲）：R・シャイー指揮 OSMGV

4. 交響曲集（第 29 番、33 番、35 番、38 番、41 番）（モーツァルト）：C・アバド指揮 OMB

5. 交響曲全集（ショスタコーヴィチ）：オレグ・ガエタニ指揮 OSMGV

47. ラトヴィア国立交響楽団
(LATVIJAS NACIONALAIS SIMFONISKAIS ORKESTRIS
= LATVIAN NATIONAL SYMPHONY ORCHESTRA)

　北ヨーロッパ、というより、バルト海東岸に南北に並ぶバルト 3 国の一つラトヴィア共和国は、EU そして NATO の加盟国。2013 年度の調査に拠ると、人口は 201 万 4 千人、首都リーガのそれは約 70 万人である。

　国民の約 27％がロシア系（参考までに同国の民族構成は、ラトヴィア人＝62.1％、ロシア人＝26.9％、ベラルーシ人＝3.3％、ウクライナ人＝2.2％、ポーランド人＝2.2％、リトアニア人＝1.2％、そしてその他＝2.1％である）だが、特に首都リーガは市民の半数近くが今もロシア語生活者（2010 年の調査に拠ると、同市人口の 40.21％）であり、文化問題として同国の悩みの種になっている。

　ちなみに同国の第 2 次大戦直前から現在までの歴史を俯瞰すると、

　　＊独立宣言（1918 年 11 月 18 日）

　　＊ソ連に併合され、ラトヴィア・ソビエト社会主義共和国となる（1940 年 8 月 5 日）

　　＊独ソ戦の結果、全土がナチスの占領下に入る（1941 年）

　　＊ソ連が再占領・ラトヴィア・ソビエト社会主義共和国が復活（1944 年）

　　＊ラトヴィア共和国、ソ連からの独立を宣言（1990 年 5 月 4 日）

　　＊ラトヴィア共和国最高会議による完全独立を宣言。諸外国の承認を得る（1991 年 8 月 21 日）

　　＊ソ連、ラトヴィアをはじめとするバルト 3 国の独立を承認。（1991 年 9 月 6 日）

という具合になる。

　一見して分かる通り、同国の 20 世紀の大半は、ソビエト・ロシアとの確執であった。現在でも同国は、国内に在住するロシア人への処遇問題等、真正面から取り組むべき、前世紀から尾を引く課題に囲まれている。

　その一方で文化面、特にクラシック音楽の分野に目を転じると、その水準の高

187

さは人口2百万そこそこの小国とは思えない程だ。そもそもラトヴィアは「音楽の国」と呼ばれるほど、国民の音楽好きには驚くべきものがある。

　具体的にはその半数近くが音楽学校へ通った経験を持っており、また合唱団での活動や、楽器演奏が出来る程の熱心さで、常に音楽と向かい合っているくらいだ。

　グローバルな演奏芸術家に限っても、特に指揮と独奏家のジャンルでは、驚異的な水準を誇っている。(例えば、指揮界を見ても、父子相伝の絶好例とも言える「アルヴィド、マリス」のヤンソンス親子をはじめ、今や世界指揮界の頂点を窺う存在に成長したアンドリス・ネルソンス(ライプツィヒ・ゲヴァントハウス管及びボストン響の音楽監督)、そして独奏家に目を転じると、ギドン・クレーメルやミーシャ・マイスキーらの名前が即座に浮かぶほどだ。

　そしてその楽壇の中心地は、言うまでもなく首都のリガ(ラトヴィア語では長母音iが含まれるので、「リーガ」と発音される)である。

　同市は「バルト海の真珠」と呼ばれるほど美しい港町。その旧市街は、世界遺産に登録され、約300棟のアールヌーボー調の建物が、訪れる人々の目を楽しませてくれる。

　またバルト海の主要な寄港地でもある同市は、港湾都市の雰囲気に相応しく、外国人と触れる機会が多い。そのせいで市民の外国語習得熱は高く、マルチリンガルな人々も多い。それが数多くの外国企業進出の受け皿となり、同国経済発展の促進剤となってきた点は、大いに注目すべきである。

　そのような背景を持つリーガの街にアンサンブルが誕生し、かつ演奏家を目指す人々が、当初からグローバル・スケールの活躍を視野に入れて行くのは当然だと思う。そしてそれはまさしくその通りになった。

　同市でアンサンブルが創設されたのは1926年。同市に本拠を置く放送局が、「ラトヴィア放送管弦楽団」(またはラトヴィア放送センター管弦楽団)の名称の下、楽団を創設。初代シェフに、アルヴィド・パルプスを招く。

　以後同団はシーズン毎にスケールとグレード・アップを続け、今日のラトヴィア国立響(LNSO)へと発展していく。そしてヨーロッパの各都市同様、世情の揺籃を乗り越え、同団の躍進を支えて来たのは、以下の歴代シェフ達である。

1. アルヴィド・パルプス (1926 ～ 1928)
2. ヤーニス・メディンシュ (1928 ～不明)
3. ディミトリ・クルコフ (1945 ～ 1949)
4. レオニダス・ヴィグナース (1949 ～ 1963)
5. エドガー・トンズ (1963 ～ 1966)
6. レオニダス・ヴィグナース (1966 ～ 1974)
　＊客演指揮者の時代 (1974 ～ 1975)

7. ヴァシリー・シナイスキー（1975 ～ 1987）
   ＊客演指揮者の時代（1987 ～ 1990）
8. ポール・メーギ（1990 ～ 1994）
   ＊客演指揮者の時代（1994 ～ 1997）
9. テリュ・ミッケルセン（1997 ～ 2001）
10. オラリー・エルツ（2001 ～ 2006）
    ＊客演指揮者の時代（2006 ～ 2009）
11. カレル・マルク・チチョン（2009 ～ 2012）
    ＊客演指揮者の時代（2012 ～ 2013）
12. アンドリス・ポーガ（2013 ～ ）

　何度も来日公演を行い、西本智実のタクトで人気を呼んできた同団の実力は、既に定評のあるもの。

　ただ我が国のクラシック音楽ファンからすれば、同団にはどこか「ヨーロッパの辺境のアンサンブル」というイメージが、常に付いてまわるようだ。

　しかし現地の活動内容は、かつてのソビエト・ロシア時代から、いわゆる東側の Leading Artists を網羅し、特に定期シリーズの出演者の豪華さは世界に冠たる内容であった。ロストロポーヴィチ、オイストラフ、リヒテル、マイスキー、クレーメル、そしてその他の BIG NAMES が軒並み "常連" として、定期公演の Line Up を埋めていたのだ。

　そのアンサンブルのレヴェルたるや、空前の高さを常時維持していたのは当然である。だが、シェフの面々を見ると、そこにいたのは殆どが、「西側には知名度の低すぎるマエストロ」たちばかりであった。

　体制の壁が作り出した状況であり、今さら悔やんでも始まらないが、それでもやはり「演奏芸術にとっては、あまりにも勿体ない "Loss"」だったと言うしかない。

　さてこれから各歴代シェフ達の足跡を辿ることにするが、彼らのキャリアが公開され出したのは、せいぜい 1990 年代からである。そのため、検証には時間がかかり、かつ Data を小出しにしてくるため、不十分なコメントしか紹介できない。まずそのことを断ってから始めようと思う。

　初代のパルプスから 3 代目のクルコフまでは、草創期とはいえ、二つの大戦との絡みで、アンサンブルの精度は不安定な時期であった。このような状態でも、ロシアの名流ソリストは客演を絶やさなかったが、問題は組織を如何に守って行くか、である。結局安定的に公演が提供できるようになったのは、4 代目のヴィグナース体制からであった。

　ヴィグナース、そしてその後任トンズ、更に 2 期目のヴィグナースと、アンサンブルは次第に安定度を増し、更に国情も次第に落ち着きを取り戻して、組織力

が強化されて行く。

　そんな時期、長期の在任でパワー・アップを実現したのは、就任2年前、当時の西側で行われたカラヤン・コンクール(1973年)を制し、活躍の場をグローバルなものにしつつあったシナイスキーである。

　LNSO在任中は、特に国内外への楽旅を増やして楽員のモラルを高める一方、数多くの名流独奏家を招いて、10シーズン以上もの長きに亘って市民を熱狂させた。

　彼はいわば同団中興の主と言える実績を残した。しかし其の後任(8代〜11代)4人の実績と言えは、録音点数が少し多い程度で、それ以外に注目すべきものは見当たらない。

　そして現在のシェフは、期待のアンドリス・ポーガ。ヤーセプス・ヴィートリス・ラトヴィア音楽院の指揮科を卒業後、2010年の「スヴェトラーノフ国際指揮コンクール」(モンペリエ)で優勝を収め、指揮のキャリアをグローバル・スケールに展開して以来、世界各地の主要楽団へ客演を重ねて来た。我が国でも既に、新日本フィルの定期(第523回)をはじめ、N響、京都市響、広島響、仙台フィルに登場しており、本年(2016年度)夏も、PMFを指揮する予定なので、馴染みの音楽ファンも多数いると思う。

　同郷の出世頭マリス・ヤンソンス、そしてアンドリス・ネルソンスに続く、代世代の成長株として今後どこまで飛翔できるか、祖国の期待はいやがうえにも高まっている。

　＊推薦ディスク
1. 交響曲第2, 3, 5, 12番(イヴァノフス)：D・ヤブロンスキー指揮
2. 「管弦楽作品集」(スヴェンセン)：T・ミッケルセン指揮
3. 交響曲第14番、第20番(イヴァノフス)：V・シナイスキー指揮
4. 「サクソフォン協奏曲」(ドゼニティス)：K・M・チチョン指揮
5. 「グレ」組曲、「アスケラッデン」組曲、「ヴェニスの商人」組曲(以上＝ハルヴォルセン)：T・ミッケルセン指揮

48. リトアニア国立交響楽団
(LITHUANIAN STATE SYMPHONY ORCHESTRA)

　バルト3国の中で最大、かつ最も南に位置する共和制国家リトアニアは、西がバルト海に面し、北はラトビア、東がベラルーシ、南はポーランド、そして南西

にロシアの飛び地カリーニングラード州と国境を接した、人口 325 万人の国である。

　第 1 次大戦後の 1918 年 2 月 16 日、共和国としてロシア帝国から独立したが、第 2 次大戦では 1940 年にソ連から（これは独ソ不可侵条約秘密議定書に基づくもので、当時在リトアニア・カウナス日本総領事館の杉原千畝が、ユダヤ人 6000 人余にビザを発行、国外脱出を助けたのはその頃である。）、そしてその翌年にはナチスの率いるドイツから侵略（バルバロッサ作戦）され、戦後はソ連構成国の一つとなった。

　それから約半世紀後の 1986 年以降、ソ連ゴルバチョフ政権のペレストロイカ、グラスノスチ政策に勢いを得て、リトアニアの人々は再び独立を目指す。すなわち国民運動「サユディス」を設立し、独立運動へと発展させて行ったのだ。

　その結果、サユディスは 1990 年の「リトアニア・ソヴィエト社会主義共和国会議選挙」で大勝利を収め、同年 3 月 11 日独立回復を宣言する。

　しかしソヴィエト政府はそれに対し経済封鎖を実施、更にその翌年（1991）1 月 13 日には KGB 特殊部隊（アルファ）を投入して、首都ヴィリニュス（現在同市の人口は約 55 万人）の TV 塔を攻撃、市民 13 人を殺害した。（血の日曜日事件）

　その一方で同年 2 月 4 日、アイスランドが世界に先駆けてリトアニアの独立を承認、9 月 6 日には終にソ連もそれに続き、そして 1993 年 8 月 31 日同国の軍隊は全てリトアニアから引き上げた。

　さて今のリトアニアだが、世界は目下、同国を欧州のいずれに分類するか、意見が分かれている。国連では北欧に分類されているが、東欧、あるいは中東欧とする説もあって纏まらない。

　そして同国に於ける楽壇の発展状況を俯瞰すると、そこにはやはり混乱する国情の影響が見られ、創立当初から安定した活動を続けたアンサンブルは存在しなかった。

　本格的な楽団が登場したのは 1940 年、すなわちソ連侵攻の年、首都ヴィリニュスを本拠地に、「リトアニア国立交響楽団」（以下 LNSO）が創設された時である。自国出身の作曲家兼指揮者、そして熟練のピアニストでもあるバリス・ドヴァリョーナスが、その設立者であった。

　楽員の大半が、サンクトペテルブルグ音楽院で学んだリトアニア人。その点は現在と同様だが、国内情勢は常に不安定のまま推移し、演奏活動に専心することがままならない日々の中にいた。（大戦中にはヴィリニュスだけでも、二つのユダヤ人ゲトー＝強制収容所＝がナチスの手によって作られた。そして 1949 年までには数十万人もの市民がナチスに処刑され、ソヴィエト連邦軍によってシベリアや中央アジアへ強制連行されたりしている。）

191

従って、そのような状況下で演奏活動を継続したり、あるいは Archive（記録・資料整備）の点を不備なく保持して行くのは、当然困難なこととなろう。

　そのため、LNSO 創設以来の公式記録、及び活動の詳細を纏めることは不可能に近い。が、本格的なコンサートを提供し始めたのが戦後のことなので、その点を基にして同団の沿革史に迫ってみたいと思う。

　これまでのところ、LSSO の創設は既述（1940 年）の通りとして、その後の歴代シェフは以下の面々である。

　1. バリス・ドヴァリョーナス（1940 〜不明）

　2. ヨザス・ドマルカス（1964 〜 2015）

　3. モデスタス・ピトレナス（2015 〜 ）

　初代のドヴァリョーナスは、戦後の混乱期に、アンサンブル維持するだけで精一杯だった。LNSO のシェフとしての最大かつ最重要課題は当然、戦時中に離散した楽員の再召集作業である。

　更にその後は、アンサンブルを鍛え直し、自作その他を演奏、スケールとグレードの両面を徐々に向上させていく。

　だがその彼の前に立ちはだかったのは常に、聴衆の確保の問題であった。具体的に言うと、ヴィリニス市民の人種構成が絶えず変動することで生じる、聴衆の作品への好み、理解度の変化等に手こずったのだ。

　ちなみに同市の市民の民族構成を 1931 年と 2001 年で比較すると、まず前者では、「ポーランド人＝ 65.9%、ユダヤ人（ポーランド語とイディッシュ語の両方を話す人）＝ 28.2%、ロシア人＝ 3.8%、ベラルーシ人＝ 0.9%、リトアニア人＝ 0.8%、ウクライナ人＝ 0，1%、その他＝ 0.2%」となり、そして後者が「リトアニア人＝ 57.8%、ポーランド人＝ 18.7%、ロシア人＝ 14%、ベラルーシ人＝ 4%、ウクライナ人＝ 1.3%、ユダヤ人＝ 0.5%」という具合になっている。

　ヴィリニスはリトアニアの首都でありながら、リトアニア人の数が少ない街だが、それでも 5 割以上になるまで激増したのは、ソ連に併合された影響であるし、またポーランド人の数が激減した理由は、戦後彼らが国外へ追放されたり、虐殺されたりしたからだ。

　そんな形でヴィリュニス市の人口構成は変化し、その背景にある音楽文化又は演奏芸術への嗜好も、変わって来たのである。

　そしてオーケストラを維持し、演奏水準を高度に保っていくためには、そんな背景事情を細かく分析することも必要なのだ。そう言う意味で、初代のドヴァリョーナスが苦戦を強いられたのは自明の理、と思える。

　その一方、2 代目のドマルカスは、半世紀以上も在任を許され、おかげで上記の背景事情とじっくり向き合うことが出来たのだった。

彼は筆者との3時間を越すインタビューの中で、その細部を語ってくれたが、まさしく驚くべき長さの在任期間記録（おそらく世界のメジャー楽団中の最長記録、ではなかろうか！）であり、しかしまたそれだけの時間をかければ、複雑な人種構成、文化背景を乗り越えられる証左だとも思う。

ドマルカスの半世紀（しかも彼は2015年12月18日の今も、LNSOの名誉指揮者の地位に留まっているのだ！）に亘る治世で、LNSOはオーケストラの有るべきスタイル（定期公演、録音、楽旅、夏季音楽祭等々）を全て備えることとなった。

そして同団の水準を爆発的に高めた要素、それはかつてのソヴィエトが誇る名流アーティストが、ほぼ全公演に登場したこと、である。チェロのロストロポーヴィチをはじめ、リヒテルその他の大スター達が、LNSOとの共演を最優先で取り組み続けたのだ。

その長いドマルカスの時代も終に終わりを告げ、今度はラトヴィア出身のピレトナスがシェフの座を占めることになった。

近年、ラトヴィア出身の指揮者が大成（その最右翼は、マリス・ヤンソンスと、その弟子アンドリス・ネルソンスである）し、世界のメジャー・アンサンブル（マリスはコンセルトヘボウ管、バイエルン放送響、一方ネルソンスはライプツィヒ・ゲバントハウス管とボストン響）してきたが、ピレトナスもその後を追う存在だ。

いまのところ国際的な知名度が低いだけだが、半世紀ぶりに異なるシェフとの音楽作りに燃えるLNSOを、どこまで牽引できるか、音楽ファンの興味は尽きない。

＊推薦ディスク

1. 管弦楽作品全集、「森の中で」、「海」「深淵より」他（チュルリョーニス）：J・ドマルカス指揮
2. 交響曲第4番、第5番（バラカウスカス）：J・ドマルカス指揮
3. ヴィオラ協奏曲・他（バウカウスカス）：(Viola.solo) Y・バシュメット、J・ドマルカス指揮
4. 交響曲、交響的舞曲（グリーグ）：ミケルソン指揮
5. 交響曲第4番（マーラー）：(Sop.) V. ウルマーナ、G・リンキャヴィチウス指揮

49. ルクセンブルグ・フィルハーモニック管弦楽団
(ORCHESTRE PHILHARMONIQUE DU LUXEMBOURG
= LUXEMBOURG PHILHARMONIC ORCHESTRA)

西ヨーロッパの一角を占める、2016年現在「世界唯一の大公国」＝ルクセンブルクは、人口僅か48万6000人（2014年12月31日の調査に拠る）立憲君主制国家である。

なのに、3つの公用語（フランス語、ドイツ語、ルクセンブルク語）を持ち、しかもレッキとした独立国で、ベルギー、オランダと併せ、「ベネルクス三国」と呼ばれている。

国土のサイズは極小ながら、独立はするわ、世界最高水準の豊かさを実現するわ、で、まことに羨ましい限りだが、同国に対する唯一の批判を敢えて行えば、1949年NATOに加盟し、82年間続けて来た「永世中立国」の看板を下ろしたことぐらいだ。

同国の現状について言えば、多種多様な産業（特に同国が力を入れているのは、情報通信分野＝放送メディア等＝である）と、民間セクターに支えられた活発な経済活動（同国では先進国の中でも特に税率が低く、そのため数多くの外国企業の誘致、あるいはその進出が見られる）が目を引く。

また同国はユーロ圏におけるプライベート・バンキングの中心地で、今やスイス（非EU加盟国）に匹敵する銀行業や金融サービスの盛んな金融大国、でもある。

加えて世界遺産に登録された首都ルクセンブルクの旧市街をはじめ、各所に点在する歴史的建造物は観光客の人気を集めており、最近は豊かな自然を生かし、歴史と自然をセットにした「エコ・ツーリズム」が盛んになってきた。

そのような国情を背景に、同国では文化面も着実に発展を続けている。演奏芸術面では、1933年11月28日、初のアンサンブル＝RTL大交響楽団＝(当時の名称＝Grand Orchestre Symphonique de RTL)が創設された。

そして同団が現在のルクセンブルク・フィル（LPO）の前身となる。創設母体となったのは私設のラジオ放送局（ラジオ・ルクセンブルク＝略称・RTL）で、創設の指揮を執ったのは、同団の初代シェフとなるアンリ・ペンシであった。

それから今日まで、同団の牽引役を果たす歴代のシェフ達は、以下の通りになる。
1. アンリ・ペンシ（1933〜1939）
　＊第2次大戦による活動休止（または、不定期な公演を提供する際には、客演指揮者を招くという形の時代＝1939〜1945）
1. アンリ・ペンシ（1946〜1958）

2. カール・メレス（1958 ～ 1958）

3. ルイ・ドゥ・フロマン（1958 ～ 1980）

4. レオポルド・ハーガー（1981 ～ 1996）

 ＊客演指揮者の時代（1996 ～ 1997）

5. ディヴィッド・シャローン（1997 ～ 2000）

 ＊客演指揮者の時代（2000 ～ 2002）

6. ブラムウェル・トヴェイ（2002 ～ 2006）

7. エマニュエル・クリヴヌ（2006 ～ 2015）

8. グスターボ・ヒメノ（2015 ～ ）

　一見してこのライン・アップの前では、地味だが堅実かつ実力者の布陣、という言葉が思い浮かぶ。

　まず初代の A・ペンシから述べるが、彼は生粋のルクセンブルク出身で、指揮者、作曲家そしてヴァイオリニストであった。LPO を創設してあと、第 2 次大戦中の1940 年にはアメリカへ移住、ニュージージー響、サイオックス・シティ響等で指揮を執り、カーネギー・ホールにも登場するなど、かなりの活躍を見せている。

　戦後は故国へ戻り、LPO に復帰してアンサンブルの練磨に努めたが、任期途中58 歳の若さで没した。

　3 代目のシェフ＝メレスは、1926 年生まれのハンガリー人。就任の時期は彼の祖国が「動乱事件」の最中で、大量の死者、亡命者が出た。メレスもオーストリアへ亡命を企てた 1 人であり、そのため LPO での活動は殆ど何も出来ずに終わる。そして後任はそのままドゥ・フロマンへと受け継がれて行った。

　ドゥ・フロマンはフランス・トゥールーズの生まれ。パリ音楽院で、E・ビゴーや A・クリュイタンスらに師事。交響管弦楽の新旧作品はもとより、オペラにも強かった彼は、LPO との関係を深める一方、ヨーロッパ各地の主要オーケストラにも客演を欠かさず、自己向上にも努めた。

　そんな彼のアプローチは楽員と聴衆の双方に支持され、その在任期間は 20 シーズン以上の長さに及んだ。

　そしてフロマンの後任は、ウィーン古典派の大家として知られる L・ハーガー。ザルツブルク・モーツァルテウムで、鍵盤楽器（ピアノ、オルガン、チェンバロ）と指揮法を鍛えられ、各地の劇場で指揮の実践を積んでからの就任である。

　彼の体制も、前任者同様、聴衆から人気を博した。特に定期公演の充実ぶりは注目の的で、彼のグローバルな活躍が齎す評判も手伝って、アンサンブルのモラルも向上する。

　ところがその体制下の 1995 年、同団の運営母体である RTL 放送局が、雇用契約の継続中止を決定。楽団はたちまち混乱に陥った。

しかし同団は既に市民の圧倒的支持を得ており、かつ国家の看板バンドとして地位を確立していたところから、当局が救済策に乗り出した。その中身は、楽団創設者の名を冠した財団（＝アンリ・ペンシ財団）を設立し、それを実質的な管理運営団体にして楽団を存続させるというもの。

　かくてLPOは解散の危機を脱し、楽団の名称をも現在の「ルクセンブルク・フィルハーモニー管弦楽団」に変更。それからはむしろ、向上への第一歩を踏み出したのだった。

　こうして経営上の問題は解消されたが、しかしハーガーに続く5代目シャローンは任期途中で病没、6代目トヴェイの体制は、国外への楽旅を増やして楽員の士気を高め、水準の低下を防ぐのが精一杯、という形で終った。

　惜しまれるのはシャローンの治世である。長期在任でグレード・アップが期待され、事実そのような形が顕在化しつつあった。しかし途中で他界したため、管理中枢は後任のリクルートに手間取り、それが停滞の遠因となった。

　そのような状態を払拭したのが、次のシェフ＝クリヴヌである。彼は約10シーズン在任、あらゆる面でグレード・アップを実現した。特に楽旅と、録音の多さは群を抜き、動員力をも向上させた。

　ポーランド人の母と、ロシア人の父を持つクリヴヌは、ブリュッセルのクイーン・エリザーベト音楽院でヴァイオリンを学び、1981年に交通事故を起こしてその楽器を断念、指揮に転じて成功への階段を上り始めた人物である。

　LPOでは独特の個性でアンサンブルを練磨し、短期間の内に名流の域へ押し上げた。その成果を認められ、後に同団よりグレードの高いアンサンブルから引き抜かれることになるが、LPOにとって彼との出会いは、再浮上を果たす上で幸運かつ不可欠なものだった、ということが出来ると思う。

　そして彼の後任には、G・ヒメノが招かれる。指揮のキャリアを本格化させたのは2012年度シーズンからだが、それ以前は打楽器奏者としてアムステルダムのコンセルトヘボウ管に在籍。その傍ら、ハイティンクとC・アバドに指揮を学び、M・ヤンソンスのアシスタントを務めて修業を積んだ。

　それから後は、コンセルトヘボウの日本公演に帯同したり、北米各地のメジャー楽団を連続的に振ったり、世界の主要歌劇場でオペラ・デビューを果たす等の大活躍を見せ、ついにLPOのシェフを任される。

　そのLPOでは、歴代シェフ達の大半がフランス系、それにドイツ系とイスラエル系で占められてきた。

　そしてヒメノはスペインのヴァレンシア生まれである。同地で育まれたスペイン・タッチで、ヒメノはアンサンブルに迫るわけだが、その前に初期のグローバルなキャリア作りは、上述の通り既に成功を収めた。これからは独自のカラーを

手兵 LPO に仕込む段階に入る。

　同団の未来はまさしく、ヒメノ自身のそれに繋がるものだ。まず直近の前任者クリヴヌを越える活躍、が期待されている。

　＊推薦ディスク

1.「独奏楽器のための協奏曲集・Vol.2」（細川俊夫）：（Vc= ロハン・デ・サラム、Tr. ＝シェローエン・ベルヴェルツ、Cn. ＝オリヴィエ・ダルテヴェル）：ロベルト・HP・プラッツ指揮
2.「交響曲」「協奏曲」「海の歌」（ゴーヴェール）：M・スーストロ指揮
3. 歌劇「ソフィー・アルヌー」全曲（ピエルネ）：N・シャルヴァン指揮
4. 管弦楽作品全集第 3 集（シナファイ、他）（クセナキス）：A・タマヨ指揮
5. カンタータ「エピストラ」他（イヴォ）：E・クリヴヌ指揮

50. ベルゲン・フィルハーモニック管弦楽団
(BERGEN FILHARMOSKE ORKESTER
= BERGEN PHILHARMONIC ORCHESTRA)

　スカンジナビア半島の西岸に位置し、山岳氷河とフィヨルドの地形が多い国ノルウェーは、人口僅か 460 万の王国である。9 ～ 11 世紀には、長い船団を組んだバイキングの活躍で知られたが、14 世紀にはデンマークに併合され、1814 年にはスウェーデン領となり、1905 年王国として独立した後、第 2 次世界大戦ではドイツに占領されるという歴史を辿った。

　そして同国は現在、世界有数の漁業国であり、我が国との関係も魚介類の輸出を通じて年々深まっている。

　それに北海油田が国内需要を上回る生産量を上げるようになったため、1975 年から同国は石油輸出国（世界第 6 位）に転じた。当然原油の輸出は、同国の経済活性化に繋がったが、一方それが新たな問題を引き起こしている。

　すなわち、同国の経済が、原油や天然ガスの輸出に依存するという体質、を生み出したのだ。

　その一方で同国は、いわゆるノルディックモデルによる「高負担高福祉」の福祉国家であり、一般税収を原資としたユニヴァーサルヘルスケアが行き届いた国でもある。更に男女平等が世界で最も浸透しており、徴兵制も女性に広げられている。

　また文化面でも国民のモラルは高く、演奏芸術界では 7 つのメジャー楽団（ク

リスチャンサンド響、ノルウェー室内管、ノルウェー放送管、オスロ・フィル、スタヴァアンゲル響、トロンハイム響そしてベルゲン・フィル）が定期公演シリーズを提供、グローバルな活動を展開中だ。

その中で最も古い歴史を誇っているのが、ベルゲン市（人口24万5400人、但し市域人口は39万5百人＝いずれも2012年5月現在）に本拠を構えるベルゲン・フィルハーモニー管(以下BPO)である。創設は何と1765年10月8日、「ハルモニエン音楽協会」を母体として結成された。

そして以後、BPOは幾つもの戦争による解散の危機を乗り越えながら、今日までの250年の歴史を刻んで来た。それを支えたのは以下の歴代シェフ達、35人である。

1. サミュエル・リンド（1765 〜 1769）
2. ベンジャミン・オーレ（1769 〜 1770）
3. ニールス・ハスルンド（1770 〜 1785）
4. オーレ・ペデルセン・レーデル（1785 〜 1805）
5. J・ヒンドリッヒ・パウルゼン（1805 〜 1806）
   ＊客演指揮者の時代（1806 〜 1809）
6. J・ヒンドリッヒ・パウルゼン（1809 〜 1820）
7. C・M・ルンドホルム（1820 〜 1827）
8. フェルディナンド・ジョヴァンニ・シェディヴィ（1827 〜 1844）
   ＊客演指揮者の時代（1844 〜 1856）
9. フェルディナンド・アウグスト・ロハン（1856 〜 1859）
10. アウグスト・クリスチャン・ヨハネス・フリース（1859 〜 1862）
11. アマデウス・ウォルフガング・マクゼフスキー（1862 〜 1864）
12. アウグスト・クリスチャン・ヨハネス・フリース（1864 〜 1873）
13. リヒャルト・C・ヘンネベルグ（1873 〜 1875）
14. アドルフ・プロムベルグ（1875 〜 1878）
15. ヘルマン・レヴィ（1879 〜 1880）
16. エドヴァルド・グリーグ（1880 〜 1882）
17. イヴェル・ホルテル（1882 〜 1886 ＊但し、1884 〜 1885年度の1シーズンのみ、客演指揮者によるもの）
18. ペール・ウィンゲ（1886 〜 1888）
    ＊客演指揮者の時代（1888 〜 1892）
19. ジョージ・ワシントン・マグナス（1892 〜 1893）
20. ヨハン・ハヴェルセン（1893 〜 1899）
21. クリスチャン・ダニング（1899 〜 1901）

＊客演指揮者の時代（1901 ～ 1902）

22. クリスチャン・ダニング（1902 ～ 1905）
 ＊客演指揮者の時代（1905 ～ 1907）

23. ハラルド・ハイデ（1907 ～ 1948）

24. オラーフ・キーランド（1948 ～ 1950）

25. スヴェーレ・ヨルダン（1950 ～ 1952）

26. カール・フォン・ガラグリー（1952 ～ 1958）

27. アルヴィド・フラッドモー（1958 ～ 1961）

28. スベェーレ・ベルグ（1961 ～ 1964）

29. ルドルフ・シュワルツ（1964 ～ 1965）

30. カルステン・アンデルセン（1965 ～ 1985）

31. アルド・チェッカート（1985 ～ 1991）

32. ディミトリ・キタエンコ（1991 ～ 1998）

33. シモーネ・ヤング（1998 ～ 2002）
 ＊客演指揮者の時代（2002 ～ 2003）

34. アンドリュー・リットン（2003 ～ 2015）

35. エドワード・ガードナー（2015 ～ ）

　上記の歴代シェフ全員の業績に言及すると紙数が問題なので、本編では簡略化した Timeline に沿いながら、重要事項のみを取り上げて行くことにしたい。

　1765 年に発足した組織の名称は「Det Musicalske Selskab」（音楽協会）で、それは 1769 年に「Det Harmoniske Selskab」又は「Det Musicalske Harmonien」＝（ハーモニック協会）へと改称され、そしてその翌年には楽員数 30 人を擁するアンサンブルを始動させた。

　同協会創設の指揮を執ったのは、教会付属の学校校長エンス・ボアルトであった。

　“信じられぬほどひどい詩人で、なおかつそれよりひどい作曲家” だったと伝えられるボアルトは、まさしく “信じられぬほど素晴らしい発想の賜物” ハルモニエンを創設したことで、後世に名を残す。

　さて BPO が創設された 1765 年 10 月 8 日頃と言えば、ハイドンがヨゼフシュタットのエステルハージー公のためにまだ新作を書いておらず、ロンドンで大成功を収めた 9 歳のモーツァルトが、故郷ザルツブルグへ帰路の途についていた時期である。

　また当時のベルゲンは、ノルウェー最大かつ最重要都市であり、イギリスとの貿易を中心に、ヨーロッパ諸国との交流も活発で、国際都市の風格に溢れ、人材の往来も申し分なく、音楽文化を発達させる素地は充分であった。

　英語の「Philharmonic Society」にあたる「音楽協会ハルモニエン」は、その

ような社会的情勢を背景に創設され、早々と常設アンサンブルの種を撒き、それから20年足らずの間に早くも、ハイドンの交響曲シリーズを紹介するまでに成長発展を遂げていたのだ。

ベートーヴェンの交響曲第5番「運命」は1808年に書き上げられ、翌年印刷されたが、それも1813年にはBPOのステージで演奏され、聴衆の大喝采を浴びている。

結局1836年までに同団は、何と20人の作曲家による160曲の交響曲を演奏したのだった。

エドヴァルド・グリーグがハルモニエンのポディアムに登場したのは19歳の時、1863年のことである。聴衆の喝采を浴びた未来の大作曲家は、それから17年後、今度は同団の芸術監督となって帰ってくる。

彼の治世下で、BPOはグレードそしてスケールの両面で飛躍的な向上を果たす。短期間とはいえ、グリーグの猛特訓でアンサンブルは鍛え抜かれ、堂々たる実力者集団に変貌した。

子供のいなかったグリーグは、自らの遺産と作品からの収入の相続人にハルモニエンを指定する。そしてそれが、BPOの今日的発展を招来することになった。

ハルモニエン専属の合唱団が組織されたのは1914年、その5年後（1919）にはハルモニエンという組織そのものが常設化され、常勤楽員数が40人に増やされ、同時にベルゲン市から大幅な財政援助を受けられるようになる。いわば半官半民的なアンサンブルへと変貌したわけだ。

さらに幸運は続き、ノルウェー放送協会（NRK）からも援助を受けられるようになると、BPOは一気に発展への道を突き進むことになった。

グリーグ亡き後、BPOのシェフで特に重要な存在と言えば、ヨハン・ハルヴェルセン、そしてハラルド・ハイデの二人。特に後者は、BPOシェフ史上最長の在任期間記録を作った。

ところでBPOは歴史的に、財政面では比較的恵まれていたにも関わらず、名流シェフの招聘に消極的なところが見られた楽団である。そのため国際的な演奏サーキットへ中々飛び出すことが出来ず、不遇をかこっているような面があった。

しかしそんな傾向も、1953年に始まったベルゲン国際音楽祭をキッカケに、改善の兆しを見せている。BPOが出演する機会が増え、名流演奏家との人脈が次第に幅広いものとなったからだ。

更に楽旅、録音の面でも、昔日の比ではなくなってきている。1963年のコペンハーゲン音楽祭への出演を皮切りに、国内外への巡演を活発化するようになったのだ。

公的補助（年間予算の4割近くをNRKが、更に同4割をハルモニエンが負担する）

を得ている以上、BPO は国内での様々な「青少年向け」の啓蒙プログラムの創出、実践、更に楽員個々の教育活動 (彼らは 1973 年に創設された「ノルウェー国立音楽院」で教鞭を執り、更にノルウェー全土にある 180 の音楽学校を訪れ、指導を行っている) の義務をも果たさねばならない。

キタエンコの治世下から、世界の名流が頻繁にゲストに呼ばれるようになり、音楽ファンは一層、ハルモニエンへの期待度を高めている。

次いで短期に終わったヤング時代、特に注目を集めるような点はなかったが、その後任リットンの活躍 (特に商業録音) には熱狂する市民が多かった。

そして時代は今、期待のヤング・ブリット（イギリス人）＝ガードナーによって切り拓かれようとしている。1980 〜 81 年度シーズンで常勤楽員が 72 人だったアンサンブルも、2015 年 12 月 4 日現在では 101 人となった。本拠地グリーグ・ホールの定期コンサート・シリーズは大抵満席である。

＊推薦ディスク
1. ペール・ギュント組曲（グリーグ）：O・クリスチャン・ルード指揮
2. 交響的舞曲・他（グリーグ）：D・キタエンコ指揮
3.「火の鳥」全曲、編曲集（ストラヴィンスキー）：A・リットン指揮
4. ピアノ協奏曲、交響曲ハ短調、他（グリーグ）:(Pf) 小川典子、O・クリスチャン・ルード指揮
5. 管弦楽曲集第 1 集(交響曲第 1 番、ロシア領主たちの入場、舞踏会)からの組曲、他、：N・ヤルヴィ指揮)

51. オスロ・フィルハーモニック管弦楽団
(OSLO – FILHARMONIEN = OSLO PHILHARMONIC ORCHESTRA)

ノルウェーとは「北の道」を意味し、8 世紀以降その民ノルウェー人はヴァイキングとして、西南ヨーロッパ及びアイスランドやグリーンランドに侵攻、一部が定住した。

山岳地域が多いため地方勢力は細分化されていたが、9 世紀末にハーラル美髪王が初めて全国を統一。しかしその後も諸地域の独立性は強く、内乱、再統一、世襲王制導入、と国情は常に不安定の中にあり、14 世紀から 19 世紀まではデンマークの支配下にも入った。

更にそのデンマークからスェーデンに割譲され、スェーデン国王の下で連合王国を形成、そして 1905 年ようやくそのスェーデンから独立し、デンマークから新

国王を迎えた。

　第1次世界大戦時は中立政策を採り、第2次大戦ではドイツの占領下におかれ、戦後はそれまでの中立政策を転換、1949年NATOには加盟したものの、同加盟軍を国内に駐留させず、独自の防衛政策をとっている。

　1990年代に入ると、EUへの加盟問題で国論が割れ、国民投票の結果加盟は見送られた。にもかかわらず、同国の交渉調停能力は高く、1993年の「オスロ合意」（イスラレルとパレスチナとの和平交渉）、2002年のスリランカの民族紛争調停、2007年の「クラスター（集束）弾禁止を目指す国際会議」等を提唱、開催する等、国際政治上で重要な役割を演じている。

　そのノルウェーの首都で、かつ最大都市オスロは、人口613,285人（ただし、都市圏全体では112万余＝いずれも2012年度調査による。）で2015年度11月現在、世界で物価の最も高い都市として有名だ。

　そして同市の演奏芸術界を俯瞰すると、最初のアンサンブルが誕生したのは1847年、フィルハーモニック協会（Det Philharmoniske Seleskab ＝ PS）が創設された時である。同協会はいわば市内の好楽家達の集まりで、現在みられるような本格的な定期公演を提供できるという、いわばプロの組織ではなく、不定期に参集してコンサートを開く、という程度の集団であった。

　しかしその活動は継続され、1879年に大作曲家エドヴァルド・グリーグやヨハン・スヴェンセンらが組織したクリスチャニア音楽協会（Christiania Musikerforening＝CM）へと受け継がれて行く。

　そしてCMは、クリスチャニア劇場オーケストラと合併する等、次第にスケール・アップを遂げ、1889年からはオスロ市からの財政支援を得られるようになった。

　1899年オスロに国立劇場（創設目的は、オペラや演劇の上演と、音楽協会＝CM＝のための交響曲公演を常時提供すること、の2つであった）が建設され、指揮者を務めたヨハン・ハルヴォルセンは、常勤楽員数を44人に増やす。

　とはいえ、一気に単独のプロ楽団を創設するまでには至らない。その上、不安定な社会情勢（第一次世界大戦前）及び不況の波も、オーケストラ運動の機運の盛り上がりを挫いた。（生活費が150％上昇したにもかかわらず、音楽家のサラリーは僅か25％しか上がらない、という極度のインフレが襲い、演奏どころではなくなってしまったからである。

　また1918年には国立劇場に出演する楽団メンバー（すなわちCM）と劇場側が、待遇を巡って対立。結局メンバー側は独自で楽団を組織し、活動を展開するという方向へ動き出す。そして1919年に組織された楽団（Filharmonisk Selskaps Orkester=FSO＝と名付けられた）が、現在のオスロ・フィル（以下OPO)の前身となったのである。

59 人の楽員で編成された同団の創立第 1 回コンサートは、1919 年 9 月 27 日に行われ、シュネーヴォイクトが指揮を執った。プログラムは全てノルウェー人作品（スヴェンセンの「フェスト・ポロネーズ」、シンディングの交響曲第一番、グリーグのピアノ協奏曲）で固められている。

FSO 最初の数シーズン（1919 ～ 1921）は、3 人の指揮者（ヨハン・ハルヴォルソン、イェオリ・シュネーヴォイクト、イグナーツ・ノイマルク）が分担して指揮を執ることになるが、その 3 人を同列に並べ初代シェフとして、後に続く歴代のシェフ達は次の通りとなる。

1. イェオリ・シュネーヴォイクト （1919 ～ 1921）
   ＊ヨハン・ハルヴォルセン （1919 ～ 1920）
   ＊イグナーツ・ノイマルク （1919 ～ 1921）
2. ジョセ・アイゼンシュッツ （1921 ～ 1927）
3. イサイ・ドブローウエン （1927 ～ 1931）
4. オド・グレネ＝ヘッゲ （1931 ～ 1933）
5. オラヴ・シェラン （1933 ～ 1945）
6. オド・グレネ＝ヘッゲ （1945 ～ 1962）
7. ヘルベルト・ブロムシュテット （1962 ～ 1969）
8. エイヴィン・フィエルスタード （1962 ～ 1968）
9. ミルティアデス・カリーディス （1969 ～ 1975）
10. オッコ・カム （1975 ～ 1979）
11. マリス・ヤンソンス （1979 ～ 2002）
    ＊なお、彼の在任中の 1979 年、楽団名を現在の名称に変更。また 1996 年にはノルウェー議会により、「独立財団法人」として承認された。
12. アンドレ・プレヴィン （2002 ～ 2006）
13. ユッカ＝ペッカ・サラステ （2006 ～ 2013）
14. ヴァシリー・ペトレンコ （2013 ～ ）

あと 4 年で創立 100 周年を迎える OPO。その間 14 人のシェフを迎えて来たが、その中で注目すべき存在と言えば、まず草創期に於いては初代のシュネーヴォイクト、そして 3 代目のドブローウエンの 2 人である。

両者ともにノルウェーだけに留まらず、欧州全域及び北米（前者は特にロスアンジェルス・フィル、後者はサンフランシスコ響でそれぞれ音楽監督を務めた）でもかなりの活躍を見せており、レパートリーも広く楽団の経営にも手腕を発揮した人物。従って OPO での基礎作りには、まさしく当を得た人事であった。

その後 2 人に比肩する実績を残したシェフは、4 と 6 代目の 2 度に亘って君臨したヘッゲである。彼のリードで OPO は戦後の混乱期を乗り越え、ノルウェー人

作曲家の作品の録音を積極的に推進する等、再建に努めたのだった。

　OPO がグローバルな活動を展開し始めたのは、ブロムシュテットの時代からである。その端緒となったのは、1962 年の国外楽旅（アムステルダム、フランクフルト、ベルリン、そしてボン等への巡演）であった。

　それからオッコ・カムに至る 3 人のシェフ達は、いずれも短期間の在任で、実績らしいものと言えば、カム時代に建設された新演奏会場（オスロ・コンサートハウス）くらいしか見当たらない。

　そして OPO が名実共に大の付く飛翔を遂げ出したのは、11 代目のシェフ＝ヤンソンスの時代からである。彼は 23 シーズンの長きに亘って OPO を鍛え上げ、同時に自らも目を瞠るような成長を遂げた。というより彼は、同団を、世界へ打って出る跳躍台、にしたのだった。

　周知のように名匠アルヴィド・ヤンソンスを父に持つ彼は、アンサンブル作りのエキスをその父から吸収、かつ飛翔を遂げるための若き日の重要な時期を、巨匠ムラヴィンスキーのアシスタントとしてレニングラード・フィルを振りまくり、キャリアに厚みを増して行った。

　OPO とヤンソンスのコンビネーションは、本人によると「まさに運命的」なもので、スカンジナビア楽壇はそのおかげで、ここに史上最も充実した「指揮者とオーケストラとの成功物語」を楽しむことが出来たのである。

　父親直伝の「アンサンブル作り」は予想外の出来栄えを見せ、楽旅に録音にと、ヤンソンス＝ OPO は世界を席巻。定期公演の予約率も、1980 年代初頭から急上昇を遂げた。

　そのように空前の黄金時代を齎したヤンソンスだったが、OPO での成功が呼び水となり、彼のスケジュールは次第に多忙を極めるようになり、プレヴィンにバトンを譲って、ピッツバーグ響、バイエルン放送響、そしてコンセルトヘボウ管のシェフを次々と引き受け、いよいよ空前の飛翔を遂げる。

　続くプレヴィン、そしてサラステの 2 人は、一応大過なく仕事をやり遂げたと言えるだけで、目立った実績は残していない。ヤンソンス時代あれほど盛んだった録音も、彼の退任後は激減。総じて、定期公演の内容を充実させるのが精一杯、という感じであった。

　そして現在のシェフはヴァシリー・ペトレンコ。2013 〜 14 年度のシーズンに着任（初回の在任契約期間は 4 年）した。イギリスのロイヤル・リバプール・フィル（RLPO）との兼務だが、同団とは既に、ショスタコーヴィチ交響曲全集の録音で注目を集めている。それだけに、既に始まった OPO との録音セッション（スクリャービン交響曲他）の活発化も望まれるが、もしそれが順調に行けば、ヤンソンス体制の再現となるかもしれない。

204　51. オスロ・フィルハーモニック管弦楽団

＊推薦ディスク

1. 交響曲全集（チャイコフスキー）：M・ヤンソンス指揮
2. 「神々の黄昏」全曲（R・ワーグナー）：O・ファイエルスタート指揮
3. 「火の鳥」全曲（ストラヴィンスキー）他：M・ヤンソンス指揮
4. 管弦楽曲集・他（スヴェンセン）：M・ユロフスキ指揮
5. 交響曲第3番「神聖な詩」、第4番「法悦の詩」（スリャービン）：V・ペトレンコ指揮

52. ポーランド国立放送交響楽団

(NARODOWA ORKIESTRA SYMFONICZNA POLSKIEGO RADIA W KATOWICACH
= NATIONAL POLISH RADIO SYMPHONIC ORCHESTRA IN KATOWICE(WITH
SEAT IN KATOWICE = NOSPR)

ヨーロッパに数多くあるドラマティックかつドラスティックな国家のように、ポーランド建国の歴史もそうである。というより、その様子は、その中でも群を抜くものかもしれない。

東ヨーロッパの北部に位置する同国は、1000年に神聖ローマ帝国から独立した地位を承認され、14世紀前半までにポーランド王国が統一される。

しかし18世紀末にはプロイセン、ロシア、そしてオーストリアにより、三度の分割（1772, 1793, 1795年）を蒙り、国家が消滅した。

その後、国家再生を目指して11月蜂起（1830）、クラクフ蜂起（1846）、そしてワルシャワ1月蜂起（1863）が連発したが、いずれも失敗。

更にその後も、国家再生への運動は続けられ、1918年11月、ついに独立を達成した。

ところが第2次大戦の勃発により、ドイツ軍の侵入を受け、ナチス・ドイツの占領地区では多くのユダヤ市民が「絶滅政策の犠牲」となり、続いてソ連軍の侵攻により、被占領国となる。

亡命政府は国内の地下組織と連携を取りつつ抵抗運動を展開、ワルシャワ蜂起(1944)に打って出たが失敗。結局その後暫く後に、ソ連軍によって解放された。

戦後はソ連の指導する共産党の独裁体制下に入ったが、スターリン批判と自由化を要求する「ポズナン蜂起」の影響から政治的経済改革（10月の春）が行われ、独立自主労働組合＝連帯＝の指導で、国政改革が進行。1989年、ついに自由選挙が実施され、同年憲法を改正し、国名を「ポーランド共和国」に改め、国民は名

205

実共に「自由」を手に入れたのだった。

その間、ポーランド国民の精神的支柱として、音楽が果たした役割には、実に大きなものがある。2014年度の調査によると同国の人口は3、850万人だが、国家的看板楽団のワルシャワ・フィルを頂点に、31のプロフェッショナル楽団（そのうち6つは室内楽団）の活動が見られるほど、アンサンブルは活況を呈している。

そしてそんな状況を推進してきたのが、放送局専属の楽団だ。中でも現在はカトヴィツェ市に本拠をおくポーランド国立放送局が管理運営するオーケストラ（ポーランド国立放送交響楽団）は、歴史の浅さを補って余りある深い内容を持つもの、であった。

同団が創設されたのは1935年、当時の本拠ワルシャワ市に於いて、である。創設の中心となったのは、作曲家兼指揮者のグジェゴシュ・フィテルベルク。彼は創設と同時に、初代の首席指揮者を務めることになった。

しかし創設当時は既にヨーロッパを戦争の暗雲が覆い、特に野望に燃えるA・ヒトラーの不気味な目が、ポーランドへ向けられていた。そして結局、同国はナチス・ドイツに蹂躙され、NOSPRもワルシャワ・フィル同様楽員の大半を失って壊滅状態となり、一時活動停止に追い込まれてしまう。

同団が復活したのは、大戦が終わる2か月前の1945年3月19日。復活した場所は前回のワルシャワではなく、カトヴィツェ市であった。新進の指揮者ヴィトルド・ロヴィツキが、同市に連れて来た16人の楽員を中核体として、NOSPRを再興したのだ。

そして同団の再デビュー公演は同月25日に行われた。指揮を執ったのは勿論、当時31歳のロヴィツキである。以来彼は2シーズンをかけ、クラシカルの全レパートリーをこなせるのに十分な数の楽員を集め、アンサンブルを練磨する。

そのうちに前任者フィテルベルクも音楽監督に復帰し、以後NOSPRは2人の薫陶を受け、再結成の地カトヴィツェ市を本拠に、演奏の精度を高めていく。

以後、フィテルベルクから始まるNOSPRの歴代シェフは、以下の面々となった。

1. グジェゴシュ・フィテルベルク（1935〜第2次大戦のため一時活動停止）

2. ヴィトルド・ロヴィツキ（1945年3月再結成後1947年にフィテルベルクに音楽監督の座を譲って退任）

　＊グジェゴシュ・フィテルベルク（1947〜1953）

3. ヤン・クレンツ（1953〜1967）

　＊客演指揮者の時代（1967〜1968）

4. ボフダン・ヴォディチュコ（1968〜1969）

5. カジミエシュ・コルト（1969〜1973）

　＊客演指揮者の時代（1973〜1974）

6. タディウス・シュトゥルガワ（1974 〜 1976）

7. イルジー・マクシミウク（1976 〜 1977）

  ＊客演指揮者の時代（1977 〜 1978）

8. スタニスラフ・ヴィスウォツキ（1978 〜 1982）＊首席指揮者

9. ヤツェク・カスプシク（1980 〜 1983）＊音楽監督

10. アントーニ・ヴィット（1983 〜 2000）

  ＊客演指揮者の時代（2000 〜 2001）

11. ガブリエル・フムーラ（2001 〜 2007）

  ＊客演指揮者の時代（2007 〜 2009）

12. ヤツェク・カスプシク（2009 〜 2012）

13. アレクサンダー・リープライヒ（2012 〜 ）

　そしてここからは、各々の功績について述べて行こう。

　まず草創期にフィテルベルクとロヴィツキがアンサンブルの基礎を作った後、それにフレキシビリティを仕込みながら、レパートリーの拡大に尽力したのはJ・クレンツ (現在は名誉指揮者として遇されている) である。

　就任時僅か 27 歳だった彼は、更に僅か 20 歳の若さで指揮デビューを飾った才能の持ち主。早くから、ポーランド楽壇を牽引する人材、として期待を集めていた。

　彼が在任した約 15 シーズンは、あらゆる意味でアンサンブルがグレードとスケールの両面で向上を遂げた時代である。特にその中でも、1963 年に行った 55 公演を提供するという大規模な楽旅（公演地はソ連、モンゴル、中国、日本、オーストラリア、ニュージーランド）は、同団史上最多公演、史上最長の楽旅として、同団の歴史に残ることになった。

　またクレンツは、楽員数を 102 名に増やしたり、楽団初の総支配人ポストを設ける等、機構改革にも熱心に取り組んだ。

　NOSPR のシーズンの内容を大まかに言うと、40 〜 50 回の定期公演を軸に、20 〜 30 回の TV 放送出演、1000 〜 1500 分の放送業務用録音等に加え、定期的な国内外への楽旅、ポズナン市で行われる音楽祭への出演、等で占められる。

　その活動の基本形を作ったのもクレンツであり、また 1963 年の来日デビュー以来、我が国での彼に対する人気、及び評価は高い。

　続いて注目すべき実績を築いたのは、K・コルトである。当時新進気鋭の彼は、病を理由に退任したヴォディチュコの後任を引き受けた。彼の意中のポストは、言うまでもなくワルシャワ・フィルのそれである。そのため同ポストを、当時の目標にしていたと思えるが、しかし彼の実力は NOSPR でも遺憾なく発揮された。

　彼は同団で、あまり取り上げれて来なかった声楽曲を続々紹介し、アンサンブルを一段と練磨した。その成果は目覚ましく、同国の作曲家ヴァルジネック・ズ

ラフスキーのように、NOSPR をポーランド最高の楽団、と評価する者もいたほど
だった。

　しかし 8 人目のヴィスウォツキ、そしてその後のカスプシクの体制下に入ると、
アンサンブルは一転、低調を囲う結果となる。

　前者はルーマニアのティミショアラ音楽院の出身。ジョルジュ・エネスコらに
師事し、ワルシャワ・フィルの首席指揮者（1961 ～ 1967）を務めて後の就任だっ
たが、在任僅か 4 シーズンと、実力を出し切れぬままに終わっている。

　そして後者は、当初「第一指揮者」のタイトルで NOSPR と関わり、後に音楽
監督へ昇格した。理由は不明だが、1982 年頃からロンドンに本拠を移し、イギリ
スの楽団との関係を深めている。そのため NOSPR のポストは、ヴィットが受け
継ぐ形となった。

　しかしこのヴィット起用が、同団にとって思わぬ成功を収めることになる。基
本的に地味ではあるが、堅実なアプローチで迫るヴィットの芸風は、その幅広い
レパートリーをファンの前で着実に開陳。圧倒的な支持を集め、その在任期間は
何とクレンツのそれを凌ぐ、楽団最長を記録した。

　おかげでヴィットの退任後は、そのレヴェル維持が最重要課題となり、後任の
リクルートに手間取ることになってしまう。

　そして招かれたのはフムーラである。ポーランド生まれ（ブロツラフ）だが、
11 歳でイスラエルに移住し、同地のテル・アヴィヴ音楽院を出た彼は、カラヤン・
コンクール（1971）を制し、続いて G・カンテルリ・コンクールで金賞に輝くなど、
華々しくキャリアを積み上げることになった。

　彼の NOSPR に残した遺産で最も重要なものは録音である。特に珍しい作品を
取り上げている点が、ファンの人気を呼び、かつ評価も高い。

　フムーラの後は、カスプシクが再登板。この人事は後任が決まるまでの、いわ
ば「繋ぎ」的なもので、在任も僅か 3 シーズンほどであった。

　そして現在のシェフは、2006 年以来ミュンヘン室内管を率いて評価を挙げて来
たリープライヒ（1968 年生まれ）である。

　C・アバドや、本日（2016 年 3 月 5 日）亡くなった N・アーノンクールらの薫
陶を受け、緻密な音楽作りで定評のある彼は、特に東洋（我が国で既に N 響や紀
尾井シンフォニエッタ等でデビューを飾ったのをはじめ、韓国の「TIMF 音楽祭」
で音楽監督を務め＝ 2011 ～ 2014、更に北朝鮮では、同国の青少年オーケストラ
に招かれ、古くはブルックナーの交響曲第 8 番を指揮＝映画「ピョンヤン・クレッ
センド」（2005 年放映））での活動にも力を入れており、今後更にその成果が注目
される。

　＊推薦ディスク

1. 管弦楽のための協奏曲（1954）（ルトスワフスキ）、「カスプロヴィチの詩に
   よる３つの断章・Op.5（シマノフスキ）：(Contralto) E・ポドレシュ、A・
   リープライヒ指揮
2. 交響曲第５番（ヴァインベルク）：G・フムーラ指揮
3. 交響曲第６番（マーラー）：A・ヴィット指揮
4. 交響曲第２番、テ・デウム、ラクリモサ、マニフィカト、カノン（ペンデレツキ）
   ：K・ペンデレツキ指揮
5. ピアノ協奏曲第12番、第27番（モーツァルト）：(Pf.) 遠山慶子、A・ヴィッ
   ト指揮

53. クラクフ・フィルハーモニック管弦楽団（＝クラクフ・カルロ・シマノフスキ・フィルハーモニック管弦楽団）

(FILMARMONIA IM.KAROLA SYMANOWSKIEGOW KRAKOWIE = KRAKOW PHILHARMONIC ORCHESTRA)

　ポーランド共和国で最も歴史ある街の一つで、ワルシャワに遷都するまでは首
都だったクラクフは、同国の工業（同市はポーランド最大の重工業地帯シュレジ
アの中心都市でもある）、そして文化の中心地の一つでもある。同国南部に位置し、
マウォポルスカ県の県都として、約76万の人口（2014年度調査に拠る）を擁し、
現在はワルシャワ、ウッチに続いて第３の規模を誇っている。

　クラクフ市民は昔から、常にワルシャワとあらゆる面で張り合っており、同市
に首都が移され、国政の中心的役割を外された後も、彼らの心から「クラクフが
文化・経済の中心」だとの思いを消すことは出来なかった。

　そのため戦後ワルシャワが、いち早く WNPSO（ワルシャワ・フィルハーモニー
交響楽団）を復興させた時、クラクフ市民はそれに対抗するかのように、オーケ
ストラを再創設（初公演は1945年２月３日）したのであった。しかもそれは、
戦後ポーランドで最初に復活・再結成されたプロ楽団である。

　同市のアンサンブル史を紐解くと、18世紀には既に楽団創設の動きが見られた。
しかしそれが”常設“という形で実現したのは、1909年のことである。

　クラクフ市にある「ポーランド人音楽家の職業組合」が、市内の劇場、カフェ、
無声映画館等で働く演奏家達を集めて互助団体を組織し、愛国的作曲家で指揮者
のフェリクス・ノヴォヴィエフスキを中心に据えて、交響楽団を創設したのがそ

れだった。

　その活動は散発的だが、形式的には組合の Branch（傘下）団体の一つとして、オーケストラ・コンサートを提供していた。一方で組合の創設目的は、演奏家達の技量の向上を図る他に、その福利厚生、シンフォニー・コンサートを通じて地域文化へ寄与すること、である。

　しかし活動が不定期なため、楽団の存在形態は常設楽団のそれとは程遠いものであった。それでも組合の楽団の形は、第1次大戦直後まで引き継がれる。

　ようやく変化が訪れるのは、1919年（ポーランド独立の翌年）の5月18日、スタニスラフ・モニスコの生誕100周年を記念して行われたコンサートのために、80人の楽員を結集し「交響楽団」を編成した時であった。（実質的にはこの公演が、クラクフ・フィルの創立第1回コンサートとなる。）

　その後同団は市の援助を受けながら、1シーズン平均20公演を提供するまでにスケール・アップを遂げ、そして1937年には音楽協会理事会を組織して独立。名称を正式に「クラクフ・フィルハーモニック」に定め、今後は同協会がコンサートの企画実施を担当することになり、ここで同団は名実共に、常設楽団としてのシステム作りを完成した。

　さらにそのその後同協会が解散すると、同団の管理運営業務はクラクフ市のコンサート事務局（総支配人はユージニアス・ブジャンスキ）に移され、名称もクラクフ交響楽団と変わり、演奏活動は1939年9月（すなわちナチスによるポーランド侵攻）まで続けられた。

　ナチス占領前、同団の最後となるコンサートが行われたのは、1939年5月21日、指揮を執ったのは、ブロニスラフ・ウルフシュタールであった。

　第2次大戦が始まると、ナチスのユダヤ人に対する迫害を受け、楽団は活動停止状態に追い込まれる。ナチスの占領軍は、クラクフに総督府を置いた。理由は同市が他の都市に比べ、戦争の被害が比較的少なかったからである。

　翌1940年7月、ナチスの責任者ハンス・フランクは、ゲシュタポ（秘密警察）長官ブルーノ・ミューラーに、クラクフに本拠を置く新楽団の創設を命じた。ミューラーは早速、総督府フィルハーモニー管弦楽団（Philharmonic of the General Government=GG Philharmonic）を組織、コンサート活動を始動させる。

　GGフィルのメンバーになったのは、ポーランドの名流独奏者をはじめ、音楽大学の教授、元ポズナン・フィルやワルシャワ・フィルの楽員ら、国を代表する名手ばかりで、唯一のドイツ人楽員は、コンサートマスターのフリッツ・ゾンライトナー、そして専任の指揮者にはハンス・ロール、第2指揮者にルドルフ・エルブが就任。

　またロールが急逝すると、作曲家パウル・ヒンデミットの弟ルドルフ・ヒンデミッ

210　53.クラクフ・フィルハーモニック管弦楽団
　　　（＝クラクフ・カルロ・シマノフスキ・フィルハーモニック管弦楽団）

トが 1942 年から後任に据えられ、更に 1944 年からはハンス・スワロフスキーが
受け継がれた。

　ナチスの厳重かつ酷薄な監視下で、ポーランドの演奏家達は、唯一の延命方法
である GG フィルの楽員の身分を得る選択をした。その圧倒的な苦しみから逃れ
る時がやってきたのは、1945 年 2 月 3 日のことである。

　同日、クラクフ・フィルはついに、戦後初のコンサートを行ない、今日までの
成功の歴を刻印し始めた。そして同団が歩んだ苦難と栄光の歴史を刻んだのは、
以下の歴代シェフ達である。

1. フェリクス・ノヴォヴィエフスキ（1909 ～不明＝ sporadical（散発的）な活
   動形態のため）＝創設指揮者
   ＊以下・第 2 次大戦後に再結成されてから＊

1. ジークムント・ラトシェフスキ（1945 ～不明）

2. ヤン・マクラキェヴィッツ（1945 ～ 1947）

3. ヴァレリアン・ビエルディアジェフ（1947 ～ 1949）
   ＊ピョートル・ペルコフスキ（1945 ～ 1949 ＝首席指揮者）
   ＊ヴィトルド・クルゼミエンスキ（1949 ～ 1951 ＝首席指揮者）

4. ボフダン・ヴォディチュコ（1951 ～ 1955）

5. ブロニスラフ・ルツコフスキ（1955 ～ 1956）
   ＊スタニスラフ・スクロヴァチェフスキ（首席指揮者）

6. イェルジー・ゲルト（1957 ～ 1962）
   ＊ヴィトルド・ロヴィツキ（首席指揮者）

7. アンジェイ・マルコフスキ（1962 ～ 1965）（1959 ～ 1965 ＝首席指揮者）
   ＊このシーズン（1962 年）から、楽団の名称を、作曲家シマノフスキに因ん
   で「クラクフ・カルロ・シマノフスキ・フィルハーモニー管弦楽団」へと
   改称する。

8. ヘンリク・チュジュ（1965 ～ 1968）

9. イェジー・カトレヴィチ（1968 ～ 1980）
   ＊客演指揮者の時代（1980 ～ 1981）

10. タディウス・シュトルガウ（1981 ～ 1986）
    ＊客演指揮者の時代（1986 ～ 1987）

11. ギルバート・レヴァイン（1987 ～ 1991）
    ＊クシシトフ・ペンデレツキ（1988 ～ 1990 ＝芸術監督）

12. ローランド・バーダー（1991 ～ 1993）

13. イエジー・マクシミウク（1993 ～ 1994）

13. マレク・ピヤロフスキ（1994 ～不明）

211

14. ヴラディーミル・ポンキン（不明〜　）

15. パヴェウ・プシトッキ（2009〜2012）

16. ミシェル・ドヴォルジンスキ（不明〜　）

17. チャールス・オリヴィエリ・マンロー（2015〜　）

　イエジー・マクシミウク体制前後は、ソヴィエト崩壊の時期と重なっており、ポーランド国内も独立自主労組「連帯」運動が活発化、戒厳令が敷かれる等、政情不安の時代から完全に抜け切れていない時代であった。

　そのような社会状況がアンサンブルに影響を及ぼさない筈はなく、ピヤロフスキ時代の頃からつい最近までの各歴代シェフの在任期間には、不明な点が多い。（同団の事務局へ問い合わせても、明白な回答を得ることができなかった。）そのため、ピヤロフスキからプリシトッキまでの在任期間に関しては、不明と記録せざるを得ない。（特にポンキンに関して言うと、他の誰より詳しいBiographyあるいはCurriculum Vitae（履歴）を明らかにしながら、クラクフ・フィルでの在任期間の具体的な表記が抜け落ちている始末だ。）そのため本論では、明白なものだけ記録することにした。

　さて次に主要シェフ達の業績を辿ることにするが、戦後の混乱と、ソ連の介入が齎す国内政情不安の影響を受け、大半が短期間の在任で終わっている。そのため、瞠目すべき機構改革や、劇的な水準向上を実現したシェフは見当たらない。

　それでも大幅なレヴェル・ダウンに追い込まれたり、低迷期が見当たらないのは、組織を挙げて、世界中の名流指揮者、独奏者をゲストに招き続けて来たからである。

　その意味で、クラクフ市民の音楽文化への情熱、ポーランド楽壇の中枢であろうとすることへの強い意志、というものの存在を感じざるを得ない。

　そしてこれから先も、クラクフ楽壇はそのような市民の信念の下で、進み続けて行くものと思われる。その意思を牽引するのは、カナダはトロント出身のチャールズ・オリヴィエリ＝モンローだ。

　＊推薦ディスク

1.「カルミナ・ブラーナ」（オルフ）：K・ペンデレツキ指揮

2. ピアノ協奏曲第1番、第2番（いずれもショパン）：(Pf).K・ヤブウォンスキ、：R・バーダー指揮

3. 交響曲集（第5, 11, 12, 31, 36, 89, 90, 91, 92, 98番）(F・J・ハイドン)他、：J・リフキン、H・M・リンデ指揮

4. 歌劇「エヴァ」全曲（フェルステル）：(Ms) D・ハマロヴァ、他、：J・キズリング指揮

5. 交響曲第3番(第4楽章＝パッサカリア、第5楽章＝ロンド（ヴィヴァーチェ))交響曲第2番「クリスマス」、広島の犠牲者に捧げる哀歌、アナクラシス（以

上ペンデレツキ）：W・チェピル指揮

54. シンフォニア・ヴァルソヴィア
(SINFONIA VARSOVIA)

シオニズム（Zionism ＝パレスチナの地に、ユダヤ人の祖国＝ Homeland= の建国を目指す思想）を「宗教イデオロギー」と捉えるか、それとも「政治的イデオロギー」として考えるかについては、今も意見の分かれるところだ。

映画にもなり、世界中で多くの観客を動員した政治思想家ハンナ・アーレント（1906 ～ 1975）は、ドイツ系ユダヤ人のシオニストであり、しかしシオニスト国家の建設には否定的な立場をとった。

また優れたユダヤ人哲学者モシュ・メニューインも、著書「現代におけるユダヤ教の堕落」の中で、「預言者のユダヤ教が私の宗教であって、ナパーム弾のユダヤ教——戦闘的ユダヤ人の新しい実例——は、私に関する限りユダヤ人ではなく、ユダヤ人の道徳や人間性の一切の感覚を喪失した「ユダヤ人」のナチである。反シオニズムは、反ユダヤ主義ではない。」と主張している。

かくのごとくシオニズムを批判する人々は数多く存在するが、第2次大戦下のナチズム吹き荒れるドイツで、フルトヴェングラーと正々堂々共演したアメリカ生まれのユダヤ人演奏家ユーディ・メニューインほど、気骨溢れる態度で、その反シオニズム思想を体現した人物は少ないと思う。

彼は上述のユダヤ人哲学者モシュ・メニューインの息子であるが、終戦直後ユダヤ人達にドイツとの和解を呼びかけたり、鉄の意思を以てイスラエルを批判するなどしたため、ユダヤ人芸術家の多いアメリカ楽壇から追放されるという憂き目に会っても、頑として自らの主張を曲げない人間であった。

その前にメニューインは、幼い頃から「神童」の名をほしいままにし、今でもその存在は、いわゆる「アンファン・テリブル」の代名詞として、世界のクラシカル楽界ではまかり通っている程だ。

さてそのメニューインは、クラシカルの世界に実に多くのものを残している。その代表的なものを挙げるとすれば、次の2つに絞られてくると思う。

1つは独奏ヴァイオリニストとしての圧倒的な実績、そしてもう1つは、ポーランドの首都ワルシャワを本拠地に、「シンフォニア・ヴァルソヴィア」の名称の下、楽団を創設したことである。

事の起こりは 1984 年の4月、St. I. Witkiewicz 芸術会館の館長ワルデマール・

ダブロフスキの招きに応じたメニューインが、同館のホールで演奏会を行う「ポーランド室内管弦楽団」（＝ Polskiej Orkiestry Kameralnej ＝ 1972 年にワルシャワ室内歌劇場管弦楽団として設立され、メニューインが音楽顧問を務めていた。同団は現在でも活動を継続中で、2002 年からネイジェル・ケネディを芸術監督に招き、シンフォニア・ヴァルソヴィアとは別に、独自のシーズン・プログラムを展開している。）の独奏者兼指揮者を務めた時だった。

　メニューインは同団との相性の良さを感じ、今後はレパートリーによって楽員を増やしながら活動の幅を広げるよう提言。そしてそれを受け入れた同団のリーダー、F・ヴィブランチクと共に、2 管編成の新楽団「シンフォニア・ヴァルソヴィア」（SV）を発足させる運びとなった。

　従って、具体的に言うとその新楽団 SV は、ポーランド室内管を中核体とし、プログラムによって楽員を増やす（ポーランド中から集められた腕利き奏者が集められるという、当初から群を抜く実力団体だった）形のアンサンブルである。

　そしてメニューインは、同団の初代音楽監督（MD）に就任、アンサンブルに磨きをかけることになった。彼はそれから約15年後の1999年、83歳で亡くなるまで、同団との関係を堅持、グローバル・スケールの活躍を見せている。

　彼を含め、SV の歴代シェフは以下の面々が務めてきた。

1. ユーディ・メニューイン（1984 〜 1997）＝ SV 創立者（但し、アンサンブル・ディレクターのフランチシェク・ヴィブランチクも共同創立者）
2. クシシトフ・ペンデレツキ（1997 〜 2008 ＝音楽監督）（＊ 2003 年から芸術監督）
　＊ホセ・クーラ（2001 〜 2003 ＝首席客演指揮者）
3. マルク・ミンコフスキ（2008 〜 2012 ＝音楽監督）
　＊クシシトフ・ペンデレツキ（2003 〜　＝芸術監督）

SV は今やマルタ・アルゲリッチが激賞するほどの名流かつ実力団体だが、その活動範囲はまさしく「丸ごと音楽への奉仕活動」と評してもよいくらい、幅広い圧倒的なスケール感に満ちた内容である。

　すなわち、「ラ・フォル・ジュルネ」（＝熱狂の日）音楽祭の常連として登場するのをはじめ、世界の主要音楽祭にレギュラー・ゲストとして参加する傍ら、録音、啓蒙プログラム、新作初演企画への協力等など、まさに八面六臂の大活躍ぶりだ。

　メニューイン体制下から既に、そのような活動形態を展開しており、当の本人はそれ以外にも、独奏活動、音楽学校の設立そして指導（彼は 1962 年に英国サリー州に「ユーディ・メニューイン音楽学校を設立し、校長を務める傍ら、才能教育にも従事している。なお現在の校長は、ダニエル・バレンボイム」）、他の分野との交流活動にも従事しているのだから、そのヴァイタリティには恐れ入る他はな

い。

しかしメニューイン体制下における最大の功績は、何と言ってもやはり録音であった。メニューインは自らタクトを握り、ベートーヴェンやシューベルトの交響曲全集を完成するなど、SV の名を一層グローバルなものにした。

続くペンデレツキは作曲家・指揮者として、特にポーランド人による新旧作品を数多く紹介、アンサンブルの士気同様、フレキシビリティを高めている。

また SV は、革新的な管理運営を進めるところがあり、指揮に強い関心を抱く第一線のテノール歌手ホセ・クーラを首席客演指揮者として招き、定期公演を振らせる一方、何と交響曲の録音（ラフマニノフの第 2 番）まで実現させ、音楽ファンの度肝を抜いたりしている。

創作その他に多忙なペンデレツキに代わり、音楽監督を務めたのはミンコフスキ。だが彼の体制下では、スケール・アップというより、プログラム全般のグレード・アップを実現する、という形に終わった。

それに在任期間も 4 シーズンと短く、また他からの客演依頼が殺到するようになったため、SV に専一集中するというわけには行かなくなったのである。

2016 ～ 17 シーズン現在ミンコフスキの後任は未定で、ペンデレツキが依然芸術監督の任にある。

　＊推薦ディスク
1. 交響曲全集（ベートーヴェン）：Y・メニューイン指揮
2. 交響曲全集（シューベルト）：Y・メニューイン指揮
3. 「レクイエム」（フォーレ）：M・コルボ指揮
4. ピアノ協奏曲第 1 番（ショパン）、同（リスト）：(Pf.)M・アルゲリッチ、A・ラヴィノヴィッチ指揮
5. 交響曲第 7 番（マーラー）：J・マクシミウク指揮

55. ワルシャワ・フィルハーモニック管弦楽団
(ORKIESTRA FILHARMONII NARODOWEJ W WARSZAWIE
= WARSAW NATIONAL PHILHARMONIC ORCHESTRA)

ソ連赤軍の「バグラチオン作戦」が奏功し、ナチス・ドイツ軍団の中核を占める部隊が各地で壊滅、敗走を重ね出したのは 1944 年 6 月下旬のことである。

それでも同軍は、ポーランド東部占領地域で部隊を再編成。駐屯する部隊を結集して、治安維持のため防戦に努めた。

215

一方ソ連は、ポーランドのレジスタンスに、抵抗すなわち蜂起を呼びかける。そして同軍は同年 7 月 30 日までに、ワルシャワから 10KM の地点にまで到達した。

　ポーランド軍国内軍は当然のように、ソ連軍がワルシャワ救出に来るものと信じて期待し、その呼びかけに応じる形で、ワルシャワ市での蜂起計画を赤軍と打ち合わせた。

　そして 1944 年 8 月 1 日、ついに蜂起の日となり、その歴史的に有名な「ワルシャワ蜂起（Warsaw Uprising）」は始まった。（その時点における同市の人口は、90 万人である。）

　数日で終わると思われたドイツ軍との戦闘は、頼みのソ連軍が終始傍観し続け、不介入を決め込むという期待を裏切る行為もあって、何と 63 日間も続くことになる。

　当初から、ソ連軍がそのような傍観的態度をとるものと判断したドイツ軍は、蜂起軍鎮圧のため、同軍の部隊内でも悪名の高い「ディルレヴァンガー連隊」と「カミンスキー旅団」を投入。

　そしてそれらの両軍団は、想像を絶する残虐行為を以て蜂起軍、及びその支援者そして一般市民を弾圧した。（その残虐行為の凄まじさを、ドイツ軍内でも流石に放ってはおけず、あのハインリヒ・ヒムラーが 8 月 27 日、司令部に旅団長カミンスキーの処刑を命じ、実際に殺害したくらいだった。）

　結局蜂起軍の中心となったポーランド国内軍は敗れ、10 月 2 日ドイツ軍に降伏した。降伏式はその翌日、ワルシャワ工科大学で行われ、終了後蜂起軍は武装解除され、ワルシャワ蜂起は完全に終わった。

　63 日間の戦闘で命を落としたポーランド人の数は 20 万人。更に 70 万人が同市から追放され、市に残ったのは僅か 1000 人余である。（その模様は映画「リベリオン―ワルシャワ大攻防戦」＝ヤン・コマサ監督・作品、等に描かれているが、参考までに言うと、ワルシャ市で行われた蜂起には 2 つあり、1 つは 1943 年 4 月 19 ～ 5 月 16 日にかけて起こった「ユダヤ人戦闘組織」と、ダヴィド・アプフェルバウム指揮下の「ユダヤ人軍事同盟」の共同作戦による「ワルシャワ・ゲットーのみの蜂起」。そしてもう 1 つは、その翌年の 1944 年 8 月 1 日から「ワルシャワ市内各地で始まった。いわゆる " ワルシャワ蜂起 " である。本稿では後者に言及している。）

　現在ワルシャワの人口は約 200 万人。その中には勿論、ワルシャワ・フィルハーモニー管弦楽団の楽員（同団は戦災で、楽員の大半を失った）の数も入っている。しかし蜂起後の人口 1000 人余の中に、同楽団のメンバーは含まれていたのだろうか？

　もし含まれていたとしたら、その数は一体どれくらいだったのだろう・・・。

未来に於いて、人間が作る歴史の中から戦争をなくす・・・そういうことが可能なら、全世界に数多あるオーケストラは、それこそ途方もない発展を続けて行くに違いない。

　まず楽員のレヴェルは常に高水準に保たれるだろう。楽員が音楽作りのみに専念できるからだ。すると聴衆は、演奏芸術の極致を、数え切れないほど味わえるだろう。

　しかし戦時に於いては、そうはいかない。楽員は音楽よりも、自らの命を守らねばならないのだ。戦争はオーケストラを破壊する。戦争で命を落とす楽員の数が増えると、アンサンブルは不揃いとなり、修復に時間が必要となって、最後には機能しなくなる。

　2つの世界大戦を通じて、ヨーロッパのオーケストラは大抵、そのような経験を潜り抜けて来た。それらの中には、被害が大き過ぎるあまり、今も戦前のレヴェルに復帰できぬまま、依然低迷を続けている団体さえある。

　その一方で、市民の圧倒的な熱意に後押しされ、関係者達の不退転の決意と努力で短期間の内に復興を遂げ、今では見事に昔日の勢いを取り戻し、かつその水準をグローバルなものに押し上げたアンサンブルも存在する。ポーランドでその例を挙げれば、首都ワルシャワに本拠を置く、1901 年創設の「ワルシャワ国立フィルハーモニー管弦楽団」（WNPO）だ。

　同国のアンサンブル史を紐解くと、首都ワルシャワで最初のプロ楽団が常設されたのは 1901 年と、思ったより遅い。(実際にはそれより古い時代に、楽団創設の胎動＝例えばワルシャワ音楽院は、1850 年代頃から既に独自のオーケストラでコンサート実施。更にワルシャ音楽協会も、独自のコンサート・シリーズを提供＝は見られた。しかし同国の独立は、その時代から半世紀上も後の第一次大戦後のことなので、オーケストラは創設年が独立後に最も近く、かつ現在も活動中のものに限らざるをえない。)

　ともあれ、ワルシャワの演奏芸術界が飛躍的な発展を遂げるのは、市内にグランド劇場がオープンしてからである。そして同劇場は、地元ポーランド人をはじめ、外国からも腕の良い奏者、歌手、更に指揮者を雇い入れ、高水準の多彩なコンサートを提供。市民の圧倒的な支持を得ていた。

　それに対抗したのが、既存のワルシャワ音楽協会とワルシャワ音楽院の 2 団体である。グランド劇場がオープンしてからは、レヴェル・アップのため、同劇場から演奏者を借りるなどして、それら 3 つの組織は互いに凌ぎを削り合う、という構図が生まれた。

　そしてそれが結果的に、常設楽団誕生への期待へと繋がって行く。楽団創設への動きが具体的なものとなって行くのは、1890 年代に入ってからである。

217

それまでワルシャワ楽壇の盟主的存在だったグランド劇場は、1890年頃から毎日の演目をオペラへ切り替え、シンフォニー・コンサートを打ち切ることになった。

更に今度はワルシャワ音楽院も、オーケストラ・コンサート活動を中止する。そのため楽員達は、演奏活動の場と収入の機会を失ってしまう。

当時行われた本格的オーケストラ・コンサートといえば、1898年アルトゥール・ニキシュが指揮した2公演である。その時のオーケストラは、各団体から寄せ詰めた急造のものだったが、しかしいずれにも大勢の聴衆が詰めかける大盛況の公演となった。

そのコンサートに接したグランド劇場の芸術監督、エミール・ムィナルスキは、常設楽団に対する楽員と市民の要望が高い事を認め、早速オーケストラの定期公演シリーズを組む。その企画は大成功を収め、ポーランド全国の音楽関係者や音楽好きな貴族たちの支持を集めた。

そして1899年1月14日、大きな転機がやって来る。イグナツ・パデレフスキが来演し、常設楽団発足へ高まるムードを、一気に盛り上げたのだ。

結局、同公演の成功が引き金となり、ワルシャワを本拠地とした常設楽団の、設立委員会が組織されていく。

同委員会には、ムィナルスキをはじめとする市内の有力者たちが、委員として参加した。そしてオーケストラの運営資金造成、演奏会場建設資金造成の2プロジェクトが同時進行の形で進められ、準備が万端となった1901年11月5日、待望のワルシャワ・フィルハーモニック交響楽団（WNPSO）が誕生したのである。

同団の初公演は、指揮をムィナルスキが執り、独奏者にはパデレフスキが招かれるという、まさに歴史的のものとなった。以後、同団の歴史は以下のシェフ達により、作られていく。

1. エミール・ムィナルスキ（1901〜1905）
2. ジグムント・ノスコフスキー（1906〜1908）
3. ヘンリク・メルツェル（1908〜1909）
4. グルゼゴルツ・フィテルベルク（1909〜1911）
5. ゼドジスラン・ビルンバウム（1911〜1914）

第1次世界大戦のため、活動休止

　＊ゼドジスラン・ビルンバウム（1916〜1918）

6. ロマン・チョジナツキ（1918〜1938）
7. ジョゼフ・オジムスキ（1938〜1939）

　＊第2次世界大戦のため活動停止＝戦災で71人中39人の楽員が死亡（1939〜1945）

8. オレジェルド・ストスジニスキ（1945〜1946）

9. アンジェイ・パヌフニーク（1946 〜 1947）
10. ヤン・マクラキエヴィッツ（1947 〜 1948）
11. ヴィトルド・ルジンスキー（1948 〜 1949）
12. ヴラディスラフ・ラズコフスキー（1949 〜 1950）
13. ヴィトルド・ロヴィッキ（1950 〜 1955）
14. ボフダン・ヴォディチコ（1955 〜 1958）
15. ヴィトルド・ロヴィッキ（1958 〜 1977）
16. カジミーシュ・コルド（1977 〜 2001）
　＊客演指揮者の時代（2001 〜 2002）
17. アントーニ・ヴィット（2002 〜 2013）
18. ヤツェク・カスプシク（2013 〜 ）

　戦争の中で生き、死に、復活し、再び死に、再度生き返り、そしてようやく躍進の道へと辿り着き、歩み続けているオーケストラは、数少ないと思う。

　そのため、これから取り上げる歴代シェフの数は、楽団史に残る偉大な業績を刻印した者5 〜 6人（初代のミィナルスキ、6代目のチョジナツキ、13代目と15代目の2度就任したロヴィッキ、16代目のコルド、そして17代目のヴィット、最後に現在のカスプシク）を中心に、総論を紹介するような体裁で進めて行きたいと思う。

　まずミィナルスキから始めよう。初代の彼が刻印した業績について、楽団事務局発行の広報紙は、作曲家で指揮者だったこと以外、創立初公演にパデレフスキーをソロに招いて指揮を執ったことぐらいしか紹介していない。

　しかし実際の彼は、優れた音楽家出会ったのと同様、秀でた管理者でもあった。彼の好リードにより、楽団は創立草々黒字経営を実現している。

　また彼は、グリーグ、R・シュトラウス、レオンカヴァレロらの巨匠を次々とポディアムに招き、各々の新作を初演させるなど、人脈作りにも長けていた。そのためWNPSOの滑り出しは上々で、ワルシャワ市民の期待も膨らんだ。

　しかしその前途を危うくしたのは、早くも国内政治状況の不安定さである。隣国ソ連の革命に影響され、ポーランド王国の基盤が揺らぎだしたのだ。

　当初運営資金の大部分を王侯貴族の援助に頼り、リュボミスキー皇太子のオーケストラ、等と呼ばれた時期もあるWNPSO。しかしその援助が打ち切られると、楽員達は独自に「ワルシャワ・フィルハーモニック協会」を組織。定期的にコンサートを提供しながら、延命を図らねばならなくなった。

　レパートリーの中心は、フィテルベルク体制まで、モーツァルトやベートーヴェン等、古典派の作品で占められていたが、ビルバウムがシマノフスキら現代作曲家の作品を次々紹介した。

第1次大戦後の混乱期を過ぎて就任したチョジナツキは、相変わらず困難な経営状況の下で、アンサンブルのグレード・アップを実現、更に数多くの新作（ストラヴィンスキー、プロコフィエフ、オネゲル等）を取り上げている。

　またWNPSOは1927年に「ショパン国際ピアノ・コンクール」を創設。その専属伴奏オーケストラを務めることになり、内外に同団の存在を強くアピール。それが呼び水となって、その後同団のポディアムには国際的な顔ぶれが揃うことになった。

　第2次大戦は既に述べた通り、ドイツ軍の首都蹂躙で、演奏会場が爆撃され使用不能になり、楽員は四散し命を落とす等、WNPSOも壊滅的な打撃を受けてしまう。

　そしてドイツ軍は首都占領当初、ポーランド人音楽家の演奏を禁じた。しかしその後ようやく許可するようになったため、楽員達（戦争を生き延びたWNPSOの楽員の数は、最終的には7人であったといわれる）はカフェやレストランで演奏を続け、それが後に楽団再編成の中核体となって行く。

　1944年"首都ワルシャワの交響楽団代表者会議"が、イェルジー・ワシアクをディレクター、シュトラジンスキーを芸術監督として発足。楽団再興への取り組みが本格化した。

　同組織は、1946年から州政府、次いで1948年から文化省の援助を受けるようになり、楽団としての体裁を徐々に整えて行く。

　そしてロヴィッキの時代になると、組織が一気に充実し、かつ楽団活性化のために様々なプロジェクトが始動する。（後に国際的な現代音楽祭として知られるようになる「ワルシャワの秋」もその一つだ。）

　彼は2期通算約25シーズン在任し、アンサンブルのグレード及びスケール・アップを実現、同団を名流楽団の一角に引き上げた。

　その勢いを受け継いだのはコルトである。彼は前任者同様20シーズン以上の長期在任で、黄金時代実現への道筋をつけて行く。特に海外楽旅と録音を増やし、楽員の士気をこれまでにないレヴェルへ高めた。

　続くヴィットも、コルトに比肩する活躍を展開している。世界最多の「ショパンのピアノ協奏曲録音の記録」を伸ばしながら、ワーグナーの楽劇などへもレパートリーを拡大。アンサンブルのフレキシビリティを更に高めている。

　そして現在のシェフ＝カスプシクは、指揮の他、音楽理論、作曲家としても知られる人物。アプローチは地味だが、堅実な音作りで、着々と地歩を築いてきた。

　ただそれが災いしてか、今のところグローバル・スケールでファンを惹きつける、ところまで行っていないことが惜しまれる。

　現在のWNPSOに対し、我が国の音楽ファンが抱く認識は、同団が「ショパン・

コンクールの本選に於ける伴奏オーケストラであり、映画や TV ゲームの音楽を多数録音している団体」といったようなものかもしれない。

これから先、クラシカル音楽の本道を極めたような、純度の高い演奏芸術の粋を聴かせてくれる日が、同団にも早く来てほしいものだ。

＊推薦ディスク

1.「ウトレンニャ」「ポーランド・レクイエム」「ルカ受難曲」「テ・デウム」他（ペンデレツキ）：I・ホッサ（S）、P・クシェヴィチ（T）：A・ヴィット指揮

2.ピアノ協奏曲第 1 番・他（ショパン）：(Pf) C・ソンジン、J・カスプシク指揮

3.ピアノ協奏曲第 1 番（チャイコフスキー、シューマン）：(Pf) M・アルゲリッチ、K・コルト指揮

4.「ショパン生誕 200 年ガラ・コンサート・イン・ワルシャワ」(Pf) N・デジミエンコ、E・キーシン、：A・ヴィット指揮

5.楽劇「さまよえるオランダ人」（全曲）(R・ワーグナー)：(Bt) P・ジェニングス、(Bs) H・ゾーティン：A・ヴィット指揮

56.ジョルジュ・エネスク・フィルハーモニック管弦楽団
(FILARMONICA GEORGE ENESCU
= GEORGE ENESCU PHILHARMONIC ORCHESTRA)

ルーマニアの首都で同国最大の都市、かつ「Micul Paris」(小パリ) の愛称を持つブカレストは、ドナウ川の支流ドゥンボヴィッツァ川の河畔に位置した、同国文化、産業そして金融の中心地である。市域人口約 168 万、市街地及び都市圏まで含めると、約 220 万人もの人が住む。（いずれも 2014 年度調査による）

国家そのものは、長く続いた王制を 1947 年に廃止、同年 12 月から人民共和国を宣言。1965 年に新憲法を採択して国名をルーマニア社会主義共和国と変え、国家の安定度が強まった。

ところが 1967 年、悪名高きチャウチェスクが党書記長、国家元首、そして 1974 年には新設された大統領になり、国家権力を独占。まさしく独裁体制を敷き、国家を蹂躙する。

1989 年トランシルヴァニアで始まった市民蜂起が全国に拡大し、チャウチェスク政権を打倒、同夫妻を死刑に処して国名をルーマニアに変え、1990 年には共産党を非合法化して、同年 11 月には再び新憲法を制定、2004 年には NATO、2007

年にはEUに加盟して、現在（人口は2015年度調査で2150万人＝国家のサイズに比して人口が異常に多いのは、チャウチェスクが労働力を確保するため、人口大増進政策を行ったからである。彼は多くの国民が貧困にあえぐ実情を全く考慮せず、多くの子供を産ませた。その結果、子供を育てらず、捨てるケースが多発。孤児院などの収容施設、更には医療施設も貧弱だったため、国中に孤児が溢れ、マンホールで暮らす子供の数が激増した。それが後にストリート・チルドレン、マンホール・チルドレンとして知られるようになり、国内に於けるエイズ問題を深刻化させる。この政策の影響が、ルーマニアを、バルカン半島1の人口過密国家にした）に至っている。

　そして言うまでもなくブカレストは、そのような同国の歩んだ激動の歴史を見詰めて来ただけではなく、幾度も戦場となった街であり、今では様々な都市機能を備えた東ヨーロッパの産業、交通要衝の中枢都市の1つとなった。

　そのブカレストに、本格的なクラシカル音楽の演奏団体が産声を上げたのは、1868年のことである。指揮者エドアルド・ヴァッハマン（Eduard Wachman）の指導の下、常設の演奏団体の創設を目指して、「ルーマニア・フィルハーモニック協会」（RPS）が組織されたのだ。この組織が現在のジョルジュ・エネスク・フィル（GEPO）の前身となった。

　同年の12月、ヴァッハマンの指揮により、同団第1回目のコンサートは行われた。

　それから約20年後の1889年には、美麗なルーマニア・アテニュウムが完成、同協会はそこへ移転、同年3月5日には同会場で開場記念コンサート（指揮はヴァッハマン）を提供。その後RPOは同会場を本拠地として、コンサートを行なうことになる。

　そして以後、以下の歴代シェフ達によって、GEPOは文字通り、国家激動の嵐の中を歩むことになった。

1. エドアルド・ヴァッハマン（1868～1906）
2. ディミトリ・ディニーク（1906～1920）
3. ジョルジュ・ジョルジェスク（1920～1944＝＊対独協力者として解任され、連合軍から指揮活動の永久禁止処分を受ける）
4. ジョジュル・コシア（1944～1945）
5. エマノイル・シオマック（1945～1947）
6. コンスタンチン・シルヴェストリ（1947～1953）
7. ジョルジュ・ジョルジェスク（1954年活動禁止処分が解けて復帰～1964）
　　＊1955年、ルーマニア出身の作曲家ジョルジュ・エネスクが死去すると、同団の名称を、それまでの「ブカレスト・フィル」から、彼の名を冠した「ジョルジュ・エネスク・フィル」（以下GEPO）へ改称

8. ミルシア・バサラブ（1964 ～ 1968）

9. ディミトル・カポイアヌ（1968 ～ 1972）

10. イオン・ヴォイク（1972 ～ 1982）

11. ミハイ・ブレディチェアヌ（1982 ～ 1990）

12. ダン・グリゴーレ（1990）

13. クリスチャン・マンデアル（1991 ～ 2010）

14. ホリア・アンドレースク（2010 ～ ）

　約150年の歴史の中で14人（中にはジョルジェスクのように、2度も務めた指揮者もいるので、正確には13人）のシェフ達が君臨してきたGEPO。同団の歴史は、ヨーロッパの大半のそれと同様、2度にわたる戦争、政変の影響をもろに受けながら形成されてきたものである。

　唯一、他と異なる点は、30年以上に亘ってシェフの座を占め、国際的にも第一級のアンサンブルへと押し上げた人物が2人いることだ。しかも残念ながら、その大功労者であるそれらの人物が、我が国では殆ど知られていない、か、又は知名度があまりにも低すぎる。

　その2人とは、初代のヴァッハマン（在任期間38シーズン）と、2度にわたってポディアムを占めたG・ジョルジェスク（2期の在任合計が34シーズン）である。

　特に後者は、その華々しいキャリア（指揮デビュー後間もない1918年2月15日31歳の時にベルリン・フィルを3シーズン連続で振り、圧倒的な大成功を収めている）の割には、「戦時中、ドイツ音楽を取り上げたという犯罪行為」のカドにより、連合軍の法廷から、一時は永久追放処分を受けるなど、理不尽な内容で辛酸をなめており、特に我が国での彼の偉業に対する芸術面での真正な評価（彼を最も強く擁護したのは、祖国ルーマニアが誇る作曲家の、あのG・エネスクであった）が、最も早急に待たれるところだ。

　そしてその2人の長期在任者を除くと、10 ～ 14シーズン在任者が1人、10シーズンが3人、8シーズンが1人という具合になる。

　14（正確には13）人の歴代シェフ中、6人が上記の長期在任者、そして残りが最長6シーズンの短期在任者だ。しかもその中には僅か1年だけの在任者が2人もおり、当時の楽団管理中枢の混乱ぶりが、推しはかれるものとなっている。

　そのため本稿では、特に瞠目すべき功績を遺したシェフ4人（ヴァッハマン、ジョルジェスク、シルヴェストリ、マンデアル）と、現常任のアンドレースクの計5人を中心に言及したい。

　まず創立指揮者のヴァッハマンは、GEPOの沿革史を綴った書物「Brief History of the Philharmonics (1868-1944)」（Elena Zottoviceanu 著：但しルーマニア語版のみ）に描かれているが、当時のブカレスト楽壇の指導者的存在であっ

た。1865 年には、自ら勤務するブカレスト音楽院出身者を中核体として、30 人編成の「ブカレスト音楽院管弦楽団」を創設。同院の教授として教鞭を執りながら同団を指導、1866 年 4 月 1 日には市内で初の交響曲演奏会を指揮している。

そして 1868 年、ルーマニア・フィルハーモニック協会が発足すると、ヴァッハマンは楽員を 56 人に増やし、一般に寄付を募って公演資金を捻出。既出のルーマニア・アテニュームを会場に、本格的なオーケストラ公演を定期化したのであった。

草創期のアンサンブル作りに尽力し、プログラム構成に道筋をつけ、古今のスタンダード作品を隈なく紹介する等、ヴァッハマンの功績は多岐にわたるものだが、特に次代を担う若手を頻繁に招き、キャリア作りの後押しをしたことは重要である。(例えば、1898 年 3 月 15 日に、当時 17 歳のルーマニア人作曲家兼ヴァイオリニスト＝G・エネスクを招き、自作の「ルーマニアン・ポエム第 1 番」を演奏させた)

彼の後任を務めたのは、ディニーク。彼は前任者同様ルーマニア出身で、特にレパートリーの拡大に尽力した。ブラームス、ドボルザーク、フランク、ドビュッシー、ラヴェル、R・シュトラウス、プロコフィエフ、チャイコフスキー、シェーンベルク、ショスタコーヴィチら、同時代の作品に加え、自国出身のエネスク（交響曲第 2、第 3 番）等の初演にも関わった。

第 1 次世界大戦が起きると、GEPO の活動にもかなりの影響が出た。それを救い、同団の水準を一気にグローバル・スケールまで引き上げたのが、ジョルジュスクである。

父親に演奏家への道を反対され、家出をしてブカレストの音楽院に入学。最初はチェリストを目指した。が、1916 年腕を故障して指揮に転向した。その後ベルリンに活動の場を移し、アンリ・マルトー弦楽四重奏団のチェリストとして活躍したが、1916 年腕を故障して、チェリストへのキャリアを断念。R・シュトラウスの推薦で A・ニキシュに指揮を学び、間もなくベルリン・フィルを振って大成功を収め、華々しく指揮者への道を歩み出したのである。

1920 年に祖国へ戻り、ブカレスト・フィル（当時の GEPO の名称）からシェフに招かれた。ところがルーマニアは、その後の第 2 次大戦でドイツ支持国となり、更に 1944 年の政変では連合国側についた。そのためジョルジェスクは首席指揮者のポストを解任、永久追放される。

だがエネスクらの支援でナチスとの協力関係の容疑が晴れ、再び GEPO に復帰。1964 年に死去するまで、その地位に留まった。

6 代目シェフのシルヴェストリもルーマニア出身で、ブカレストの国立音大で作曲と指揮を学び、GEPO のみならず、特にイギリスのボーンマス響等のシェフを務めるなど、国際的な演奏サーキットで活躍した。

個性的なバトンで知られ、また教育者としても優れる（S・コミッシャオーナ、I・コンタ、M・クリテスクらを育てた）一方、そのレパートリーの広さにも定評があった。わがN響にも客演（1964）し、歴史的な爆演を展開、評価が分かれたりしたが、今でも国際派としての認知度は高い。

彼のように、指揮者兼作曲家としてGEPOをリードしたシェフが多いのも同団の特徴で、8代目のバサラブ、9代目のカポイアヌ、11代目のブレディチアヌ、そして現常任のアンドレースクらもその例である。

13代目のマンデアルは、在任中特に海外楽旅を積極的に推進したことで、アンサンブルの士気を高めた。4大陸、31か国、24の首都で公演、計20回に上る楽旅を敢行している。

加えて自らも世界各地へ客演に出かけ、そのキャリアを生かして、名流独奏家との人脈を構築、GEPOのフレキシビリティを急速に高めた。

そして現在のシェフ＝アンドレースクは、1946年生まれのベテラン。ブカレストの音楽大学を出て後ウィーンへ留学、スワロフスキーに師事した後、国内ではチェリビダッケの薫陶を受け、ルーマニア楽壇の牽引役を担うようになってから、その芸術世界はいよいよ佳境に入って来た。

GEPOとは既に10点近くの録音を完成、定期公演も大半が売り切れの盛況である。地味ではあるが、そのアンサンブル作りには、とみに安定感が増してきた。

＊推薦ディスク
1. 交響曲全集（ベートーヴェン）：G・ジョルジェスク指揮
2. 交響曲（フランク）、「ティル・オイレンシュピーゲル」（R・シュトラウス）：G・ジョルジェスク指揮
3. 交響曲第3番、ハイドン変奏曲（ブラームス）：G・ジョルジェスク指揮
4. ルーマニアン狂詩曲第1番、組曲第2番、第3番（エネスク）：C・マンデアル指揮
5. 交響曲第5番、「ファウスト」、「ドミートリー・ドンスコイ」（ルビンシュタイン）：H・アンドレースク指揮

57. スロヴァキア・フィルハーモニー管弦楽団
(SLOVENSKA FILHARMONIA = SLOVAK PHILHARMONIC)

中央ヨーロッパの内陸部に位置するスロヴァキア共和国は、人口544万5,000人（首都ブラチスラヴァの市域人口は、41万7,389人＝2013年度調査による）

を擁する、チェコおよびスロヴァキア連邦共和国が解体してあと、1990年1月に誕生した新しい国家である。

チェコを代表するオーケストラがチェコ・フィルなら、スロヴァキアのそれは国立のスロヴァキア・フィル（以下SPO）だ。SPOが創立されたのは1949年、当時のソ連型社会主義体制が、その威信をかけて創設したとも言える楽団であった。

そしてチェコから分離独立した今のスロヴァキアにとって、SPOはまさしく同国演奏芸術の最高水準を示す存在となっている。

SPOは創設目標を「グローバルな演奏サーキットで常時活動する事」に定め、当初はMD（音楽監督）2人制を敷き、共同でアンサンブル作りを任せた。その結果、楽団管理中枢が初代シェフに招いたのは、ヴァツラフ・ターリッヒとルドヴィート・ライテルである。

1906年生まれで当時43歳のライテルを起用したのは、彼が地元ブラティスラヴァの市立音楽学校出身者であり、卒業後ウィーン音楽院に留学してあと、ハンガリー放送響初代指揮者（1933〜45）、チェコスロヴァキア放送響首席指揮者（1946〜）を歴任、そして1949年にはSPOの共同設立者に名を連ねる等、指揮者としてのキャリアを順調に伸ばしていたからだ。

つまり当時既にスター指揮者となり、引く手数多のターリッヒを補佐役を務める一方で、将来的にはその後継者となることを期待されたのである。

一方の実質的な牽引役ターリッヒは、周知のように、演奏家としてのキャリアをベルリン・フィルのヴァイオリニストから始め、指揮転向後はリュブリャーナ・フィル、ピルゼン・オペラを経て、チェコ・フィルを率いていた。

そして同団で22年間首席指揮者を務めたあと、1947年にはブラティスラヴァへ転居し、SPOに本腰を入れる態勢を整えたのである。

チェコ・フィル同様、SPOはターリッヒの熱血指導を受け、草創期から高水準の演奏を提供した。市民は当然のように、長期の在任を期待する。

だが、既にスター指揮者の仲間入りを果たし、SPOだけに留まることを許されない当時の彼は、僅か5シーズン在任しただけで去って行く。

以後、SPOのポディアムに招かれるのは、次の面々となった。

1. ヴァツラフ・ターリッヒ、ルドヴィート・ライテル（1949〜1952）
2. ティボル・フレショ（1952〜1953）
3. ルドヴィート・ライテル（1953〜1961）
4. ラディスラフ・スロヴァーク（1961〜1981）
5. リボル・ペシェク（1981〜1982）
6. ウラディミール・ヴェルヴィツキー（1982〜1984）

7. ビストリーク・レジュハ（1984 ～ 1989）

　＊客演指揮者の時代（1989 ～ 1990）

8. アルド・チェッカート（1990 ～ 1991）

9. オンドレイ・レナルト（1991 ～ 2001）＝音楽監督

　＊客演指揮者の時代（2001 ～ 2003）

10. イルジー・ビエロフラーベック（2003 ～ 2004）＝芸術監督

11. ウラディーミル・ヴァーレク（2004 ～ 2007）

12. ペーテル・フェラネツ（2007 ～ 2009）

13. エマニュエル・ヴィヨーム（2009 ～ ）

　SPO の本拠は、1773 年に女帝マリア・テレジアの命で建てられた Reduta（レドゥタ）ホール。完成当時はバロック様式の建物だったが、1913 ～ 1919 年にかけて、ネオ・バロックにロココ調とアール・ヌーボーの趣を加えて、改築した。

　外見もそうだが、内部も一見の価値あり、と言うしかない見事さである。このようなコンサート・ホールで、クラシカルを楽しめるブラティスラヴァ市民は幸せだ、と言うしかない。

　さてこれから各シェフ達の実績を見て行くが、その内容は大半が、創立時の目標とはかけ離れたもの、であった。理由は、招かれた 13 人のシェフ達の殆どが、短期の在任に終わっているからだ。

　最長がスロヴァーグの 20 シーズン（しかしその彼も、1972 ～ 76 年度シーズンの間は、プラハ響首席指揮者との兼任だ）で、それに次ぐ長さはレナルトの 10 シーズン、残りは殆どが 5 シーズン未満という具合である。

　そのことを念頭に紹介すると、まず既述の通り、創立期からターリッヒの猛特訓を受けた SPO は、早くもヨーロッパ楽壇で注目を集める水準に達した。流石にベルリン・フィルで鍛えただけあって、彼の指導力、牽引力は並外れており、短期間で他流試合も可能な位置に到達する。

　しかしその後に続くスロヴァーグ、ペシェク、ヴェルヴィッキー、レジュハらは、キャリア不足に加えカリスマ性に欠け、国際的な知名度ではターリッヒの足元にも及ばぬ存在ばかり。当時そのポストが守れたのは、概ねソヴィエト体制のお蔭だと思われる。

　彼らの中で唯一、早い時期から西側世界（特にイギリス）との関係を深め、国際的な演奏サーキットで地歩を固めていたのは、ペシェクだけであった。

　治世が 2 番目に長いスロヴァーグの場合、その在任が伸びたのは、社会情勢が比較的安定期にあり、前任者ターリッヒの遺産でやり過ごせたからである。にもかかわらず彼の在任末期に行われた同団初の来日公演（その訪問回数は、2015 年までに 12 回目を数えている！）では、流石にそのターリッヒに鍛えられた面影は

既に薄まり、代わりにどこにでもあるような、テクニックだけが売り物、といった感じのアンサンブルに堕していた。

ターリッヒ後に最も期待を集めたのはペシェクだが、その彼も僅か1シーズン後にはライバルのチェコ・フィルへ引き抜かれてしまう。

彼の後任を務めるのは、当時新進だったヴェルヴィッキー。しかし彼は2シーズンしかもたず、バトンはベテランのレジュハ、そして初の外国籍イタリアのチェッカートにリレーされる。

だが時の政局が不安定の中にあり、外国人という遠慮も働いて、積極的にアンサンブルの立て直しにかかることなく、そのチェッカートも降板して行く。

結局SPOの再浮上を実現させるには、地元出身の実力者を招聘するしかない、という考えに達した管理中枢は、レナルトのリクルートを決定。招きに応じた彼は積極的に動き出すが、SPOを国営アンサンブルの体質から抜け出させるのに苦戦する。

それでも国内外への楽旅を増やし、定期公演のメニューに工夫を凝らすなどして、10シーズンの間グレードを維持。結局、飛躍的な向上を果たせぬまま、後任へバトンタッチする。

しかし続くビエロフラーベック、そしてヴァーレクの2人は、SPOとの密着度を深化させることなく、フランス人シェフ・ヴィヨームに後を託す。

そのヴィヨームは1964年生まれの51歳。母国フランスのストラスブール音楽院で学び、その後はソルボンヌ大学で、文学、哲学そして音楽理論を修めた。SPOとの関係構築を始めてから既に6シーズン目、自身もいよいよ中堅指揮者の仲間入りを果たす時期に入った。

SPOの他にも、2008～2013年の5シーズン、リュビヤーナの本拠を置くスロヴァニア・フィルハーモニーの首席指揮者を務めており、指揮者としてのキャリアは充分だ。

更に、ベルリンやウィーン両フィルハーモニカー以外の、欧米主要楽団そしてオペラ団をはじめ、我が国のNHK響、都響、さらに中国の同国立響へも客演するなど、知名度も徐々にではあるが、上昇してきた。

今後の注目は、手兵との録音プロジェクトである。

＊推薦ディスク

1. スラヴ舞曲集・第1集、第2集（ドボルザーク）：Z・コシュラー指揮
2. 交響曲第1番「ゴシック」（ブライアン）：O・レナルト指揮
3. 交響曲第33番・他（モーツァルト）：V・ターリッヒ指揮
4. ヴァイオリン協奏曲（メンデルスゾーン、チャイコフスキー）：(Vn.) 西崎崇子、K・ジーン指揮

5. 交響曲第 6 番「田園」（ベートーヴェン）：北村憲昭・指揮

58. スペイン国立管弦楽団
(SPANISH NATIONAL ORCHESTRA)

　5 世紀にゴート族が移住して建てた西ゴート王国、8 世紀にイスラム教徒のムーア人が侵攻して建てたウマイヤ王朝を経て、1479 年スペイン王国は建設され、植民地帝国として発展し、黄金時代を築く。

　ところが 1588 年、世界に誇った無敵艦隊がイギリスに敗北。更に 17 世紀には、イギリス、フランス、オランダとの各戦争にも連敗した。そして 18 世紀にはフランスがフィリペ 5 世を国王として押し付け、同国の影響力を拡大しようと目論むルイ 14 世の野望に対し、スペインは戦いを挑む（王位継承戦争）が、これも敗北に終わった。

　連戦連敗のスペイン王国を更に衰退へと追いやるのは、19 世紀に連発した中南米植民地の独立である。それまで国家の経済基盤を支える最重要な存在であった植民地の相次ぐ離反により、スペインはまさしく昔日の栄光を跡形もなく失ってしまう。

　そしてそんな衰退の国家を待っていたのは、混乱と破壊である。すなわち 1931 年には王政から共和制に移行し、人民戦線内閣が成立。更に 1936 年にはフランコ将軍に率いられた右翼と軍が反乱を起こし、激しい内戦に突入。結果はフランコ将軍が勝利し、以後スペインは 1975 年まで、同将軍の独裁下に入って行くという具合であった。

　更に同国では、同年そのフランコ将軍の死去に伴い、王制が復活する。そして民主化政策の推進が始まるが、その内容が地方分権志向を強めるものであったため、特に歴史的に中央政府に対する反発の強かったバスク、カタロニア地方の人々を、ますます刺激する結果を招く。（今でも同地では、過激な政治党派「バスク祖国と自由」により、爆弾テロが散発的に行われており、政治的解決の難しさを浮き彫りにしている。）

　その一方で、スペインにおける音楽文化面の歴史的推移も、政治的側面と深く関わっており、特にオーケストラの発展は、国家のそれを反映するものとなっている。

　同国でオーケストラの積極的な活動が始まったのは、19 世紀の中頃、マドリードに於いてであった。

229

1859 年フランシスコ・アセンシオ・バルビエリが、楽員 96 人と合唱団 93 人で構成された劇場付きオーケストラ（サルスエラ歌劇場）を率いて、散発的に演奏会を催し、市民の喝采を浴びていた。

　そしてその翌年には、「相互扶助芸術音楽協会」と名付けられた「コンサート・ソサエティ」が結成されている。

　更に 1866 年、バルビエリは独自のコンサート協会と管弦楽団を創設。同年 4 月 16 日、創立第一回目の公演(ベートーヴェンの交響曲第 7 番など)を成功させた。

　バルビエリのアンサンブルには、シャルル・ラムルー（ラアムルー管弦楽団創設者）、カミーユ・サン＝サーンス、リヒャルト・シュトラウス等が客演するという盛況ぶり。

　しかし今世紀入り、劇場経営が悪化すると、バルビエリのアンサンブルから優秀な楽員が次々と退団。彼らはマドリード王立劇場オーケストラとして創設されたマドリード交響楽団（Orquestra Sinfonica de Madrid_OSM）に入団した。そのため急速に経営不振に陥ったバルビエリの楽団は、今世紀初頭ついに解散の時を迎えてしまう。

　一方、OSM でシェフを務めたのは、エンリケ・フェルナンデス・アルボス。新作に強く、マドリード市民に多くの優れたコンテンポラリーを紹介した。

　そして当時 OSM のライヴァル役を担ったのが、同じくマドリードを本拠地とするマドリード・フィルハーモニック（MPO）。バルトロメイ・ペレス・カサスに率いられた同団は、彼の治世下に於いてだけで 200 曲以上の交響曲（全てスペイン出身の作曲家の作品）を演奏するという熱心なローカリズムを実践し、多くの支持を集めた。以降同団は OSM と並び、首都マドリードを代表するオーケストラとして、覇を競うことになった。

　ところがその状況を混乱の渦中に引き込む出来事が出来する。スペイン内戦がそれで、両団はたちまち演奏活動の中止を余儀なくされ、マドリード楽壇に冬の時代が訪れた。

　その後マドリードに本格的なオーケストラが登場するのは、内戦終結後の 1940 年である。離散した楽員と新人を補充して、オーディションを実施。新楽団が結成された。結果的には MPO と OSM を合併したものになり、同団はスペイン国立管弦楽団（ONE = Orquesta Nacional de Espana）と名付けられ、初代シェフにペレス・カサスを招いて活動を開始する。

　カサスは内戦で溜まった演奏へのエネルギーを、叩きつけるかのようにアンサンブルを鍛え抜き、1942 年 3 月 13 日、オープニング・コンサート（会場はマドリード市内のマリア・ゲレロ劇場）を実施。大成功を収めた。

　そして以後 ONE は、ポディアムに次の歴代音楽監督（MD）を迎え、スペイン

の主力アンサンブルとして向上、発展を続けることになった。

1. バートロメイ・ペレス・カサス（1942 － 45）
   ＊客演指揮者の時代（1945 ～ 47）
2. アタウルフォ・アルヘンタ（1947 ～ 1958）
   ＊客演指揮者の時代（1958 ～ 1962）
3. ラファエル・フリューベック・デ・ブルゴス（1962 ～ 1978）
4. アントーニ・ロス・マルバ（1978 ～ 1981）
   ＊客演指揮者の時代（1981 ～ 1984）
5. ヘスス・ロペス・コボス（1984 ～ 1988）
6. ラファエル・フリューベック・デ・ブルゴス（1988 ～ 1991）
7. アルド・チェッカート（1991 ～ 1994）
   ＊客演指揮者の時代（1994 ～ 2003）
8. ホセプ・ポンス（2003 ～ 2011）
   ＊客演指揮者の時代（2011 ～ 2014）
9. デイヴィッド・アフカム（2014 ～ ）

　アンサンブルの基盤作りを終えたペレス・カサスの後任に招かれるのは、スペインが生んだ空前の才能と言われたアルヘンタ。カストロ・ウルディアーレス出身の彼は、マドリード音楽院を出てベルギーとドイツへ留学。1939 年には内戦のため祖国へ戻り、5 年後の 1944 年、マドリード室内管で指揮者としてのデビューを飾る。

　その 3 年後（34 歳）には ONE のシェフに招かれ、指揮活動の大半を同団に注ぎ、内外の大物独奏者、指揮者を定期公演に招いてアンサンブルを向上させた。特にアンセルメとシューリヒトとは終始密な関係を保ち、また録音や楽旅にも積極的に取り組んだ。

　ONE がその実力を国際的に認められる要因を作ったのは、ひとえにアルヘンタの尽力があったからである。「生きていたらカラヤンと覇を競える存在になっていた」「才能とカリスマ性はカルロス・クライバーに比肩する」等と評価されたアルヘンタ。

　その彼はしかし、僅か 44 歳で夭折（ガレージの車中で仮眠中、排気ガスによる不慮の中毒死）してしまう。そして後任のリクルートは直ぐに始められたが、彼の死後 ONE は、舵取り役を失った船のように、低迷を余儀なくされて行く。

　4 シーズンをかけて決まったアルヘンタの後任は、デ・ブルゴス。アルヘンタ同様彼も、スペイン楽壇の将来を担う逸材として、早くから期待を集めていた。ドイツ人の父とスペイン人の母を持つ彼は、サルスエラやスペイン舞踊団の指揮者としてキャリアを始め、25 歳でビルバオ響、29 歳で ONE を任される。

ONE は彼の体制下（16 シーズン）で、アルヘンタのレヴェルに到達するほど、全ての面で向上を遂げた。特に定期公演の内容、国内外への楽旅、そして録音プロジェクトの充実ぶり、等である。

またオペラにも強く、ドイツ風の重厚さとスペイン風の爽快さがうまく溶け合った音色は、世界各地のオペラ・ファンを唸らせるようになった。

デ・ブルゴスの後任は、バルセロナ生まれのロス・マルバ。前任者同様、国産指揮者として期待を集めた人事だったが、アンサンブルとの折り合いが悪く、僅か 3 シーズンで終わりを告げる。

マルバに長期在任を期待していたため、彼の後任リクルートに楽団管理中枢は手間取り、新任を見つけるのに結局 4 シーズン（その間、ペーター・マークとヘスス・ロペス・コボスを首席客演指揮者に立て、シーズンを乗り切っている）も費やすこととなった。そして決まったのはこれまたスペイン出身（1940 年生まれ、サモーラ県トロ）のロペス・コボス。

しかしその彼も、ONE を次なる国際舞台への跳躍台と捉えていたため、僅か 4 シーズン在任したのみで、期待したほどの成果を上げられぬまま辞任。楽団の管理者は、後任が決まるまでの繋ぎ役にデ・ブルゴスを頼み、再び新任探しに精を出すこととなった。

そして決まったのはイタリア人のチェッカート。言うまでもなく彼は、楽団初の外国人シェフであり、その招聘は結果的に、これまで NEO を跳躍台にして大成したにもかかわらず、国内へ戻ろうとしないスペイン出身の指揮者達に対する抗議、のような人事となった。

スペイン出身の指揮者達が祖国にフランチャイズを定めたがらないのは、裏を返せばそれだけ同国の演奏芸術レヴェルが低いから、ということになる。更に ONE はチェッカートを招聘したことで、創立以来培ってきた純血主義を破ったことにもなった。

そのチェッカートは定期プログラムを充実させるなど、常に意欲的なリードを見せた。しかしスペイン人による作品の上演に際しては、実に巧みなやり方でスペイン出身の指揮者達に任せた。

ところがチェッカートも僅か 4 シーズンで降板。その後 ONE は何と約 10 シーズンもの間、音楽監督の空席時代を余儀なくされる。そして必死のリクルートがなされ、ようやく契約にこぎつけたのが、カタルーニャ人のホセプ・ポンス。彼は約 10 シーズンをかけて ONE の体制を整えた。

しかし更に長期在任を期待される中、ポンスはリセウ大劇場から MD に招かれ、ONE は再び危機を迎える。そして 3 シーズンを客演で凌ぎ、ようやく契約したのが、ドイツはフライブルグ出身で 1983 年生まれの青年指揮者ダヴィット・アフカム。

2007年ワイマールの「フランツ・リスト音楽院」を出て、その翌年ドナテルラ・フリック国際指揮コンクールで優勝、ゲルギエフの下で研鑽を積み、ロンドン響、グスタフ・マーラー青少年オーケストラ等で補助指揮者を務めた後、ONEのシェフに抜擢されたという次代の担い手の一人である。

ONEとのシーズンは始まったばかりなので、その手腕について語るのはまだ早い。今はこれからの活躍を祈るだけである。

＊推薦ディスク

1. スペイン管弦楽曲集：A・アルヘンタ指揮
2. 交響曲第3番"英雄"（ベートーヴェン）、「売られた花嫁」序曲（スメタナ）：A・アルヘンタ指揮
3. 管弦楽曲集（カサブランカス、ベネート）：J・ポンス指揮
4. スペイン組曲（アルベニス）：R・F・デ＝ブルゴス指揮
5. メランコリア他：J・ポンス指揮

59. カダケス管弦楽団
(ORQUESTRA DE CADAQUES)

スペインはカタルーニャ州ジローナ県の海沿いにあり、「岩の岬」を意味する漁業の町カダケス（元はカプ・デ・ケルス＝ Cap de Quers、あるいはカプ・ダケス＝ Cap d'Aques ）は、人口約3、000人（2012年度調査に拠る）の自治体である。

他の街から隔絶された場所に立地しているため、芸術家（サルバドール・ダリ、パブロ・ピカソ、フェデリコ・ガルシア・ロルカ等）や観光客が避暑地として訪れる機会が多く、近郊には数多くの別荘が立ち並んでいる。

従って最近は観光地としても人気を呼び、季節限定ではあるが、その観光シーズンの間に、国際的な顔ぶれによる音楽芸術祭等が頻繁に開かれるようになった。

そして演奏芸術に関しては、音楽祭専属の楽団が創設（民営）された。それが1988年に発足したカダケス管弦楽団（CO）である。COの当初の形は、「カダケス音楽祭」専用の常設楽団、ということになる。

COの創設に際しては、スペイン中から優秀な若手奏者を集め、フレッシュなアプローチによる、フレッシュなアンサンブルを目指す、という目標が立てられた。

更に創設当初のアンサンブル作りは、ゲスト指揮者に任された。特にサー・ネヴィル・マリナーとゲンナジー・ロジェストヴェンスキーの2人による猛特訓は、COが今日早くもグローバル・スケールで活躍する素地を作った。

233

音楽祭で伴奏業務に邁進する傍らCOは、1992年度シーズンから「カダケス国際指揮者コンクール」を実施。若手指揮者の登竜門作りにも一役買っている。同コンクールから飛翔した指揮者の中には、パブロ・ゴンザレス、ヴァシリー・ペトレンコ、そしてジャナンドレア・ノセダらがいる。

そしてシーズン毎にスケールとグレード・アップを遂げたCOは、専任の音楽祭出演以外にも、録音、国内外楽旅、と活動の幅を着々増やしていき、1998年にはついに常勤の音楽監督制(MD)を設置。その初代MDに、同団が主宰するコンクール出身のノセダ（1994年度の優勝者）を抜擢、常設楽団としての体裁を本格化する方向へ舵を切った。

そしてそのノセダを含むCOの歴代MD(または首席指揮者)は、次の通りである。

1. 客演指揮者の時代（1988～1994）
   ＊首席客演指揮者＝サー・ネヴィル・マリナー
2. ジャナンドレア・ノセダ（1994～現在＝首席指揮者）
   ＊ジェイム・マーティン（2011～現在＝首席指揮者補佐）

CO体裁は、基本的には民営団体だが、その活動は音楽祭の他に、同団が本拠を置くカダケス地区の地域教育活動、およびその他の行事にも参加（楽員は室内楽チームを作り、様々な行事に参加したり、コンサートを提供する等、積極的な活動を展開している）するなど、町への貢献度が高いため、スペイン文化省、カタルーニャ州文化局の両方から援助金が出ている。

そしてシーズン毎に録音プロジェクトも充実の度を増し、そのリリース数は既に40点以上（全てCD録音のみ）となった。

今後は定期公演の、いわゆる「勝負をかけた」内容をどれだけ向上させるか、である。それを実現するにはやはり、優れた音楽監督との長期的協力関係を築くこと以外に、方法はないと思う。

＊推薦ディスク

1. 交響曲第5番「運命」、第6番「田園」（ベートーヴェン）：N・マリナー指揮
2. 協奏交響曲集（モーツァルト）：」N・マリナー指揮
3. ピーターと狼（カタルーニャ語版）（プロコフィエフ）：V・ペトレンコ指揮
4. 交響曲全集（ブラームス）：G・ノセダ指揮
5. 交響曲（ビゼー）、亡き王女のためのパヴァーヌ（ラヴェル）他：G・ノセダ指揮

60. スペイン放送交響楽団
(ORQUESTA SINFONICA DE RADIO TELEVISION ESPANOLA
= RTVE SYMPHONY ORCHESTRA)

スペイン地方都市の抱く、首都マドリードへの対抗心には根強いものがある。それは音楽芸術面でも変わらず、特に地方都市をフランチャイズとするアンサンブルの持つライヴァル意識は強く、それが良い意味で水準向上に繋がってきた面が見受けられる。

現在同国内でのアンサンブルの勢力分布は、マドリードを本拠とするスペイン国立管（SNSO）を頂点に、同じく同市のスペイン放送響（以下 RTVE）、そしてそれに次ぐメガシティのバルセロナに本拠を置くバルセロナ市立管、の三つが質的に他を圧しており、盟主の座を狙って凌ぎを削り、新興のカダケス管がその中に食い込む隙を窺っている、といった状況だ。

内戦のお蔭で、スペイン・アンサンブルはかなり徒労の時期を過ごさねばならなかった。スペイン放送交響楽団（いわゆる RTVE 響）の出発とて、かなりの難題を克服してからの出来事である。

内戦が終結し、国内情勢が安定へ向かう中でスペイン国営放送が創設され、1965 年その専属楽団が編成された。全国から集まった演奏者に厳しいオーディションを課して楽員を選抜、最初から高水準のアンサンブルで勝負するという方針であった。

とは言え、国内にいる第一級奏者は既に、国家的財産の SNSO に吸収されているため、結局はそれに次ぐレヴェルからのスタートとなる。が、管理中枢は、名流指揮者をシェフに招いてアンサンブルを練磨させ、草創期から SNSO と対等に勝負できる楽団の創出に固執した。

問題は本格的活動を始める前、アンサンブルを誰に鍛えさせるか、である。そして人選が行われた。その結果、オーケストラ・トレーナーとして定評のあるロシア生まれのイタリア人、鬼才マルケヴィチが招かれることになった。

彼を得たことで、RTVE のスタート・ダッシュは成功する。マルケヴィチのトレーニングは、まさしく容赦のないものだった。綿密さと大胆さを併せ持つアプローチでアンサンブルを練磨、最初から国際的な演奏サーキットでの活動を視野に入れた形で、連日楽員を鍛え上げた。

そして楽員はそれに耐え、みるみるうちに高い次元の演奏能力を植え付けられていく。妥協を排し、アルティザンとしての道を追求するマルケヴィチの訓練は、優れた師を渇望した RTVE の若い奏者達にとって、まさしく成長を促す最適の道

235

だった。

　その結果同団は驚くほど短期間のうちに、同市の SNSO を脅かす存在へと急上昇を遂げる。

　ただそこで問題となったのは、当時既に国際的に多忙を極めつつあったマルケヴィチの、スケジュール調整だった。世界各地から招かれる彼は、エネルギーの大部分を、RTVE のみに注ぐわけにはいかなくなっていた。

　そこで管理中枢は彼のアシスタントを公募、コンテストを実施する。そして最初に勝ち抜いて来たのが、バルセロナ生まれ（1937 年）の若きアントーニ・ロス・マルバであった。

　しかしそのロス・マルバは、2 シーズン後、故郷のバルセロナ市立管の音楽監督要請を受け入れて RTVE を去り、後任にはロス・マルバと同じ 28 歳のエンリケ・ガルシア・アセンシオ（ヴァレンシア生まれ）が就任する。

　こうしてマルケヴィチは、アンサンブルを整備しながら、それと併行して地元の若手指揮者を育成し、組織力を固めて行くのだった。

　形式的に言えば、マルケヴィチの肩書は「シェフ」に違いないが、彼を補佐した 3 人のスペイン出身の若手（ロス・マルバ、アセンシオ、そしてアロンソ）に至るまで、楽団広報部では正式なタイトルを明記していない。（最大の功労者である筈のマルケヴィチに至っては、後に「名誉音楽監督」なる尊称を与えているだけだ。）

　また彼らの在任期間も輻輳部分も見受けられるなど、不明な個所も認められるため、それを前提として一応広報部の発表しているデータを基に、歴代シェフのリストを作ると、下記の通りとなる。（注）＝（なお、「歴代」の順番を表す個所（数字）については、何代目なのかが特定できないため＊印で統一し、就任年度の古い順に表記した。）

　　＊イゴール・マルケヴィチ（1965 〜不明）＝名誉音楽監督
　　＊アントーニ・ロス・マルバ（1965 〜 1967）
　　＊エンリケ・ガルシア・アセンシオ（1967 〜 1984）
　　＊オドン・アロンソ（1968 〜 1984）
　　＊ミゲル・アンヘル・ゴメス・マルチネス（1984 〜 1987）
　　＊アルパード・ヨー（1988 〜 1990）
　　＊セルジュ・コミッショーナ（1990 〜 1998）
　　＊エイドリアン・リーパー（2001 〜 2010）
　　＊カルロス・カルマー（2011 〜 ）

　さて次に各シェフ達の業績を辿って行くが、草創期のメルケヴィチからアセンシオの 3 人は省いて、アロンソの治世から始めることにしたい。

アロンソもスペイン人（1925 年レオン生まれ）で、指揮と作曲の両面で実績を残した人物。マドリード、シエナ、ザルツブルグそしてウィーンの各地で修業を積み、1952 〜 56 年のシーズンには、RTVE とその付属合唱団を指揮する等、早くから演奏の第一線で活躍を始めていた。RTVE 在任 16 シーズンは、同団の最長記録である。

特に声楽曲の大作を指揮して高く評価され、更に国内外への楽旅を頻繁に行い、同団の知名度をグローバルなものにした功績は大きい。

続くマルチネスとヨーは、治世が短命に終わったことからも推察出来るが、特に目を引く実績は残せず、アンサンブル自体も停滞気味であった。ただハンガリー貴族の流れを汲むヨーの場合は、情熱的なスペインの音に、オーストリア・ハンガリーの優雅さをブレンドした音の創出が期待されたが、果たせずじまいに終わる。

そしてその低調気味なアンサンブルを回復基調へ乗せたのが、仕事師コミッショーナだった。北米での実績（ボルティモア響、ヒューストン響、NY 市立オペラの音楽監督を歴任）をフルに活用し、RTVE を徹底的に鍛え上げた。

コミッショーナはいわば同団の、「中興の祖」、と評価されても可笑しくない程であり、定期公演そして国内外への楽旅プロジェクト等、いずれをとっても野心的、かつ挑戦的なものであった。

彼の後任リーパーはイギリス人で、コミッショーナより更に長く在任する。在任中は特に録音（NAXOS・レーベル）に力を入れ、楽員の士気を高めた。

そして現在のシェフは、南米ウルグアイ生まれ（両親はオーストリア人）のカルマー。拙著「世界のオーケストラ（1）」のオレゴン響のページで述べたように、音楽の教育を受けたのは両親の故郷ウィーンの音楽院。

指揮者としての主要なキャリアを、ドイツのハンブルグ響、シュトットガルト・フィルハーモニック（いずれも音楽監督）、そしてウィーンのトーンキュンストラー管（首席指揮者）の各団体で築いてきた。

現在は北米のオレゴン響（音楽監督）との兼務で、まさしく欧米の両大陸を股にかけ、円熟の時期を迎えつつある。

＊推薦ディスク

1. スペイン名曲集：I・マルケヴィチ指揮
2. 「三角帽子」組曲〜スペイン管弦楽名曲集（ファリア）：A・ロス・マルバ指揮
3. スペイン交響曲、ナムーナ組曲第 1 番、スケルツォ他（ラロ）：C・カルマー指揮
4. 交響楽、声楽のための作品集（G・デ・オラヴィーデ）：A・タマヨ指揮

5. 交響曲第1番、第2番他（ルエダ）：K・マクミラン指揮

61. バルセロナ交響楽団
(ORQUESTRA SIMFONICA DE BARCELONA I NACIONAL DE CATALUNYA)

　ヨーロッパ大陸の南西部、イベリア半島の5分の4を占めるスペインは、北東のピレネー、北部のカンタブリア、南部のシェラネバダとシャレモレナの4つの山脈に囲まれ、国土の大部分が平均700メートルの高原地帯である。

　気候は地域差から大きく3つに分けられ、大西洋岸の西北部は海洋性気候（夏は冷涼で冬は温暖）、中央高地は夏と冬の寒暖の差が大きく、乾燥した天気が多い。そして地中海沿岸は、典型的な地中海性気候（夏季高温乾燥）で、夏に異常な暑さとなる日がある。

　同国の歴史を簡略化すると、まず5世紀にゴート族が移住して西ゴート王国を建国して後は長期の王政が続き、それからプリモ・デエ・リベーラ将軍による軍事独裁を経て、共和制へ移行、その後人民戦線を打倒したフランコ将軍による反乱と軍事独裁、更には激烈な内戦（1936～39）に突入。1975年同将軍死去後に王政復活、そして民主化の実現という具合になり、まさしく激動の中で存続してきた国家、だといえる。

　その一方で同国は、世界に冠たる天才達、ピカソ、ガウディ、そしてカザルスらを輩出し、底知れぬ芳醇な芸術風土をも育んで来た。一体、それを可能にしたのは何だろうか。まさしく情熱の国と言われるスペインの風土なのか、それとも圧倒的な進取性、冒険心なのか？あるいは、ピレネー山脈が芸術の発展を阻害する様々な要素の侵入を防いでくれた、からかもしれない。

　それはともかく、激動の歴史を刻んで来たスペインのような国で、オーケストラが良い意味で、オリジナリティを頑なに守って来たのもまた注目に値する。戦争以外余所との平和的交流が少なかった分、強烈な主体性が守られ育まれてきたからだろうか。

　そして今、それが逆に、アンサンブルが強固な独自性を保持する根幹となっている。オーケストラの世界でも国際化が進み、アンサンブルがユニークさを失いつつある今日、それは今後是非とも守ってほしい行き方である。

　さて2015年現在、約4340万の人口を抱えるスペイン。同国では24の常設楽団の活動が見られ、各々定期シリーズを持っている。そしてその内容の充実度は、思いのほか高い。

同国アンサンブル界の中心的存在は、スペイン国立管（ONE）である。その最大ライヴァルはバルセロナ交響楽団（正式名称は、ORQUESTRA SIMFONICA DE BARCELONA I NACIONAL DE CATALUNYA＝OBC）と新参のカダケス管。それにスペイン放送管が続く。

そしてその4つのうち、特に我が国で人気が高いのは、人口160万のバルセロナに本拠を置くOBCだ。最近大野和士が新しいシェフに決まったこともあり、これからの更なる躍進が期待されている。

バルセロナのアンサンブル沿革史は、極めて古い方だ。同市に於ける本格的な演奏団体として知られるのは、1847年に創設されたリセウ大劇場専属交響楽団（OSGL）である。だが同団は、専らオペラとバレーの伴奏に集中していたため、交響管弦楽の分野は主として市内で活動する幾つかのアマチュア団体が担っていた。

20世紀に入り、それらの中で中心的な活動を繰り広げたのは、1910～24年ホアン・ラモーテ・デ・グリニョンが率いたバルセロナ響（Orquestra Simfonica de Barcelona）と、大チェリスト＝パブロ・カザルスが率いたカザルス管弦楽団（1020～36＝Orquestra Pau Casals）の2つである。

両団は「労働者コンサート協会」と連携し、活動を繰り広げたが、上述のように内戦で四分五裂の状態となり、新楽団を編成して活動を再開するまでには、平和の到来を待たねばならなかった。

そして今日に至るOBCの前身となる市民楽団＝バルセロナ市民管弦楽団（Barcelona Municipal Orchestra＝BMO）の創設が1944年。創設の主唱者はカタルーニャ人の作曲家兼指揮者＝エドゥアルド・トルドラ、その実務を担ったのは市民公会堂であった。

BMOは、カタルーニャ地方人の抱く復興にかける思いに支えられた。そして国内外の演奏家達の協力の下、定期公演を柱（特にカタルーニャ出身の作曲家の作品を多く紹介している）に、群を抜くスピードで、バルセロナ楽壇に昔日の勢いを取り戻す。

ところが1962年に、同市楽壇再興の主役を担ったトルドラが他界。その後、BMOの組織改編（特に名称）が相次いだ。そのクロノロジカルな推移は次のようになる。

1967～1993年＝「Orquestra Ciutat de Barcelona＝City of Barcelona Orchestra＝OCB＝バルセロナ市立管弦楽団」。

1994～95年から現在＝「Orquestra Simfonica de Barcelona I Nacional de Catalunya＝Barcelona Symphony and Catalunya National Orchestra＝OBC＝バルセロナ交響楽団およびカタルーニャ 国立管弦楽団（現在の略称「バルセロナ

交響楽団」)。

そして創立以来の歴代シェフは次の面々である。

1. エドゥアルド・トルドラ （1944 ～ 1962）
2. ラファエル・フェレール （1962 ～ 1967）
3. アントーニ・ロス＝マルバ （1967 ～ 1978）
4. サルヴァドール・マス （1978 ～ 1981）
5. アントーニ・ロス＝マルバ （1981 ～ 1986）
6. フランツ・ポール＝デッカー （1986 ～ 1991）
7. アントーニ・ガルシア・ナヴァロ （1991 ～ 1993）
　 ＊客演指揮者制 （1993 ～ 1994）
8. ローレンス・フォスター （1994 ～ 2002）
9. エルネスト・マルティネス・イズキエルド （2002 ～ 2005）
　 ＊客演指揮者制 （2005 ～ 2006）
10. 大植英次 （2006 ～ 2010）
11. パブロ・ゴンザレス・ベルナルド （2010 ～ 2015）
12. 大野　和士 （2015 ～ ）

OBC が名実共に安定と向上への階段を上り始めたのは、フランコ将軍の独裁が終焉を迎えた後からである。

しかし当時のシェフ＝ロス・マルバから 7 代目のシェフ＝ナヴァロの時代までは、いずれも短期間の在任が続き、アンサンブルをじっくり育成強化するには不十分であった。

にもかかわらず、特に 5 代目のシェフ＝ロス・マルバの時代から、アンサンブルは急上昇を始める。地元バルセロナ出身の彼は、前後 2 期の在任期間中(計 16 シーズン) あらゆる面で組織力を整備、本格的な演奏団体への道を開いた。

彼の遺産を引き継ぐのはドイツ・ケルン出身のベテラン・デッカー。しかし残念ながら楽団との相性が悪く、5 シーズンの在任を持って退任する。

後任は若きスペイン人ナヴァロ。ブザンソン・コンクールを制覇、キャリアの初期からイエペス、ドミンゴ、ロレンガーら超ド級のソロイストと録音を連発。OBC に黄金時代を齎すものと期待されたが、在任は僅か 3 シーズンで幕を下ろす。

続く米国人シェフのフォスターは、どちらかと言えば地味なタイプの職人型。血の気の多いスペイン人のメンタリティを無難に纏め、後任に引き継ぐ。

しかし続く後任の 3 人はいずれも短期の在任。どちらかと言えば、目立つ実績作りが殆ど見られず、芸術的達成度も不満が残るものとなっている。日本人の大植にしろそうで、それまでの華々しいキャリアが嘘のような内容である。

そこへこの 2015 年 9 月から乗り込んだのが、期待の邦人 2 人目・大野和士だ。

現職のフランス国立リヨン歌劇場首席指揮者、東京都交響楽団の音楽監督との兼務になるが、そのグローバルな活躍はベルギーのモネ王立劇場等で既に高い評価を定着させている。

今度は"熱い"パーソナリティのカタルーニャの集団をいかに纏めて行くか。大野の手腕に期待が集まる。

＊推薦ディスク

1. オラトリオ「エル・ペセーブレ（かいば桶）」（カザルス）：L・フォスター指揮
2. 「スペイン舞曲」（管弦楽曲編）（グラナドス）：S・ブロトンス指揮
3. 「アランフェス協奏曲」（ロドリーゴ）、アルベニス協奏曲（ゴス）：スーフェイ・ヤン（Gt）独奏、大植英次指揮
4. 「ゲルニカ、サラサーテを讃えて、カザルスを讃えて・他」（バラダ）：マス・コンデ指揮
5. 「鋼鉄交響曲」「悲しみの交響曲」他（バラダ）：J・ロペス・コボス指揮

62. ウエスト＝イースタン・ディヴァン管弦楽団
(WEST – EASTERN DIVAN ORCHESTRA)

ドイツの作家で詩人のヨハン・ヴォルフガング・ゲーテは、ペルシャ、イスラム文化への強い憧れと関心から、1819年傑作「西東（せいとう）詩集」（West-oestlicher Divan）を刊行した。それは彼が70歳の時であり、東洋への憧憬が創作の基底にあるとはいえ、実際に訪れたことのない地域の自然の姿、文明への洞察が詩編の中には溢れている。

私事で恐縮だが、筆者も「ゲーテ全集」（潮出版社版・初版1981年）を全巻揃え、美麗な箱入りの作品群を夢中になって読んだ記憶がある。がその時には、その中に収載された「西東詩集」（第2巻：83～199ページ）というタイトルが、「対立するアラブとイスラエルの若者達を集めて編成し、名流指揮者の薫陶を得て世界的な名声を博すことになるアンサンブル」、の名称になろうなど、頭の片隅にさえ浮かぶことはなかった。

いま読み返してみると、楽団の現況を暗示する極めて象徴的な作品が散見され（例えば、「さて二つの民族が、互いに侮り、別れる所、狙いの的が同じとは、どちらの側も、白状すまい」＝「不機嫌の書」より、や、「敵を憎んで何を嘆く？敵が友人となる日があるか？彼らにとっては、きみのような存在が、ひそかに永遠

241

の非難を意味するというのに、」・・・中略・・・「もしも神が、僕ときみとの仲のように、悪しき隣人であったなら、僕らは二人ながら名誉を無くしただろう。神は人それぞれを、そのあるままに任せる。」・・・そしてまた・・・「包まずに言え！東方の詩人らは、われら西方の詩人より偉大だ、と。われらがしかし、かれらにまったくひけをとらないのは、われらに似た徒輩への憎しみの中でなのだ」＝いずれも生野幸吉・訳）、その名称として採用した後の当事者達の心奥が窺えるような気がする。

しかし詩集を著わしたゲーテも、自らの編んだ作品のタイトルが、よもや民族紛争の結果が生み出した血の抗争を回避する試みの一つとして、敵対する当事者だけで楽団が編成され、その名称に採用されること等、夢想さえしなかっただろう。

だが詩集が刊行されてから 180 年後、それはまさに起こったのである。そしてその名称を付けた当事者達とは、1 人はユダヤ人、そしてもう 1 人はアラブ人、という計 2 人の人物であった。

ユダヤ人は、優れたピアニストで指揮者のダニエル・バレンボイム（アルゼンチン生まれでイスラエル国籍）、そしてアラブ人は、NY 在のコロンビア大学教授で文学者（パレスチナ生まれでアメリカ国籍）の、エドワード・サイード（2003年 9 月 25 日没）である。

1999 年の「ゲーテ生誕 250 年記念日」に際し、ドイツのワーマールは同年の「ヨーロッパ文化首都」に選出された。同市の文化局長は、バレンボイムに音楽の記念イヴェントの企画実施を依頼。バレンボイムはそれに対して、かねてより強い関心を抱いていた、アラブ人とイスラエル人による特別編成の楽団のワークショップを提案する。

その企画が受け入れられると、バレンボイムは早速、僚友のサイード博士、及びチェリストのヨーヨー・マらに協力を依頼。若干のドイツ人音楽家達をも合流させ、楽員オーディションを実施。ユダヤ人とアラブ人による（バレンボイムの意向で、当時イスラエルと対立関係にあったイラン人楽員用に、3 つの席を確保した）ユース・オーケストラを創設したのである。（オーディションには、アラブ側からの持仕込み者が何と 200 人以上もいた。）

日中はリハーサル、夜はディスカッションを行い、ベートーヴェンの交響曲第 7 番を演奏。2 人が組織した楽団の正式名称は、上述のゲーテの詩集の名をとり、「West—Eastern Divan Orchestra」（以下 WEDO）、と名付けた。

同楽団がユニークな点は、全楽員がユダヤ人とアラブ人で占められている、ところだ。具体的には、イスラエルとヨルダン、レバノンそしてシリア出身の、ズバリ、ユダヤとアラブ諸国から来た青年達である。（そのためのオーディションや、創設初期の状況については、バレンボイム＝サイードの対談＝6 回＝を基にした

著作「音楽と社会」（原題は「Parallels and Paradoxes」＝「相似と相反」に詳しく述べられている）

　2人の創設者もユダヤ人とアラブ人、そして楽員は均等にユダヤとアラブの青年男女が選別されていた。

　しかも楽員の大半が、戦闘で互いに相手側に親兄弟あるいは親戚、友人知人のいずれかを殺されている、といった経験の持ち主ばかりである。アンサンブルが始動すれば、互いの憎悪の構図が剥き出しになり、何らかのトラブルが起こるのは目に見えていた。

　が、前掲書を読めば分かる通り、双方の民族の楽員達は、まさに「同じ音を追求する中で、いつしか恩讐を超えて行く」のだ。その場面はまさに、芸術が「国境を越え、憎悪の連鎖を断ち切った」形として同書では提示され、同団が一つの音を作るのにひたすら最高度の「Cohesiveness」（凝集力）を発揮する稀有な集団、あるいは人類史上初の、「実験的」、アンサンブルとなっていく過程が、いつしか心を揺さぶる。

　同団の本拠地は、スペインのアンダルシア地方のセビリア。（同地は700年以上にわたり、3宗教の共存の中で、「寛容の文化」を形成した。ユダヤ人とアラブ人とが共生を続けながら演奏芸術活動を継続するには、この地以上の土地はないと思われる。「世界の宝飾」と呼ばれた同地の形成史については、「寛容の文化」（マリア・ロサ・メノカル著・足立　孝　訳＝原題「The Ornament of the World」＝「ムスリム、ユダヤ人、キリスト教徒の中世スペイン」＝名古屋大学出版会、に詳述されている）

　ゲーテも予測できなかったイスラエルとパレスチナの問題。その経緯や他の内容については、特にWEDO創立の前年（1998年）に制作放映されたTVドキュメンタリー番組＝「56年戦争・アラブとイスラエル（全6回）＝NHK・ブライアン・ラッピング・アソシエイツ（英）BBC・共同制作」等、が圧倒的な情報と、優れた分析を展開している。

　又しても私事で恐縮だが、アメリカの大学で学んだ時、筆者もパレスチナ問題についての科目を幾つか履修したので、両民族の血で血を洗うような確執は理解出来る。

　その一方で、そのような中東情勢下でも、若者達のために演奏活動の活路を常態化しようと奮闘するバレンボイムの努力から、目を離すことは出来ない。

　WEDOに参集するユダヤとアラブの青年男女たちが、演奏活動の傍ら、どのような人間関係を築いているのか、あるいは日常を過ごしているのかについては、既にTVのドキュメンタリーや出版物（既出の「音楽と社会」）等で窺い知ることが出来る。

243

だが、その前に、ロンドン・オリンピックの年、同市の「PROMS」会場で行った「ベートーヴェン交響曲サイクル」の交響曲第 6 番「田園」の最終楽章を視聴（同公演では、バレンボイムの子息マイケルが、コンサートマスターを務めている）すると、真っ先に頭に浮かぶのは、「音楽に国境なし」という言い古された言葉であり、その直後に「WEDO というオーケストラこそ、その言葉と、他者を理解するための最良の方法へ繋がる道を体現したもの」ではないだろうか、という思いが湧いて来る。（特に、それぞれ隣り合った椅子についているユダヤとアラブ人の若い奏者達が、演奏中互いに笑顔を見せ合う場面など、胸が一杯になり、思わず落涙しそうになるほどだ）

　さて創設後暫くは、バレンボイムとサイードが創設した財団（セビリア在）の運営で、ワークショップはなされていたが、2005 年からは、その財団に加えてアンダルシア自治政府の経済支援が実現した。

　創設以来、指揮を執り続けてきたのはバレンボイムである。彼のバトンが動かなくなっても、WEDO は存在し続けるだろうか？

　その答えが、アラブ諸国とイスラエルの国交の未来次第である、のは言うまでもない。

＊推薦ディスク

1. 交響曲全集（ベートーヴェン）：D・バレンボイム指揮
2. 交響曲第 5 番（チャイコフスキー）：D・バレンボイム指揮
3. 幻想交響曲（ベルリオーズ）：D・バレンボイム指揮
4. 交響曲第 6 番 “悲愴”（チャイコフスキー）：D・バレンボイム指揮
5. ラマラー文化宮殿におけるコンサート・「運命の力・序曲」（ヴェルディ）他：
   　D・バレンボイム指揮

著者紹介

上地　隆裕（うえち・たかひろ）

1948 年沖縄県宮古島市（旧城辺町）生まれ。

琉球大学法文学部卒業後最初の渡米。通算約 5 年の滞米生活を経験。最終学歴はメリーランド大学教育学部大学院修士課程修了（専攻は心理学・カウンセリング）更にその後沖縄県の派遣によりニューヨーク大学にて 1 年間研修。

学業の傍ら全米各地の演奏団体・音楽院の取材を続け、その内容を「音楽現代」（芸術現代社）、「音楽芸術」（音楽之友社・現在廃刊）、「String」「レッスンの友」「ショパン」等の各月刊誌上で発表してきた。

研究の分野では、日本心理学会、日本比較文化学会、日本カウンセリング学会等で発表を行っている。

現在は永年勤めた教職を退き、沖縄を拠点に海外へ出かけ、専らフリーの音楽ジャーナリスト、小説家として活動を続ける。

《主な著書》

「アメリカ・オーケストラの旅」（自費出版）、「アメリカのオーケストラ」（泰流社・絶版）、「遥かなるオルフェウス」（新報出版）、小説「シャイアンの女」（九州芸術祭地区最優秀賞）、「世界のオーケストラ (I) 北米・中米・南米編」（芸術現代社) 他

世界のオーケストラ（2）上
〜パン・ヨーロピアン編〜

著　者	上地　隆裕
発行者	大坪　盛
発行所	株式会社 芸術現代社
	〒 111-0054
	東京都台東区鳥越 2-11-11
	TOMY ビル 3F
	TEL 03（3861）2159
	FAX 03（3861）2157
制　作	株式会社ソレイユ音楽事務所
印　刷	モリモト印刷株式会社

2017 年 1 月 11 日初版発行　　ISBN978-4-87463-206-2

乱丁本・落丁本はお取替えいたします。
本書の一部あるいは全部について、著作者から文書による承諾を得ずにいかなる方法においても無断で転載・複写・複製することは固く禁じられています。

【芸術現代社の新刊書籍】

世界のオーケストラ(1)
～北米・中米・南米編～

上地 隆裕 著

絶賛発売中！

豊富な資料と現地取材で捉えた世界初の
パン・アメリカン・オーケストラ論

豊富な資料と現地取材、および綿密な社会背景の分析を基に、人類の宝＝オーケストラを、演奏者や管理中枢の立場からのみではなく、フィランソロピスト（篤志家）や政・財界の有志達による援助の様子、更には一般市民の積極的な支援の実態をも交え、多角的にとらえた世界初の詳細な総合的楽団ガイド・シリーズ第一弾！

●掲載オーケストラ
〔アメリカ合衆国〕シカゴ交響楽団／ヘンデル・ハイドン・ソサエティ管弦楽団／ニューヨーク・フィルハーモニック／セントルイス交響楽団／ボストン交響楽団／ピッツバーグ交響楽団／デトロイト交響楽団／シンシナティ交響楽団／クリーヴランド管弦楽団／フィラデルフィア管弦楽団／ダラス交響楽団／ミネソタ管弦楽団／サンフランシスコ交響楽団／ヒューストン交響楽団／ポートランド交響楽団／ロサンジェルス・フィルハーモニック／ロチェスター・フィルハーモニック／フォート・ワース交響楽団／サン・ディエゴ交響楽団／ナショナル交響楽団／コロラド交響楽団／インディアナポリス交響楽団／フロリダ管弦楽団／アトランタ交響楽団／ニューワールド交響楽団／セントルーク管弦楽団／メトロポリタン・オペラ座管弦楽団／オルフェウス室内管弦楽団／アメリカ青少年交響楽団／ブルックリン・フィルハーモニック／バッファロー・フィルハーモニック／ナッシュヴィル交響楽団／アメリカ作曲家管弦楽団／セントルーク管弦楽団／カンザス・シティ・シンフォニー／パシフィック交響楽団／フェニックス交響楽団／ヴァンクーヴァー〔カナダ〕トロント交響楽団／モントリオール交響楽団／ナショナル芸術センター管弦楽団／〔中・南アメリカ〕メキシコ国立交響楽団／メキシコ市立交響楽団／ブエノス・アイレス・フィルハーモニック／アルゼンチン国立交響楽団／サオ・パウロ州立交響楽団／ベネズエラ・シモン・ボリヴァル交響楽団

A5判／324頁／予価：2,500円+税

㈱芸術現代社　〒111-0054　東京都台東区鳥越2-11-11　TOMY BLDG. 3F
TEL 03-3861-2159　FAX 03-3861-2157

【芸術現代社の新刊書籍】

世界のオーケストラ(2)下
～英、露、パン・ヨーロピアン編～

上地 隆裕 著

絶賛発売中！

綿密な取材と豊富な新旧資料を基に、英、露、パン・ヨーロピアン全域の主要約680楽団から120団体を精選。各楽団の精密な沿革史に加え、それを支える国家の生成・発展を"二度にわたる世界大戦、国家と演奏家の徹底対峙"をキー・ワードに分析。
各団体の今日的発展の様相に、未来に於ける理想像をダイナミックに混在させた、総合的楽団ガイド・シリーズ第2（上巻）, 3弾（下巻）、同時刊行！！

●掲載オーケストラ
ベルリン・フィルハーモニー管弦楽団／ロンドン交響楽団／バンベルク交響楽団／バイエルン放送交響楽団／ベルリン・ドイツ交響楽団／ベルリン交響楽団／ドレスデン・フィルハーモニー管弦楽団／ケルン放送交響楽団／ライプツィヒ・ゲヴァントハウス管弦楽団／ミュンヘン・フィルハーモニー／ベルリン国立歌劇場管弦楽団／シュトゥットガルト放送交響楽団／ドレスデン国立歌劇場管弦楽団／南西ドイツ放送交響楽団／マルメ交響楽団／ヨーテボリ交響楽団／ベルリン放送交響楽団／ショッピング交響楽団／王立デンマーク管弦楽団／ホルンハレ管弦楽団／ハルレ（ハレ）管弦楽団／バーミンガム市立交響楽団／フィルハーモニア管弦楽団／ロイヤル・フィルハーモニー管弦楽団／ヴァプール・フィルハーモニー／ロイヤル・スコティッシュ・ナショナル管弦楽団／ロイヤル・オペラ・ハウス管弦楽団＝コヴェント・ガーデン王立歌劇場管弦楽団／スウェーデン放送交響楽団／ロマンド管弦楽団／スイス・ロマンド管弦楽団／サンクトペテルブルグ・フィルハーモニー交響楽団／モスクワ・フィルハーモニー管弦楽団／ロシア国立歌劇場管弦楽団／ナショナル管弦楽団／サンクトペテルブルグ・フィルハーモニー交響楽団　他

A5判／248頁／定価：2,000円+税

㈱芸術現代社　〒111-0054　東京都台東区鳥越2-11-11　TOMY BLDG. 3F
TEL 03-3861-2159　FAX 03-3861-2157